Wirtschaft und Gesellschaft

Reihenherausgeber

Andrea Maurer
FB IV, Universität Trier, Deutschland

Uwe Schimank
Bremen, Deutschland

Weitere Bände in dieser Reihe
http://www.springer.com/series/12587

Wirtschaft und Gesellschaft ist ein wichtiges Themenfeld der Sozialwissenschaften. Daher diese Buchreihe: Sie will zentrale Institutionen des Wirtschaftslebens wie Märkte, Geld und Unternehmen sowie deren Entwicklungsdynamiken sozial- und gesellschaftstheoretisch in den Blick nehmen. Damit soll ein sichtbarer Raum für Arbeiten geschaffen werden, die die Wirtschaft in ihrer gesellschaftlichen Einbettung betrachten oder aber soziale Effekte des Wirtschaftsgeschehens und wirtschaftlichen Denkens analysieren. Die Reihe steht für einen disziplinären wie theoretischen Pluralismus und pflegt ein offenes Themenspektrum. Herausgegeben von Prof. Dr. Andrea Maurer, Universität Trier Prof. Dr. Uwe Schimank, Universität Bremen Beirat Prof. Dr. Jens Beckert, Max-Planck-Institut, Köln Prof. Dr. Anita Engels, Universität Hamburg Prof. Dr. Stefanie Hiß, Universität Jena Prof. Dr. Sighard Neckel, Universität Frankfurt am Main

Eva-Maria Walker

Die Moralisierung der Finanzmärkte als Fiktion

Fallstudie zum Selbstverständnis nachhaltiger Investoren

 Springer VS

Eva-Maria Walker
Universität Bielefeld
Deutschland

zugl.: Bielefeld, Univ., Fak. für Soziologie, Diss., 2013, überarbeitete und gekürzte Fassung

ISBN 978-3-658-05501-1   ISBN 978-3-658-05502-8 (eBook)
DOI 10.1007/978-3-658-05502-8

Die Deutsche Nationalbibliothek verzeichnet diese Publikation in der Deutschen Nationalbibliografie;
detaillierte bibliografische Daten sind im Internet über http://dnb.d-nb.de abrufbar.

Springer VS

Lektorat: Dr. Cori Antonia Mackrodt, Katharina Gonsior

Gedruckt auf säurefreiem und chlorfrei gebleichtem Papier

Springer VS ist eine Marke von Springer DE. Springer DE ist Teil der Fachverlagsgruppe Springer
Science+Business Media
www.springer-vs.de

Dank

Mein Dank gilt allen, die mich in der Phase meiner Promotion persönlich, ideell, intellektuell und nicht zuletzt: finanziell unterstützt haben. Dies sind zunächst meine beiden Gutachter und Betreuer Professor Dr. Reinhold Hedtke (Universität Bielefeld) und Professor Dr. Christoph Deutschmann (Universität Tübingen). Beide haben wesentlich dazu beigetragen, dass meine Promotionszeit zu dem werden konnte, was sie war: eine Phase des Denkens, Wachsens und Reifens.

Ebenfalls bedanken möchte ich mich bei meinen ehemaligen KollegInnen und Vorgesetzen des Forschungsinstituts für Arbeit, Technik und Kultur (F.A.T.K.) in Tübingen: Dr. Reinhard Bahnmüller, Dr. Werner Schmidt, Markus Hoppe, Nele Trittel, Andrea Müller und Sabine Zimmer sowie PD Dr. Michael Faust (SOFI, Göttingen).

Eine ausgezeichnete Gesprächspartnerin in der Diskussion über mein im Promotionsprojekt gewonnenes Interviewmaterial hatte ich in meiner Freundin Sheila Schlager; keine kennt die Tonlage der Gespräche so genau wie sie. Ebenfalls bedanken möchte ich mich bei den Befragten selbst, die größtenteils sehr aufgeschlossen gegenüber meinem Projekt waren und den Gesprächen viel Zeit widmeten. Finanziell unterstützt hat mich in den ersten beiden Promotionsjahren die Landesgraduiertenförderung Baden-Württemberg im Rahmen eines Stipendiums.

Der Wechsel an die Universität Bielefeld ermöglichte es mir, im Rahmen etlicher Gespräche mit KollegInnen und Vorgesetzten meinen soziologischen „Horizont" zu erweitern. Auch ihnen gilt mein Dank. Insbesondere meiner Arbeitsgruppe, in alphabetischer Reihenfolge: Dr. Thorsten Hippe, Melanie Hyll, Oliver Krebs, Katja Pohlheim, Gabi Schulte, Gunnar Rettberg, Franziska Wittau, Dr. Tatjana Zimenkova und Prof. Dr. Bettina Zurstrassen sowie den TeilnehmerInnen des von Prof. Dr. Ursula Mense-Petermann geleiteten Methodenkolloquiums.

Nicht zuletzt geht mein Dank an meine Eltern, meine Schwester, meine beiden Studienfreunde Birgit Schäfer und Andreas Scherer sowie Marcel Winter.

Inhaltsverzeichnis

Einleitung

Schenkt man der in der einschlägigen Wirtschaftspresse kommunizierten Einschätzung der Finanzcommunity Glauben, dann entwickelt sich jüngst in Kritik an der zunehmenden Finanzmarktorientierung in deutschen Aktiengesellschaften eine Bewegung, die sich als eine „Moralisierung" der Finanzmärkte bezeichnen lässt (z. B. handelsblatt-nachhaltigkeit.de, http://green.wiwo.de). Gemeint sind damit „nachhaltige" Anlageformen, die für sich beanspruchen, nicht nur finanziellen Renditezielen Rechnung zu tragen, sondern ebenfalls ökologische und soziale Anlagekriterien zu berücksichtigen. Von Interesse sind in vorliegender Arbeit nun insbesondere die „sozialen" Nachhaltigkeitskritierien, da mit diesen der Anspruch verbunden ist, die Interessen *aller* an einem Unternehmen beteiligten Anspruchsgruppen („stakeholder") zu berücksichtigen (BVI 2009; eurosif 2009; SAM 2010). Konkret schlagen sich diese „sozialen" Anlagekriterien nieder in Fragen nach der Arbeitsplatzsicherheit, dem Umfang der betrieblichen Sozialleistungen oder der Gewährleistung einer ausgewogenen Work-Life-Balance in den investierten Unternehmen (Schäfer 2010).

Diese „Stakeholder"-Orientierung „nachhaltiger" Anlageformen muss vor dem Hintergrund der allseits attestierten Finanzmarktorientierung deutscher Aktiengesellschaften, also deren „*Shareholder*"-Orientierung, überraschen: So geraten mit dem zunehmenden Einfluss internationaler Finanzinvestoren gerade auch in der deutschen Wirtschaftsordnung die bisherigen Rationalitäts- und Erfolgsprinzipien wirtschaftlichen Handelns unter Begründungsdruck und führen dazu, dass der bislang für die deutsche Wirtschaftsordnung so konstitutive Interessen*pluralismus* durch einen Interessen*monismus* ersetzt wird (Deutschmann 2005a; Höpner 2003; Kädtler 2009; Windolf 2005). Dieser zunehmende Einfluss der „neuen Eigentümer" (Windolf 2005) führt dann aus der Perspektive der Aktiengesellschaften dazu, dass sie Strategien wählen müssen, die zwar den kurzfristigen Verzinsungsinteressen der Finanzinvestoren Rechnung tragen, aber gegen die langfristigen Wachstumsinteressen des Unternehmens laufen können. Dies deshalb, da unternehmerisches Wachstum die Kreativität der menschlichen Arbeitskraft voraussetzt, die aber durch

E.-M. Walker, *Die Moralisierung der Finanzmärkte als Fiktion*, Wirtschaft und Gesellschaft, 1
DOI 10.1007/978-3-658-05502-8_1, © Springer Fachmedien Wiesbaden 2015

die kurzfristigen Strategien der Unternehmenswertsteigerung herausgefordert wird. Innovationen erfolgen daher, so Deutschmann (2005a), zunehmend nur noch in Form von
Unternehmensakquisitionen.

Bliebe eine wirtschaftssoziologische Analyse „nachhaltiger" Anlageformen nun auf dieser formalen Ebene der in den Fondsprospekten bzw. Werbebroschüren kommunizierten
Anlagezielen stehen, so kann über die *tatsächliche* Investmentpraxis aber nur spekuliert
werden. Dass sich nämlich die nach außen hin kommunizierten Anlageziele von der tatsächlich praktizierten Anlagepraxis entkoppeln können, ist in der soziologischen Forschung hinreichend bekannt (Deutschmann 1997; Meyer und Rowan 1977). Argumentiert
wird hier, dass der Formalstruktur die Funktion einer Fassade zukommt, die den (gesellschaftlichen) Umwelterwartungen Rechnung trägt. „Nachhaltige" Anlageformen wären
dann ein neues Investmentleitbild (Hiß 2011, 2012).

Aber auch diese Interpretation der Umsetzung „nachhaltiger" Anlageformen übersieht
die aus einer wirtschaftssoziologischen Perspektive *eigentlich* interessierende Frage nach
den Handlungsmotiven der Akteure. So bleibt nämlich in der neo-institutionalistischen
Leitbilddebatte die Frage stark unterbeleuchtet, *warum* Akteure die Formal- von der Aktivitätsstruktur entkoppeln sollten, zumindest dann, wenn man diese Frage nicht vorschnell
entscheidungstheoretisch beantworten möchte. Und ganz abgesehen davon: Wie wäre es
zu interpretieren, wenn „nachhaltige" Bewertungskriterien im Anlageprozess tatsächlich
zur Anwendung kämen? Ist es berechtigt, hieraus die empirische Schlussfolgerung zu ziehen, dass wir es mit einer „Moralisierung der Märkte" (Stehr 2007) zu tun haben, die Widersprüche mit den Anlagekriterien „konventioneller" Finanzinvestoren zur Folge haben
(Hiß 2007)? Oder begründet sich diese Schlussfolgerung nicht vielmehr in einer tautologi-
schen Verwendungsweise der beiden analytischen Kategorien „Ökonomie" und „Moral"?

Wir schlagen für unser eigenes Vorgehen daher zunächst vor, dass es für die Analyse
„nachhaltiger" Anlageformen eines theoretischen Instrumentariums bedarf, das den Blick
auf die Handlungsmotive und damit auf das Wissen der Akteure nicht verstellt. Genau
darin besteht aber der Vorwurf der Finanzsoziologie an eine wirtschaftssoziologische Analyse der Finanzmärkte. Es werde hier nämlich, so die einschlägige Kritik, mit einem Verständnis „sozialer Einbettung" operiert, bei dem das Wissen der Akteure lediglich als ein
kausales oder gar zwangsläufiges Resultat der Struktur begriffen werde (Kalthoff 2004,
2010; Knorr Cetina und Bruegger 2005; Langenohl 2007). Es werde damit also ein Institutionenverständnis zugrunde gelegt, das Institutionen als total betrachtet und nicht
zwischen Institutionalisierungs- und Legitimierungsprozessen unterscheidet. Dann aber
stellt sich tatsächlich die Frage nach dem subjektiven Sinn der Akteure respektive deren
Wissen nicht, da ohnehin davon ausgegangen werden kann, dass dieser mit der Institution deckungsgleich ist. Vorausgesetzt, dass diese Kritik an „der" Wirtschaftssoziologie
gerechtfertigt ist, kann die Finanzsoziologie tatsächlich ihren Anspruch erheben, dass es
für eine empirische Analyse von Finanzmärkten eines *eigenständigen* finanzsoziologischen
Handlungsbegriffs bedürfe.

In *theoretischer* Hinsicht möchten wir mit dieser Arbeit daher zu klären versuchen, inwieweit die in der finanzsoziologischen Debatte vorgebrachte Kritik am Einbettungsverständnis „der" Wirtschaftssoziologie gerechtfertigt ist. Wir werden hier die *These* vertre-

ten, dass es „der" Wirtschaftssoziologie nicht nur trotz, sondern gerade wegen ihres „Einbettungskonzeptes" gelingen kann, einen empirisch-verstehenden Zugriff auf das Wissen der Akteure zu erlangen. Dies hätte den Vorzug, dass auf zentrale Kategorien einer wirtschaftssoziologischen Analyse wie der Machtasymmetrie auf Märkten oder der Analyse unterschiedlicher Handlungsmotive der Akteure nicht verzichtet werden müsste. Da aber ein finanzsoziologisches Handlungsverständnis nur um den „Preis" einer „Entbettung" der wirtschaftlichen Akteure aus ihren sozialen Strukturen zu haben ist, müsste auf die genannten wirtschaftssoziologischen Kategorien zwangsläufig verzichtet werden. Gerade in diesen Analysekategorien besteht m. E. aber der zentrale Vorzug einer wirtschaftssoziologischen Analyse des „Finanzmarktkapitalismus" (Deutschmann 2005a; Windolf 2005), da dieser dann nicht als ein bloßes selbstreferentielles Symbol- und Zeichensystem verstanden wird, sondern machtpolitische Verteilungsfragen in den Blick genommen werden können.

In der *empirischen* Analyse „nachhaltiger" Anlageformen gilt es dann zu klären, welche Zielsetzungen überhaupt mit dem Stichwort „Nachhaltigkeit" verbunden werden. Sollten damit tatsächlich Fragen der Verteilungsgerechtigkeit zwischen Finanzmarkt und Unternehmen respektive den Beschäftigten adressiert werden – wie dies das kommunizierte Selbstverständnis der Investoren nahelegt–, dann muss das zugrunde liegende Verständnis von Verteilungsgerechtigkeit näher systematisiert werden. Andernfalls bestünde die Gefahr, eine „Moralisierung" der Märkte empirisch festzustellen, die sich allerdings nur darin begründet, dass das analytische Verhältnis von „Ökonomie" und „Moral" unklar definiert ist.

Wir haben deshalb eine empirische Fallstudie zum Selbstverständnis „nachhaltiger" Aktieninvestoren durchgeführt und im Zeitraum zwischen Januar 2007 und Juni 2008 Expertengespräche mit insgesamt 20 Vertretern von Investmentgesellschaften, Universalbanken und Ratingagenturen geführt. Zusätzlich hatten wir die Möglichkeit zu einer vierwöchigen Feldstudie in einer Universalbank. Im Anschluss haben wir die von den Befragten ins Feld geführten Begründungsmuster „nachhaltigen" Investierens entlang der Frage systematisiert, ob diese in der instrumentellen Kontrolllogik des (Kapital-)Marktes verbleiben oder ob diese als eine Form der Kritik „konventioneller" Finanzinvestoren verstanden werden können. Mit einer „instrumentellen Kontrolllogik" bezeichnen wir eine Begründungsordnung, die soziale Beziehungen auf *Tausch*beziehungen reduziert und die Annahme unterstellt, dass sich Verteilungsgerechtigkeiten schon allein aus dem *Interesse* aller Tauschpartner ergeben, um die Ordnung auf Märkten zu gewährleisten. Dies hieße beispielsweise für die Industriellen Beziehungen, dass ihre alleinige Aufgabe darin bestünde, die Transaktionskosten abzusenken. Umgekehrt bezeichnen wir eine Begründungsordnung dann als eine Kritik „konventioneller" Finanzinvestoren, wenn der Koordinationsmechanismus „Markt" zur Bewältigung von Verteilungsungerechtigkeiten problematisiert werden würde und zwar deshalb, da sich solidarisches Handeln nur schwerlich auf das bloße *Interesse* der Akteure zurückführen lässt. Erst wenn die zugrunde liegenden Handlungsmotivationen der Akteure bekannt sind, kann eine Aussage über das Anlageziel des jeweiligen „nachhaltigen" Investments getroffen werden.

Wir legen der Auswertung der empirischen Befunde nun die *These* zugrunde, dass „nachhaltige" Finanzinvestoren zwar *individuell* Kritik an der fehlenden Solidarität auf Kapitalmärkten üben (können) und – durchaus ernst gemeint – die Berücksichtigung der Interessen *aller* Stakeholder einfordern, sie aber in ihrem konkreten *Handeln* zwangsläufig der instrumentellen Perspektive des (Kapital-)Marktes verhaftet bleiben müssen. Dies deshalb, da die Kollektivgüter Vertrauen, Reziprozität und Solidarität nicht auf Märkten, sondern nur in Organisationen entstehen können. Wenn aber vertrauensvolle und loyale Sozialbeziehungen die entscheidende Grundlage für organisationale Lernprozesse sind (Deutschmann 2005a; vgl. auch Dörre 2009; Schumann 1998), dann können auch „nachhaltige" Finanzinvestoren trotz ihrer Kritik an den kurzfristigen Verzinsungsinteressen „konventioneller" Investoren kein positiveres Klima für betriebliche Lernprozesse schaffen. Wir werden hierzu die von den Befragten geäußerten Anlageziele „nachhaltiger" Aktienfonds in den Blick nehmen und prüfen, ob diese einen fruchtbareren Boden für Prozesse „organisationalen Lernens" schaffen können.

Wenn nun aber auch „nachhaltige" Finanzinvestoren soziale Beziehungen auf Tauschbeziehungen reduzieren und sich ihr Anspruch, die Interessen *aller* „Stakeholder" zu berücksichtigen, lediglich darin begründet, die Transaktionskosten auf Märkten zu senken, dann ist damit keine Rückkehr zu dem für das „deutsche Modell" bislang so charakteristischen Interessenpluralismus zu erwarten. Dieser hatte nämlich den *Machtausgleich* zwischen den Anspruchsgruppen *jenseits* von Fragen der *Effizienz* zum Ziel (Jürgens 2008). Dann aber wäre die Debatte um eine „Moralisierung" der Kapitalmärkte eine Fiktion, die sich lediglich in der unscharfen Verwendungsweise des zugrunde liegenden Verständnisses von „Moral" begründet.

Die zunehmende Finanzmarktorientierung in der deutschen Wirtschaftsordnung

Wenn gemeinhin nun die These von einer „Moralisierung" der Finanzmärkte vertreten und argumentiert wird (Hiß 2011, 2012; Ulshöfer und Bonnet 2009), dass sich nicht nur Konsumenten auf Produktmärkten in ihren wirtschaftlichen Entscheidungen von moralischen Prinzipien leiten lassen, sondern auch Investoren auf Finanzmärkten, dann müssen wir vorab erst einmal die Ausgangsbedingungen klären und prüfen, wie es zu einer „De-Moralisierung" in der deutschen Wirtschaftsordnung kommen konnte, was damit begrifflich gemeint ist und auf welchen Ebenen diese stattgefunden hat.

Zunächst wird mit dem Begriff der „Wirtschaftsordnung" die grundlegende politische Verfasstheit einer wirtschaftlichen Ordnung bezeichnet und gibt damit Auskunft über das national je spezifische Verhältnis zwischen Wirtschafts- und Gesellschaftssystem. Je nach Autor fallen darunter unterschiedliche Teilsysteme; wir schließen uns im Folgenden der derzeit am prominentesten diskutierten Argumentation der Autoren Hall und Soskice (2001) an, denen zufolge eine Wirtschaftsordnung auf vier bzw. fünf Kernpfeilern ruht: dem System der Industriellen Beziehungen, dem System der Aus- und Weiterbildung, dem System der Unternehmenskooperation, dem System der Unternehmenskontrolle (ebd.: S. 21 ff.) sowie dem System der Wohlfahrtsregime (ebd.: S. 50 ff.).

Wir werfen im Folgenden nun einen Blick auf die unterschiedlichen Ebenen der Wirtschaftsordnung und prüfen, ob auch für die deutsche Wirtschaftsordnung von einem zunehmenden Einfluss internationaler Finanzinvestoren ausgegangen werden muss, die das bislang typische Verteilungsverhältnis zwischen Wirtschaft und Gesellschaft herausfordern.

E.-M. Walker, *Die Moralisierung der Finanzmärkte als Fiktion*, Wirtschaft und Gesellschaft, 5
DOI 10.1007/978-3-658-05502-8_2, © Springer Fachmedien Wiesbaden 2015

2.1   Die Finanzmarktorientierung in der Unternehmenskontrolle

In der Politischen Ökonomie gilt es mittlerweile als Konsens, dass das „deutsche Modell" der Unternehmenskontrolle (Corporate Governance) seit Mitte der 1990er Jahre einem Wandel unterliegt (Hall und Soskice 2001; Faust 2012; Höpner 2003; Streeck und Thelen 2005; Streeck 2009; Vitols 2004, 2007).[1]

Zunächst ruft der Begriff der „Unternehmenskontrolle" ins Gedächtnis, dass an einer Unternehmung nicht nur der Unternehmer selbst beteiligt ist, wie dies in der Betriebswirtschaftslehre gerne unterstellt wird (Maurer 2008, S. 18 ff.), sondern ein ganzes Set an Akteuren. Unterschieden werden im Kern die folgenden Akteursgruppen: Arbeitnehmer, Gewerkschaften, Management, Kreditgeber bzw. Aktionäre, Staat, Zulieferer und Kunden. Die Unternehmens*kontrolle* bezeichnet dann die „zugrunde liegenden Spielregeln und Kräfteverhältnisse, unter denen die am Unternehmensgeschehen beteiligten Gruppen zusammentreffen" (Höpner 2003, S. 16), also die institutionellen Strukturen und Regeln, die festlegen, wie die beteiligten Akteursgruppen koordiniert bzw. kontrolliert werden und wie die erwirtschafteten Erträge verteilt werden (Jürgens 2008, S. 105). Die jeweilige formale Ausgestaltung der Unternehmenskontrolle gibt damit immer auch Auskunft über die zugrunde liegenden politischen und gesellschaftlichen Vorstellungen von Verteilungsgerechtigkeit. Konkret differenziert sich die Unternehmenskontrolle in die folgenden Dimensionen aus (zusammengestellt aus: Deutschmann 2005b; Höpner 2003; Schmidt und Spindler 2008; Windolf 2005)[2]:

* der Form der Unternehmensfinanzierung (kreditfinanziert versus kapitalmarktfinanziert) und damit der Eigentümerstruktur eines Unternehmens (Großaktionäre, institutionelle Investoren, Banken),
* der Ausgestaltung der Unternehmensverfassung. Dazu zählen arbeitsrechtliche, kapitalmarktrechtliche, unternehmensrechtliche und steuerrechtliche Fragen, die entweder die Interessen der Kreditgeber oder die der Kapitalmarktakteure bevorzugen,
* dem Grad der Unternehmens- und Kapitalverflechtung zwischen Finanz- und Nichtfinanzunternehmen,

---

[1] Der Debatte um das „deutsche Modell" liegt ein unterschiedlich breites Verständnis von Unternehmenskontrolle zugrunde. Während beispielsweise die Autoren Hall und Soskice (2001) diese als einen von vier Pfeilern einer gesamten Wirtschaftsordnung verstehen (ebd.: S. 21 ff.), ist das Verständnis von Unternehmenskontrolle bei Höpner (2003, S. 23) breiter angelegt (so auch bei Deutschmann 2005b; Faust et al. 2010): hierunter fällt dann auch das System der Mitbestimmung, das in der engeren Definition der Unternehmenskontrolle von Hall und Soskice (2001) einen eigenständigen Pfeiler in der Wirtschaftsordnung einnimmt. Wir werden im Folgenden nur die Kernelemente des Systems der Unternehmenskontrolle darstellen und bei den „strittigen" Dimensionen darauf verweisen.

[2] Die folgende Aufstellung beschränkt sich auf die formale Ausgestaltung der Unternehmenskontrolle. Diese hat Auswirkungen auf die Struktur der internen Arbeitsmärkte bzw. Karrierewege, der Autonomie des Managements und dessen Vergütung, der Ausgestaltung der betrieblichen Sozialleistungen sowie die Frage nach der Existenz von Senioritätsrechten und dem System der Lohnfindung (Deutschmann 2005b, S. 367; Höpner 2003, S. 30).

- der Leitungs- und Überwachungsstruktur (duales System der Unternehmensführung und -aufsicht (Aufsichtsrat & Vorstand) versus monistisches Verwaltungsratssystem) sowie der Frage nach der Aufsichtsratsmitbestimmung der Arbeitnehmer (Unternehmensmitbestimmung),
- dem System der Industriellen Beziehungen.[3]

Wodurch zeichnete sich nun das „deutsche Modell" der Unternehmenskontrolle aus und was begründete seinen Wandel?

Folgt man der Theorie über die „Spielarten des Kapitalismus" (Hall und Soskice 2001), so lassen sich prinzipiell zwei Modelle unterscheiden, wie kapitalistische Ökonomien organisiert bzw. reguliert sein können: „liberale" und „koordinierte" Ökonomien. Im Falle „liberaler" Ökonomien ist das Wirtschaftssystem weniger und im Falle „koordinierter" Ökonomien mehr durch die oben genannten institutionellen Grundpfeiler einer Wirtschaftsordnung (System der Unternehmenskontrolle, Mitbestimmung, Aus- und Weiterbildung, Unternehmenskooperation) reguliert (Hall und Soskice 2001, S. 21 ff.).

Das „deutsche Modell" der Unternehmenskontrolle galt bislang nun als geradezu „paradigmatische[r] Fall einer koordinierten Ökonomie" (Höpner 2003, S. 23), da die Ausgestaltung der Unternehmenskontrolle eine Machtverteilung zwischen den beteiligten Akteuren vorsah. Das heißt, sowohl mit Blick auf die Kontrollrechte am Unternehmen als auch mit Blick auf die Verteilung der erwirtschafteten Erträge war es das Ziel, alle an der Unternehmung beteiligten Akteure gleichermaßen zu beteiligen. Man spricht daher auch von einer *interessenpluralistischen* Unternehmenskontrolle.

So gewährte (bzw. gewährt)[4] die Unternehmensmitbestimmung den Arbeitnehmern Kontrollrechte (paritätische Mitbestimmung), und die engen Personal- und Kapitalverflechtungen zwischen Unternehmen, Großbanken und dem Staat führten dazu, dass die Interessen der Mehrheitsaktionäre im Aufsichtsrat Gehör finden und industriestrategische Interessen jenseits des unmittelbaren Wettbewerbs zwischen Unternehmen einer Branche verfolgt werden konnten. Diese engen Kapital- und Personalverflechtungen hatten ebenfalls zur Folge, dass dem Einfluss von Streubesitzaktionären mit einem reinen Finanzinteresse enge Grenzen gesetzt werden konnten und damit potentiell „feindliche Übernahmen" durch externe Investoren praktisch unmöglich waren (Höpner 2003, S. 23 f.). Flankiert wurde dieses enge Verflechtungsnetzwerk durch das industriepolitische Interesse der deutschen Großbanken, die als Unternehmensfinanciers im Falle einer drohenden „feindlichen Übernahme" eigene Verzinsungserwartungen zugunsten gesamtwirtschaftlicher Zielsetzungen zurückstellten und durch den Aufkauf von Aktienanteilspaketen „feindliche Übernahmen" verhinderten (Streeck und Höpner 2003, S. 25 ff.). Gleichzeitig ist das Unternehmens- und Aktienrecht so ausgestaltet gewesen, dass die Großbanken gegenüber

---

[3] Wie in Fußnote 1 angemerkt, zählt das System der Mitbestimmung mancherorts zum System der Unternehmenskontrolle (z. B. Höpner 2003) und andernorts als eigenständiger Pfeiler einer Wirtschaftsordnung (z. B. Hall und Soskice 2001).

[4] Siehe unten: Dieses Merkmal des „deutschen Modells" blieb von der Liberalisierung unangetastet.

internationalen Investoren einen systematischen Informationsvorsprung hatten. Auch die Verteilung der unternehmerischen Wertschöpfung zielte nicht darauf ab, die Finanzinteressen der Aktionäre in den Mittelpunkt zu stellen, sondern die langfristigen Bestandsinteressen des Unternehmens zu bedienen, die gleichermaßen zum Nutzen aller Anspruchsgruppen waren. Das „deutsche Modell" der Unternehmenskontrolle lässt sich also als ein wechselseitig ineinander greifendes Institutionengefüge beschreiben, das die Machtverteilung nach innen mit der „Bereitschaft und Fähigkeit zur Verteidigung gegen Angriffe von außen" (Streeck und Höpner 2003, S. 25) gepaart hat.

Mit der Internationalisierung der Finanzmärkte und dem Auftreten institutioneller Investoren (Investment- und Pensionsfonds, Versicherungen) auch am deutschen Aktienmarkt unterliegt dieses machtverteilende System der Unternehmenskontrolle nun aber seit Mitte der 1990er Jahre einem grundlegenden Wandlungsprozess. Anders als die Großaktionäre bzw. Kreditgeber im „deutschen Modell" verfolgen die internationalen Finanzinvestoren nämlich keine industriestrategischen Interessen, sondern sind ausschließlich an einer maximalen Verzinsung ihrer Investition interessiert (ebd.; Windolf 2005). Festzustellen ist in der Folge eine Liberalisierung des „deutschen Modells", auch wenn eine vollständige Angleichung an liberale Ökonomien nicht zu erwarten ist (Vitols 2004; Faust 2012). Gleichwohl lässt sich eine Machtverschiebung in der bisherigen Ausgestaltung der Unternehmenskontrolle hin zu einer Machtkonzentration aufseiten der Aktionäre feststellen und zwar sowohl mit Blick auf deren Kontrollrechte als auch deren Position im Verteilungsgefüge.[5] Man spricht daher auch von einer *interessenmonistischen* Unternehmenskontrolle.

Auch wenn nun der Trend zu einer Liberalisierung der deutschen Wirtschaftsordnung seinen Ausgangspunkt in der Internationalisierung der Finanzmärkte und den sich damit gewandelten Eigentümerstrukturen an deutschen Aktiengesellschaften hat, so sind es doch gerade die Wechselwirkungen im institutionellen Gefüge, die den Wandel des „deutschen Modells" vorangetrieben haben. So hat beispielsweise die Internationalisierung der Kapitalmärkte es einerseits für deutsche Großbanken überhaupt erst möglich gemacht, sich von ihrem bisherigen Kerngeschäft – dem Kreditgeschäft – auf das lukrativere Investmentbanking umzuorientieren. Andererseits hat dies aber umgekehrt einen Strategiewechsel der Großbanken erforderlich gemacht. Denn: Enge Verflechtungen mit Industrieunternehmen waren zwar zur Absicherung von Kreditgeschäften die Strategie der Wahl, nicht aber zur erfolgreichen Positionierung im internationalen Investmentgeschäft. Hier ist eine enge Bindung an die Kreditnehmer eher hinderlich, wenn gleichzeitig Kunden aus dem Investmentgeschäft glaubhaft vermittelt werden soll, dass Investmentinformationen die berüchtigten „chinese walls" nicht durchdringen werden (Streeck und Höpner 2003, S. 30). Für diesen Strategiewechsel der deutschen Großbanken steht, so die Autoren Höpner und Jackson (2003), die „feindliche Übernahme" von Mannesmann durch Vodafone idealtypisch. Während nämlich frühere Übernahmeversuche von Unternehmen, die sich ebenfalls im Streubesitz befanden, durch „Solidaritätsaktionen" der deutschen Großbanken in

---

[5] Darauf kommen wir in Abschn. 2.2. ausführlicher zu sprechen.

Form des Aufkaufs großer Anteilspakete verhindert wurden, verhielt sich die Deutsche Bank in diesem Fall neutral (ebd.: S. 158 ff.) und verdeutlichte so ihren Strategiewechsel zum Investmentbanking in der Öffentlichkeit mit Nachdruck. Neben dem Strategiewechsel der deutschen Großbanken sind es jedoch noch weitere Veränderungen im institutionellen Gefüge, die den Wandel des „deutschen Modells" vorangetrieben haben: Ganz abgesehen von dem sich verändernden politischen Grundklima, das auf eine Deregulierung der Märkte und einer Privatisierung der öffentlichen Unternehmen abzielte (z. B. Deutsche Bahn, Deutsche Post, Stromversorger), sind dies erstens die Entflechtung der finanziellen und personellen Netzwerke zwischen Industrie- und Finanzunternehmen (Beyer 1998; Windolf und Beyer 1995) und damit der Rückgang von Großaktionären mit ihren industriestrategischen Zielsetzungen. Zweitens ist dies die Liberalisierung der bislang „insider"-freundlichen Unternehmensverfassung mit dem Ziel, die Interessen der externen Investoren zu stärken (Streeck und Höpner 2003). Dazu zählen zum einen Steuerrechtsänderungen, die die Gewinne aus Beteiligungsveräußerungen von der Körperschaftssteuer befreien, um für Großaktionäre wie die Deutsche Bank oder die Allianz einen Rückzug aus dem Verflechtungsnetzwerk der „Deutschland AG" steuerlich attraktiv zu gestalten. Die Autoren Windolf und Beyer sehen hierin eine zentrale Ursache für die Entflechtung von Finanz- und Nicht-Finanzunternehmen (Windolf und Beyer 1995). Zum anderen sind es veränderte Bilanzierungsrichtlinien[6], die die Interessen der Investoren stärken, sowie Eingriffe in das Unternehmensrecht, am prominentesten das „Gesetz zur Kontrolle und Transparenz im Unternehmensbereich" (KonTraG). Dieses stärkt die Rechte von Minderheitsaktionären, indem Höchst- und Mehrfachstimmrechte verboten werden und die Stimmrechtsausübung der Banken begrenzt wird. Darüber hinaus werden die Vorschriften für den Aktienrückkauf gelockert und Aktienoptionen als Vergütungsbestandteile für das Management ermöglicht. Ebenfalls werden die Transparenz- und Publizitätspflichten erhöht (Höpner 2003, S. 169 f.; Streeck und Höpner 2003, S. 28 ff.).

Die Veränderungen im „deutschen Modell" der Unternehmenskontrolle verlaufen allerdings keinesfalls so geradlinig, wie dies die obige Darstellung nahezulegen scheint. Vielmehr lassen sich etliche empirische Befunde ausmachen, die gegen eine vollständige Konvergenz auf das liberale Modell sprechen (Faust et al. 2010; Streeck 2009; Vitols 2004). Dass diese von den Autoren Hall und Soskice (2001) allerdings wenig Beachtung finden, liegt in ihrem theoretischen Zugriff begründet. Genauer: dem Konzept der institutionellen Komplementaritäten (ebd.: S. 17). Institutionen erklären sich hier gemäß der funktionalistischen Grundannahme allein aus ihrer Effizienz heraus; ein institutionelles Gefüge – hier: die vier Grundpfeiler einer Wirtschaftsordnung – ist damit umso stabiler, je besser die Teilsysteme aufeinander abgestimmt sind, also komplementär sind. Dann aber können Wandlungsprozesse zwangsläufig nur als exogene Schocks verstanden werden, da asynchrone Entwicklungen *innerhalb* eines institutionellen Gefüges aus dem Blick geraten. Für den hier interessierenden Wandel des „deutschen Modells" der Unternehmenskontrolle heißt dies dann also, dass ein exogener Schock, den die Autoren in der Internatio-

---

[6] Darauf kommen wir in Abschn. 2.3. ausführlicher zu sprechen.

nalisierung der Finanzmärkte sehen (ebd.: S. 60), zu einer Liberalisierung der Unternehmenskontrolle führt und in der Folge Kettenreaktionen in den anderen Teilsystemen einer Wirtschaftsordnung erwarten lassen (Hall und Soskice 2001, S. 36 ff.).

Diese funktionalistische Verkürzung des Institutionenbegriffs ist in der industriesoziologischen Debatte nun zu Recht mit Verweis auf dessen fehlende handlungstheoretische Fundierung in Kritik geraten (Faust 2012; Streeck 2009; Streeck und Thelen 2005). Gerade weil Institutionen unvollkommen sind, ist eine soziale, politische oder wirtschaftliche Ordnung nur dann stabil, wenn eine „Identifikation mit ihrem *Sinn* überwiegt und die Unvollkommenheit […] durch einen moralisch richtigen Regelvollzug ausgeglichen wird" (Streeck 2007, S. 14; Hervorhebung im Original). Streeck (2007) wendet hier also das Kernargument einer wissenssoziologisch fundierten Institutionentheorie im Anschluss an die „Social Construction" (Berger und Luckmann 2000/[1]1966) für die traditionellerweise eher funktionalistisch argumentierende Politische Ökonomie und plädiert für eine Unterscheidung zwischen dem Institutionalisierungs- und dem Legitimierungsprozess, der stets am subjektiven Sinn der Akteure ansetzt. Dieser Fokus auf die Legitimierungsprozesse des sich gewandelten „deutschen Modells" der Unternehmenskontrolle liegt nun der handlungstheoretisch fundierten Kritik an der Konvergenzthese zugrunde (vgl. dazu auch Faust 2012; Lane und Wood 2012; Streeck 2009), die wir abschließend in ihren Grundlinien skizzieren. So zeigen Faust und Bahnmüller (2010), dass gegen eine vollständige Konvergenz des „deutschen Modells" auf das liberale Modell die folgenden Befunde sprechen:

Erstens bleibt die Marktkapitalisierung (Börsenkapitalisierung) deutscher Aktiengesellschaften, also der Kurswert aller deutscher Aktien, deutlich unter dem Niveau angelsächsischer Unternehmen (ebd.: S. 10); gemessen am Bruttosozialprodukt beläuft sich die Marktkapitalisierung im Jahr 2009 gerade einmal auf 45,9 % und bleibt damit sogar noch unter dem europäischen Durchschnitt (62,2 %) (DAI 2010, S. 123). Es kann in der Folge nicht von einer ausschließlich marktorientierten Unternehmenskontrolle die Rede sein. Zweitens ist die Anzahl der Aktiengesellschaften seit der Phase der „new economy" zwar auch in Deutschland stark angestiegen, ist aber seit 2004 wieder rückläufig (Faust et al. 2010, S. 10; DAI 2010, S. 33).[7] Drittens bleiben die Personal- und Kapitalverflechtungen als einem Kernmerkmal einer machtverteilenden Unternehmenskontrolle deutlich über dem Niveau angelsächsischer Unternehmen (Faust et al. 2010, S. 10). Dasselbe gilt viertens für ein weiteres Kernmerkmal des „deutschen Modells", nämlich der hohen Anzahl an (strategischen) Großaktionären. So zeigt Vitols (2004) im Vergleich der Eigentümerstrukturen von DAX30-Unternehmen und Dow Jones 30-Unternehmen, dass im Jahre 2002 lediglich vier der DAX30-Unternehmen keinen Mehrheitsaktionär gehabt haben, während dies für mehr als die Hälfte der Dow Jones 30-Unternehmen zugetroffen hat (ebd.: S. 364 f.). Abgesehen davon war nur in zwei der DAX30-Unternehmen der Mehrheitsaktionär ein insti-

---

[7] Abgesehen davon ist ein Großteil der Aktiengesellschaften gar nicht börsennotiert: von 13.122 Aktiengesellschaften im Jahre 2009 (DAI 2010, S. 33) sind gerade einmal 1.150 börsennotiert (ebd.: S. 45; vgl. auch Faust et al. 2010, S. 10). Darüber hinaus sind immerhin 29 der 100 größten deutschen Unternehmen – also gerade nicht nur klein- und mittelständische Betriebe – gar keine Aktiengesellschaften, sondern verbleiben in anderen Rechtsformen (DAI 2010, S. 40).

tutioneller Investor; in allen anderen 24 Fällen waren dies strategische Großaktionäre wie Versicherungen, die Gründerfamilien, der Staat oder Unternehmensbeteiligungen (ebd.: S. 364). Zwar hat sich die Relation zwischen institutionellen Investoren und strategischen Großaktionären mittlerweile verschoben, bleibt aber immer noch zugunsten der strategischen Großaktionäre. So ist derzeit (März 2013) zum einen die Anzahl der Unternehmen im DAX30, die über keinen Mehrheitsaktionär verfügen, auf ein Unternehmen (Deutsche Börse) gesunken und immerhin 15 der 29 Mehrheitsaktionäre sind strategische Großaktionäre (vgl. Übersicht in Anhang 1, eigene Recherche).

Damit stellt sich die Frage, inwiefern das Argument einer zunehmenden Finanzmarktorientierung im „deutschen Modell" der Unternehmenskontrolle überhaupt gerechtfertigt ist?

Dieses ist insofern gerechtfertigt, als zum einen der Einfluss der internationalen Finanzinvestoren zwar im Vergleich zum angelsächsischen Niveau gering geblieben ist, aber freilich im Vergleich zur engen Personal- und Unternehmensverflechtungskoalition im „deutschen Modell" gewichtiger geworden ist. Und zum anderen ist neben diesem formalen Wandel in der Eigentümerkonstellation ein kognitiver Wandel bei allen Anspruchsgruppen des Unternehmens festzustellen, die dazu neigen, den Interessen der Finanzinvestoren ganz unabhängig von der tatsächlichen Machtkonstellation einen Vorrang einzuräumen. Kädtler hat hierfür den Begriff einer „Finanzialisierung" (Kädtler 2009) geprägt und bezeichnet damit eine „Neuordnung der Hierarchie von Gründen, die für wirtschaftliches Handeln ins Feld geführt werden (können)" (ebd.: S. 2). Entscheidend für sein Argument ist, dass sich diese breite Anerkennung der Gründe nicht nur durch die Macht der „neuen Eigentümer" begründet und die verbleibenden Anspruchsgruppen damit gar keine andere Wahl mehr hätten als den Interessen der Finanzinvestoren zu folgen (Windolf 2005), sondern dass diese Gründe eine breite gesellschaftliche Legitimation erfahren; mit Streeck (2007) könnte man also sagen, dass eine „Identifikation mit ihrem Sinn überwiegt" (ebd.: S. 14). Kädtler benennt als Ursache für diesen Anerkennungsprozess finanzmarktorientierter Begründungsmuster drei Entwicklungen: Erstens die Veränderung der steuer- und währungspolitischen Rahmenbedingungen von Unternehmen, in deren Folge finanzwirtschaftliche Expertise im Unternehmen wichtiger wird, zweitens der Aufstieg der mathematisch ausgerichteten Finanzökonomie zu einer Kerndisziplin in den herrschenden Wirtschaftswissenschaften und drittens die Verbreitung der finanzmarktorientierten Begründungsmuster durch politische und wirtschaftliche Akteure (Kädtler 2009, S. 1), im Kern die Finanzberaterindustrie, die damit unmittelbare eigene Interessen verknüpft.

Am offensichtlichsten wird diese Wirkmacht der finanzmarktorientierten Begründungsmuster nun in jenen Unternehmen, die infolge ihrer Rechtsform oder ihrer Eigentümerstruktur in gar keinem direkten Abhängigkeitsverhältnis zu den Finanzinvestoren stehen. So zeigen beispielsweise Becker et al. (2010), dass auch in mittelständischen Unternehmen Konzepte einer wertorientierten Unternehmensführung zunehmend Verbreitung finden, in der Annahme, damit zur Steigerung von Effizienz und Effektivität der Unternehmensführung beizutragen (ebd.: S. 114). Und die Autoren Faust und Bahnmüller (2010) zeigen für die von ihnen untersuchten Aktiengesellschaften, dass auch Unternehmen mit einem stabilen Mehrheitsaktionär Elemente der Kapitalmarktorientierung zur Anwendung bringen, also auch „ohne Druck von mächtigen ‚neuen Eigentümern'" (ebd.: S. 25) den Interessen der Finanzinvestoren Gehör schenken.[8]

Mit Blick auf eine mögliche „De-Moralisierung" in der deutschen Wirtschaftsordnung, lassen sich die hier skizzierten Befunde also in einem ersten Schritt wie folgt zusammenfassen: Während im „deutschen Modell" der Unternehmenskontrolle der Interessenpluralismus kognitiv und formal verankert war, hat sich mit dem Aufstieg der internationalen Finanzinvestoren dieses Gefüge zugunsten einer Anspruchsgruppe verschoben: den Finanzinvestoren.

2.2 Die Finanzmarktorientierung in der Verteilung der Unternehmenserträge

Mit dem wachsenden Einfluss internationaler Investoren wird nicht nur befürchtet, dass sich die Kontrollmöglichkeiten der bisherigen Großaktionäre zugunsten der internationalen Investoren verschieben (vgl. Abschn. 2.1). Ebenfalls muss damit gerechnet werden, dass eine Umverteilung der von den Unternehmen erwirtschafteten Erträge erfolgt und zwar zugunsten der Investoren und zuungunsten der Beschäftigen sowie der langfristigen Bestandsinteressen der Unternehmen (Höpner 2003, S. 183). So erscheint es aus Sicht der Aktionäre in ihrer Selbstwahrnehmung als „Vertreter des Marktes" nur plausibel, dass ihnen das Recht der Anlageentscheidung vorbehalten bleibt, da nur sie sich nicht von unternehmensstrategischen Überlegungen einzelner Unternehmen oder gar Branchen blenden lassen. Gerade weil sie also infolge ihrer „Objektivität" stets die effizienteste Anlageentscheidung treffen, sichern sie gemäß den Annahmen der neoklassischen Kapitalmarkttheorie nicht nur den individuellen, sondern den gesellschaftlichen Wohlstand ab. Eine Umverteilung der unternehmerischen Wertschöpfung zugunsten der Investoren erscheint damit also auch „moralisch" als gerechtfertigt. War es bislang noch das Ziel einer machtverteilenden Unternehmenskontrolle (vgl. Abschn. 2.1.), bei der Verteilung der erwirtschafteten Erträge *alle* an der Unternehmung beteiligten Akteure gleichermaßen zu berücksichtigen, so steht nun also zu erwarten, dass eine Interessengruppe bevorzugt bedient wird: die der Aktionäre.

Deutschmann (2006, S. 31) bezeichnet dies als eine Umkehrung der für das „deutsche Modell" so typischen Verteilungsrelation zwischen Kontrakt- und Residualeinkommen. Während Gewinne bislang lediglich als „Residualeinkommen" gegolten haben und Tarif-, Arbeits- oder Kreditverträge den Status von „Kontrakteinkommen" hatten, kehrt sich die-

---

[8] Diese Entkopplung zwischen faktischer Kapitalmarktexposition der Unternehmen und der diskursiven Wirkmacht zur Umsetzung kapitalmarktorientierter Steuerungssysteme bedeutet umgekehrt dann aber auch, dass auch eine faktische Kapitalmarktexposition nicht dazu führt, dass die Erwartungen der Finanzinvestoren „top-down" durchgereicht werden. Vielmehr bleiben Interpretationsspielräume und Unternehmen können durch die Produktion eigener „narratives" Einfluss auf diskursive Figuren nehmen, die die Bewertungen und Erwartungsbildung steuern (Faust und Bahnmüller 2010, S. 25).

se Relation, so Deutschmann, mit dem Aufstieg der Finanzinvestoren um: „Gewinne […]
verwandeln sich faktisch in einen neuen, durch Zielvereinbarungen definierten Typus
von Kontrakteinkommen, [während] sich die Entgelte der Beschäftigen faktisch in Residualeinkommen verwandeln. Die Beschäftigten bekommen nur noch, was übrigbleibt,
nachdem die Eigentümer ihre Ansprüche befriedigt haben" (ebd.; vgl. auch Windolf 2005;
Dörre 2009).

Aus Sicht der Unternehmensvertreter wird diese Umverteilungserwartung der Investoren zusätzlich dadurch verstärkt, dass Investoren selbst den „Gesetzen des Marktes"
(Deutschmann 2005a, S. 67) unterworfen sind und in Konkurrenz um das Vermögen des
Anlegerpublikums stehen. In der Folge werden sie selbst zu Getriebenen des Marktes und
müssen sich mit immer höheren Renditeversprechen wechselseitig überbieten (ebd.; vgl.
auch Neckel 2011). Aus Sicht der Unternehmen bedeutet dies, dass sie mit immer höheren
Mindestrenditen[9] konfrontiert werden, weshalb Finanzinvestoren auch eine „kurzfristige
Strategie der Profitmaximierung" (Windolf 2005, S. 20) nachgesagt wird.

Wie gestaltet sich diese Umverteilung zugunsten der Finanzinvestoren nun faktisch?

Finanzinvestoren beziehen ihren Anteil am Unternehmensertrag in Form einer sogenannten „Investorenrendite", die sich aus der Dividendenausschüttung und der Kurswertsteigerung zusammensetzt. Steigt also die Investorenrendite, dann findet eine Umverteilung zugunsten der Finanzinvestoren statt (Rappaport 1999).[10]

Gemäß des formalen „Shareholder Value"-Ansatzes sind nun die vom Unternehmen
erwirtschafteten Erträge dann in Form von Dividenden an die Aktionäre auszuschütten,
wenn eine Reinvestition im Unternehmen (z. B. Investitionen in Sach- und Personalmittel
oder in die Forschung und Entwicklung) nicht die von den Investoren erwartete Mindestverzinsung erzielt wird (Rappaport 1999, S. 44 ff.). Hassel und Beyer (2001) scheinen auf
den ersten Blick einen Anstieg der Dividendenausschüttung nun tatsächlich zu bestätigen,
wenn sie für deutsche Großunternehmen belegen, dass sich der Anteil der Dividendenausschüttung im Vergleich zur Netto-Wertschöpfung zwischen den beiden Zeiträumen 1992
bis 1994 und 1996 bis 1998 um 40 % erhöht hat (ebd.: S. 18). Und auch über einen längeren
Zeitraum für alle deutschen Aktiengesellschaften betrachtet zeigt sich, dass sich die Dividendensumme von knapp 12 Mio. DM im Jahre 1987 auf gut 34 Mio. DM im Jahre 1998
fast verdreifacht hat (DAI 2010, S. 493). Nur: In demselben Zeitraum hat sich das börsennotierte Stammkapital der Unternehmen fast verfünffacht, sodass die Dividendenrendite
effektiv im genannten Zeitraum von 3,4 % auf 1,9 % sogar gesunken ist (ebd.) und auch
im europäischen Vergleich bleibt die Dividendenrendite unter dem Durchschnitt.[11] Wirft

---

[9] Die Mindestverzinsung ist der untere Grenzsatz für die zu erzielende Unternehmensrendite, die
aus Sicht der Investoren mindestens erreicht werden muss. Zur ausführlichen Darstellung der Mindestverzinsung („gewichtete Kapitalkosten" (WACC)), vgl. Abschn. 2.3.2.

[10] Dies ist der Zusammenhang, so wie ihn die neoklassische Kapitalmarkttheorie mit ihrer Annahme
informationseffizienter Märkte unterstellt. Wir präzisieren diesen Zusammenhang auf Basis empirischer Befunde im weiteren Verlauf des Abschnitts.

[11] Die m. W. jüngsten verfügbaren Daten (DAI 2011) zur Dividendenrendite im europäischen Vergleich zeigen, dass diese im Jahr 2006 für deutsche Aktiengesellschaften mit 3,6 % noch hinter dem
europäischen Durchschnitt geblieben ist (4,4 %).

man nun nochmals einen etwas genaueren Blick auf die in der Debatte prominent zitierte Studie von Hassel und Beyer (2001), so zeigt sich, dass die Dividendensumme deutscher Großunternehmen zwar tatsächlich um 40 % gestiegen ist, nominal aber auf einem niedrigen Niveau angestiegen ist und zwar von 2 % auf 2,8 % (ebd.: S. 18).[12] Damit müssen wir aber für die Dividendenausschüttung festhalten, dass diese die Umverteilung der unternehmerischen Wertschöpfung zugunsten der Finanzinvestoren noch nicht begründet.

Wie verhält es sich nun mit der zweiten Komponente der Investorenrendite: der Kurswertsteigerung?

Zunächst lässt sich festhalten, dass sich die Marktkapitalisierung deutscher Aktiengesellschaften, also der Kurswert aller deutscher Aktiengesellschaften, im Zeitraum 1980 bis 2008 mehr als verzehnfacht hat: Während sich diese im Jahre 1980 auf 71.832 Mio. € belief, ist sie mittlerweile auf 797.063 Mio. € im Jahre 2008 gestiegen (DAI 2010, S. 56) und Höpner (2003) zeigt für den Zeitraum 1996 bis 1999, dass insbesondere jene Unternehmen, die sich durch eine hohe Finanzmarktorientierung auszeichnen, auch eine überdurchschnittlich hohe Kurswertentwicklung aufweisen (ebd.: S. 68 f.).

Nur: Eine Steigerung der Kurswertentwicklung und damit der Investorenrendite hängt zwar gemäß der neoklassischen Annahme effizienter Kapitalmärkte kausal mit der tatsächlich erwirtschafteten Unternehmensrendite zusammen und begründet damit die Umverteilung der Unternehmenserträge zugunsten der Finanzinvestoren, empirisch muss dies aber keinesfalls so sein. Das heißt also, dass eine Erhöhung der Investorenrendite nicht zwangsläufig eine Erhöhung der Unternehmensrendite voraussetzt. Genau dieser Zusammenhang wird in der Debatte um den steigenden Einfluss der Finanzinvestoren aber unterstellt.

Argumentiert wird, dass infolge der Erwartungen der Kapitaleigentümer ein Zielkonflikt zwischen Unternehmens- und Rentabilitätswachstum (Höpner 2003, S. 184; Windolf 2005, S. 24) zutage tritt und Unternehmen infolge der externen Erwartungen nach einer risikoadäquaten Verzinsung des eingesetzten Kapitals der Unternehmensrendite im Vergleich zum Unternehmenswachstum Priorität eingeräumt wird. Dies tritt empirisch gleich in einer ganzen Reihe von Befunden zutage. So weisen deutsche Aktiengesellschaften im Jahre 2000 noch einen fast doppelt so hohen Umsatz wie britische Aktiengesellschaften aus, ihre Umsatzrendite hingegen war nur knapp halb so hoch wie die der britischen Aktiengesellschaf-

---

[12] Die Autoren Hassel und Beyer (2001) selbst fokussieren in ihrer Studie vor allem auf die Verteilungsposition der Arbeitnehmer und halten sich bei der Interpretation der gesteigerten Dividendensumme bedeckt sowie ebenfalls beim Anteil der Rückstellungen in deutschen Großunternehmen. Diese haben sich nämlich im genannten Zeitraum ganz entgegen der Befürchtungen von 2,2 % auf knapp 8 % sogar fast vervierfacht (ebd.: S. 18). Dieser Anstieg der Rückstellungen wird in der Debatte unterschiedlich interpretiert: Während Vitols (2004) hierin ein Indiz sieht, dass von der Shareholder Value-Orientierung vor allem das Unternehmen respektive das Management profitiert, argumentiert Deutschmann (2005a) im Anschluss an Aglietta und Breton (2001), dass gerade erfolgreiche Unternehmen, die am Markt unterbewertet sind, Rückstellungen vornehmen zu müssen, um drohende „feindliche Übernahmen" gegebenenfalls durch Aktienrückkäufe abwehren können (ebd. S. 74). Beide Hypothesen sind plausibel und belegen m. E. erneut, dass die empirische Forschung zur *tatsächlichen* Umverteilung der unternehmerischen Wertschöpfung noch vertieft werden kann.

ten (Streeck und Höpner 2003, S. 25 ff.). Speziell für den Wandel im „deutschen Modell" weist Höpner (2003) für den Zeitraum zwischen 1996 und 1998 nach, dass jene Unternehmen unter den vierzig größten deutschen Aktiengesellschaften, die als besonders kapitalmarktorientiert gelten, auch eine hohe Unternehmensrendite (gemessen am CFRoI) erwirtschaftet haben (ebd.: S. 68 ff.).[13] Ganz offensichtlich, so Höpner (2003), haben sich also die Prioritäten in kapitalmarktorientierten Unternehmen von einem bestandssichernden Umsatzwachstum hin zum Rentabilitätswachstum verschoben (ebd.: S. 72).

Nun räumt Höpner (2003) zwar selbst ein, dass Aktienkurse durch eine Reihe weiterer Faktoren beeinflusst werden können, wie die Entwicklung bei den Wettbewerbern oder einer Neubewertung ganzer Branchen (ebd.: S. 68), er vertieft dieses Argument aber nicht. Damit folgt er aber implizit der neoklassischen Annahme informationseffizienter Kapitalmärkte und unterstellt einen Kausalzusammenhang zwischen Investoren- und Unternehmensrendite.

Dass dieser Zusammenhang aber keinesfalls empirisch gegeben ist, zeigt Kädtler (2009) im Anschluss an die Autoren Froud et al. (2006). Er betont, dass es einen „belastbaren empirischen Zusammenhang zwischen zunehmender Finanzialisierung der Ökonomien und Effizienzsteigerung auf der Unternehmensebene offenkundig nicht gibt" (ebd.: S. 21). Er belegt dies mit den empirischen Befunden der Autoren, die sowohl für britische Aktiengesellschaften (FTSE 100) als auch für amerikanische Aktiengesellschaften (S & P 500) nachweisen, dass sich weder deren Kurswertsteigerungen noch die Erhöhung der Dividendensummen durch eine Steigerung der real erwirtschafteten Unternehmensrenditen erklären lassen und damit durch Parameter finanzmarktorientierter Unternehmensführung vom Management beeinflussbar wären. So zeigen die Autoren für beide Indizes für den Zeitraum 1983 bis 2002, dass die Investorenrenditen zwar angestiegen sind, gleichzeitig aber die *tatsächlich* erwirtschafteten Unternehmensrenditen (gemessen am RoCE) gefallen sind: Im Durchschnitt der amerikanischen Aktiengesellschaften (S & P 500) sind diese von 7,8 % (1983) auf 1,3 % (2002) gesunken und im Durchschnitt der britischen Aktiengesellschaften (FTSE 100) von 9,8 % (1983) auf 3,6 % (2002) (ebd.: S. 80); freilich sind damit Rekordrenditen in Einzelfällen wie beispielsweise bei Glaxo-Smith-Kline (40 %) nicht ausgeschlossen (ebd.: S. 84, 220). Der Anstieg der Investorenrenditen erklärt sich damit empirisch nicht durch einen Anstieg der tatsächlich erwirtschafteten Unternehmensrenditen, sondern durch ein verändertes Angebots-Nachfrage-Verhältnis an den Kapitalmärkten, nämlich der stark ansteigenden Nachfrage nach Aktienwerten bei nicht gleich stark ansteigendem Angebot (ebd.: S. 77 f.).

Diese Befunde finden sich ebenfalls für deutsche Aktiengesellschaften, wenn auch auf deutlich geringerem Niveau. Hier ist die durchschnittliche Gesamtkapitalrentabilität aller deutschen Aktiengesellschaften im Zeitraum 1990 bis 1995 von knapp 6 % auf 4 % ge-

---

[13] Höpner (2003) legt dieser Korrelationsrechnung den Durchschnitt der Unternehmensrenditen (CFRoI) über den gesamten Zeitraum 1996 bis 1998 zugrunde (ebd.: S. 72, Fn. 62). Damit kann nun zwar eine Korrelation mit der Kapitalmarktorientierung der Unternehmen ermittelt werden, nicht aber, ob in demselben Zeitraum auch die Unternehmensrendite angestiegen ist. Wir kommen darauf noch zu sprechen.

sunken (Deutsche Bundesbank 1997, S. 37). Auch hier gilt natürlich wieder, dass damit Rekordrenditen in Einzelfällen nicht ausgeschlossen sind, wie beispielsweise das „Go for 10"-Programm bei DaimlerChrysler oder die (Selbst-)Erwartung der Deutschen Bank, ihre Eigenkapitalrendite von 20 % auf 40 % zu steigern (Dörre 2009, S. 60; vgl. auch Kädtler 2009, S. 15).

Was folgt hieraus nun mit Blick auf die unterstellte Umverteilung der unternehmerischen Erträge zugunsten der Finanzinvestoren?

Ganz offensichtlich haben wir es für den Durchschnitt der deutschen Aktiengesellschaften weder mit einem Anstieg der Dividendenrendite noch der Unternehmensrendite zu tun und damit mit einer *faktischen* Umverteilung der Unternehmenserträge zugunsten der Finanzinvestoren. Dies heißt allerdings nicht, dass aus Sicht der Unternehmen nicht trotzdem ein Rentabilitätsdruck wahrgenommen werden würde, nur lässt sich dieser eben nicht ursächlich auf angestiegene Unternehmensrenditen zurückführen. Vielmehr schlägt sich die Finanzmarktorientierung auch mit Blick auf die Verteilung der Unternehmenserträge vor allem in einem *kognitiven* Wandel der zugrunde liegenden Rationalitätsverständnisse wider. Dies belegen jüngere, wissenssoziologisch informierte Arbeiten aus der Industriesoziologie, die in den *kommunikativ erzeugten Erwartungen* der Finanzinvestoren die Ursache für die Einschränkung der finanziellen und strategischen Autonomie der Unternehmen sehen (Faust et al. 2010; Kädtler 2009). Empirisch schlägt sich diese beispielsweise im Rahmen von Investitionsentscheidungen nieder, die kontinuierlich und transparent gegenüber den externen Investoren gerechtfertigt werden müssen. Gerade weil sich aber Investitionsentscheidungen durch ein hohes Maß an Unsicherheit auszeichnen, lassen sich die erwarteten Erträge vorab nur schwerlich bestimmen, was in der Folge dazu führt, dass etliche Anstrengungen in die Aufrechterhaltung von „Legitimationsfassaden" investiert werden müssen (ebd.: S. 137 f.).

Mit Blick auf eine mögliche „De-Moralisierung" in der deutschen Wirtschaftsordnung können wir damit in einem zweiten Schritt festhalten, dass auch hinsichtlich der Verteilungsposition der Finanzinvestoren weniger eine faktische Umverteilung zu deren Gunsten stattgefunden hat, sondern vielmehr ein kognitiver Wandel in den Rationalitätsvorstellungen der beteiligten Akteure. Dieser kann dann in der Tat dazu führen, dass sich Unternehmen unabhängig von ihrer faktischen Kapitalmarktexposition (also ihrer Eigentümerstruktur[14]) in ihrer finanziellen Autonomie eingeschränkt sehen, da sie proaktiv zu Rentabilitätssteigerungen neigen.

---

[14] Neben der Eigentümerstruktur zählen zu den „objektiven" Bestimmungsgründen der Kapitalmarktexposition ebenfalls die Frage, ob Unternehmen in ihrer Strategie auf Eigenkapitalzufuhr von der Börse angewiesen sind (z. B. Aktien als Akquisitionswährung), sowie die Frage nach der Abhängigkeit von den Kosten für die Fremdkapitalbeschaffung (Kredite), da Kreditratings mittlerweile in Wechselwirkung mit der Kurswertentwicklung stehen (Faust et al. 2010, S. 36, Fn. 19, 113 f.). Unternehmen können sich von ihrer Börsenbewertung aber auch selbst abhängig machen, sofern sie Steuerungsformen wählen, die sich am Kurswert orientieren wie beispielsweise anreizkompatible Vergütungssysteme für das Management (ebd.: S. 105).

Auf diese sich gewandelten Rationalitätsvorstellungen kommen wir im folgenden Abschnitt für die betriebliche Rechnungslegung exemplarisch zu sprechen. Im Anschluss an die sozialwissenschaftliche Zahlenforschung zeigt sich hier, dass sich im Rechnungswesen die jeweils historisch und sozial-kulturell spezifischen Rationalitätsvorstellungen repräsentieren (Chiapello 2009; Mennicken 2007). Das hat zur Folge, dass sich die Frage nach der Verteilung der unternehmerischen Wertschöpfung nicht lediglich formal anhand der Höhe der erzielten Unternehmensrenditen ablesen lässt, sondern geprüft werden muss, welche Unternehmensaktivitäten aus Sicht der Investoren überhaupt als „wertschaffend" gelten und in die Berechnung der Unternehmensrentabilität Eingang finden (Chiapello 2009).

2.3   Die Finanzmarktorientierung in der Rechnungslegung

Es ist der Kerngedanke der sozialwissenschaftlichen Zahlenforschung, dass Zahlen bzw. Rechenverfahren die ökonomische Wirklichkeit nicht „objektiv" abbilden können. Dann aber ist der *Versuch* einer Abbildung der sozialen Wirklichkeit immer bruchstückhaft und Ergebnis einer Entscheidung, *welcher* Ausschnitt denn abgebildet werden soll. Im Gegensatz zum naturalistischen Zahlenverständnis der Naturwissenschaften, aber auch des Rechnungswesens, geht die sozialwissenschaftliche Zahlenforschung damit in der Annahme, dass die jeweils gültigen Rechenverfahren nicht das Ergebnis einer ahistorischen Suche nach der optimalen Berechnungsmethode sind. Vielmehr spiegeln diese die gesellschaftlichen Rationalitätsvorstellungen darüber wider, welches Handeln unter den gegebenen historisch-sozialen Bedingungen als ökonomisch „rational" bzw. „wertschaffend" gilt (Mennicken und Vollmer 2007, S. 10).

Gewendet auf die hier interessierende Finanzmarktorientierung in der deutschen Wirtschaftsordnung heißt dies, dass sich die Auswahl der Finanzkennziffern zur Bestimmung des Unternehmenserfolgs (z. B. Gewinn, Umsatz, Unternehmensrendite) nicht mit einem universalen Rationalitätsverweis begründen lässt, sondern vielmehr Ausdruck der zugrunde liegenden Rationalitätsvorstellungen der beteiligten Akteure ist: Sowohl die Kredit gebenden Banken im „deutschen Modell" als auch die institutionellen Investoren beanspruchen für sich, dass sie jene Finanzkennzahlen zur Bestimmung des Unternehmenserfolgs wählen, die aus ihrer Sicht die Rentabilität des Unternehmens am besten abbilden. Gleichwohl ist das jeweilige Verständnis dessen, was als „wertschaffend" gilt, gegensätzlich.

Dem hier interessierenden betrieblichen Rechnungswesen kommt nun gleich in zweierlei Hinsicht eine entscheidende Bedeutung zu. Einerseits ist dieses, so Vormbusch (2007), „wesentlicher Bestandteil der Konstruktion gesellschaftlicher Wirklichkeit unter kapitalistischen Bedingungen. [Andererseits] konstituiert dieses das spezifisch Kapitalistische dieser Wirtschaft" (ebd.: S. 47). Das heißt, das betriebliche Rechnungswesen bringt die kapitalistische Ökonomie erst hervor und repräsentiert zugleich die historisch und sozial-kulturell jeweils spezifischen Vorstellungen über wirtschaftliche Rationalität bzw. wirtschaftliches Handeln (vgl. dazu auch Chiapello 2009; Mennicken 2007).

Vormbusch (2007) zeigt nun im Anschluss an die Arbeiten von Werner Sombart, dass die „doppelte Buchführung" deshalb den okzidentalen Kapitalismus hervorbringen konnte, da diese die Trennung der persönlichen Bedarfsbefriedigung vom abstrakten Gewinnziel vorsieht. In dieser materialisiert sich die kapitalistische Grundidee einer kontinuierlichen Kapitalakkumulation und sie etabliert ein kapitalistisches Erwerbsmotiv, das die mittelalterliche Bedarfswirtschaft ablöst. Entscheidend für die Entstehung der kapitalistischen Wirtschaftsordnung ist somit für Sombart ebenso wie für Max Weber weniger die technische, sondern vor allem die kognitive Rationalisierung: der „kapitalistische Geist"[15] (Vormbusch 2007, S. 46 ff.; vgl. auch Vollmer 2003, S. 355 f.).[16]

Die Rolle, die der „doppelten Buchführung" nun bei der Hervorbringung des westlichen Kapitalismus zukam, kommt aktuell, so Chiapello (2009), den internationalen Rechnungslegungsstandards (IAS; US-GAAP; IFRS) für die Liberalisierung ehemals koordinierter Ökonomien zu. Im Anschluss an Foucault legt Chiapello ihr Augenmerk vor allem auf die „Produktion von Sichtbarkeit" des Rechnungswesens (Chiapello 2009, S. 138; vgl. auch Kalthoff 2004, S. 163). Gemeint ist damit, dass das Rechnungswesen unternehmerische Tätigkeiten sichtbar und damit *kontrollier- bzw. beherrschbar* machen kann. Wenn aber dem Rechnungswesen eine solche handlungsanleitende Macht zugeschrieben wird, heißt dies in der Konsequenz, dass die jeweilige Ausgestaltung des Rechnungswesens unmittelbare Auswirkung auf die Funktion und Zielsetzung von Organisationen hat. Wenn sich also beispielsweise der Erfolg von Krankenhäusern danach bemisst, wie effizient die Behandlung erfolgt, dann wird sich das Organisationsziel von Krankenhäusern von Qualitäts- hin zu Kostenkriterien verschieben. Kalthoff spricht daher auch von einer „Formatierung der Praxis" (Kalthoff 2004).

Für die Geschichte des französischen Rechnungswesens unterscheidet Chiapello (2009) nun drei verschiedene Phasen der Rechnungslegung, die drei unterschiedliche Vorstellungen über die Funktion von Unternehmen zur Folge haben. Diese jeweils unterschiedliche historische Funktion von Unternehmen schlägt sich nieder, erstens in den Verfahren zur Abschreibung (statisch/linear), zweitens in dem Bezugspunkt zur Bestimmung des Unternehmenswertes (historische Anschaffungs- bzw. Herstellungskosten/Barwert) und drittens dem Bilanzierungszeitpunkt des Unternehmensgewinns (Vorsichtsprinzip/„fair value"-Prinzip) (ebd.: S. 132 ff.).

So war in der ersten Phase der Rechnungslegung im 19. Jahrhundert die Annahme vorherrschend, dass die Funktion von Unternehmen in der zeitlich begrenzten Güterproduktion bestand (Liquidationsperspektive). Aus Sicht der Kreditgeber war es daher rational,

---

[15] Anders als Weber sieht Sombart diesen „kapitalistischen Geist" allerdings nicht in der protestantischen Ethik begründet, sondern in der Kulturbedeutung der „doppelten Buchführung", die den Erwerbstrieb entfesselt und zugleich in spezifisch kapitalistischer Weise formt (Vormbusch 2007, S. 46 ff.).

[16] Der von Sombart analysierte Zusammenhang zwischen der „doppelten Buchführung" und der Entstehung eines kapitalistischen Erwerbsmotivs zeigt zweifelsohne funktionalistische Züge (vgl. auch Vormbusch 2007, S. 49 ff.). Vormbusch schlägt daher mit seinem Begriff der „Soziokalkulation" (2007, S. 49) eine wissenssoziologische Reformulierung der Konstitutionsthese vor.

statische Berechnungsmodelle zugrunde zu legen: Abschreibungen erfolgten nicht linear über einen längeren Zeitraum hinweg, sondern einmalig zu Beginn einer Investition; im wahrscheinlichen Fall einer Liquidation des Unternehmens wären sie andernfalls ja sonst verloren. Der Unternehmenswert wurde daher unter Vernachlässigung historischer Transaktionen mit dem Wert zum Bilanzstichtag bemessen und Gewinne durften erst dann bilanziert werden, wenn die Investition tatsächlich abbezahlt war.

Ganz im Gegensatz dazu steht die Auffassung über die Funktion von Unternehmen in der zweiten Phase im 20. Jahrhundert: Unternehmen hatten die Aufgabe, die Interessen der Gläubiger (Kreditgeber) zu bedienen. Da diese ein Interesse an einer langfristigen Unternehmenssolidität haben, richtet sich der Blick automatisch zum einen auf die Kontinuität und Historizität des Unternehmens und zum anderen auf ein Unternehmensverständnis, dessen Wettbewerbsfähigkeit sich in seiner Position am Produktmarkt begründet (s. u.). Abschreibungen erfolgten daher gleichmäßig und die Bilanzierung von Gewinnen war zwar an das Vorsichtsprinzip[17] gebunden, aber nicht abhängig davon, ob die Investition bereits abbezahlt war. Die Berechnung des Unternehmenswerts bemaß sich an den historischen Anschaffungs- und Herstellungskosten (ebd.).

Seit Beginn des 21. Jahrhunderts ist, so Chiapello, nun eine dritte Phase angebrochen, in der ein Unternehmenskonzept leitend ist, das primär die Interessen der Aktionäre bedient.[18] Unternehmen werden hier nicht mehr als Produktionsstätten verstanden, deren wirtschaftlicher Erfolg im Kern von ihrer Wettbewerbsposition am Produktmarkt abhängt und die ihre unternehmerischen Risiken durch eine Diversifikation ihrer Produkte selbst streuen könnten. Vielmehr ist es die (selbstauferlegte) Aufgabe der Finanzinvestoren geworden, Unternehmen gemäß der Portfoliotheorie als Elemente eines „Warenkorbs" (Chiapello 2009, S. 133) zu begreifen, in dem Produktionstätigkeiten unabhängig von realwirtschaftlichen Strukturen scheinbar beliebig rekombiniert werden können. Das bedeutet dann aus Sicht der Unternehmen, dass jene Unternehmenssparten, die aus Sicht der Finanzinvestoren als nicht mehr rentabel gelten, abgespalten und die verbliebenen Sparten im „Warenkorb" neu zusammengestellt werden müssen.[19] Der Fokus der zugrunde liegenden Finanzkennziffern sowie des Rechnungswesens liegt daher auf dem aktuellen Wert bzw. der Unternehmenszukunft. Wie das Unternehmen seine Gewinne konkret erwirtschaftet ist aus Sicht der Finanzinvestoren gleichgültig, weshalb in die Berechnung des Gewinns sowohl „real" erwirtschaftete Erträge am Produktmarkt einfließen als auch Erträge aus Finanztransaktionen am Kapitalmarkt, wie beispielsweise Erlöse aus Kursgewinnen (vgl. auch Küting und Kaiser 2010; s. u.). Der Wert des Unternehmens bestimmt sich demnach gemäß seinem aktuellen Wert am Markt (Barwert), ganz unabhängig von

---

[17] Gemäß des „Vorsichtsprinzips" ist die Bilanzierung von Gewinnen erst dann möglich, wenn sie tatsächlich realisiert sind (s. u.).

[18] Chiapello (2009) datiert den Beginn der dritten Phase mit der Einführung internationaler Rechnungslegungsstandards auch für europäische Aktiengesellschaften. Seit 2005 sind alle börsennotierten Unternehmen dazu verpflichtet, nach den International Financial Reporting Standards (IFRS) zu bilanzieren (vgl. auch Zingel 2009; s. u.).

[19] Vergleiche dazu auch Kap. 3.

historischen Anschaffungs- und Herstellungskosten, und der Unternehmensgewinn kann verbucht werden, bevor er realisiert worden ist, da der Blick auf die Zukunft gerichtet ist („fair value"-Prinzip, s. u.).

Es zeigt sich also, dass das Verständnis dessen, was als „rationale" Form der Unternehmensführung bzw. der Bilanzierung gilt, historisch und sozial-kulturell kontingent ist und sich dieses Verständnis in jeweils unterschiedlichen Vorstellungen über die Zielsetzungen und die Funktion von Unternehmen widerspiegelt. Im Folgenden werden wir uns nun den sich wandelnden Rationalitätsvorstellungen zuwenden, die mit der Liberalisierung des „deutschen Modells" Einzug gehalten haben, und prüfen, wie sich diese in den Modellen zur Bestimmung der Unternehmensrentabilität sowie der Unternehmensbilanzierung niederschlagen.

2.3.1   Rationalitätsvorstellungen der Akteure im „deutschen Modell"

Beginnen wir mit den Rationalitätsvorstellungen, die der Bestimmung der *unternehmerischen Erfolgsgrößen* im „deutschen Modell" zugrunde lagen:

Das Kredit finanzierte System der Unternehmenskontrolle und -finanzierung im „deutschen Modell" zeichnete sich durch den Interessenausgleich zwischen allen beteiligten Akteuren aus: das Interesse an Beschäftigungssicherung (aus Sicht des Staates, der Länder, der Kommunen), stabile Kooperations- und Lieferantenbeziehungen (aus Sicht der Unternehmen), die Sicherung von Krediten (aus Sicht der Banken) sowie öffentliche Interessen (aus Sicht des Staates) (Streeck und Höpner 2003, S. 22 ff.). Die *Kernfunktion* des Unternehmens bestand in der Folge in der Generierung von Unternehmenswachstum und die der Bewertung des Unternehmenserfolgs zugrunde liegende Kennziffer war dann die des Unternehmensgewinns bzw. -umsatzes. Gerade weil bei der Gewinnermittlung auch rein buchtechnische Größen wie Abschreibungen und Rückstellungen berücksichtigt werden, konnten Gewinne thesauriert („stille Reserven") und Rückstellungen für zukünftige Investitionsprojekte gebildet werden. Die langfristige Solidität der Unternehmen war damit sichergestellt und der Interessenausgleich zwischen Beschäftigten, Kreditgebern, Staat und Unternehmensleitungen garantiert.

Die Bereitschaft der Banken, eigene Verzinsungserwartungen zugunsten gesamtwirtschaftlicher Zielsetzungen zurückzustellen, war zum einen in der Tat darin begründet, dass Banken einen zentralen „Knotenpunkt des Verflechtungsnetzwerks der Deutschland AG" (ebd.: S. 25) darstellten und die industriepolitischen Interessen mit den anderen Akteuren der „Deutschland AG" (Staat, Beschäftigte, Unternehmen) teilten. Das heißt auch aus Sicht der Großbanken war ein Verständnis von Rationalität leitend, das nicht die Renditemaximierung zum Ziel hatte, sondern die langfristige Solidität der Unternehmen und damit den Interessenausgleich zwischen allen beteiligten Anspruchsgruppen. So war es eben auch die Macht der Großbanken, die eine marktkoordinierte Unternehmenskontrolle verhinderte und so die Gefahr „feindlicher Übernahmen" durch ausländische Investoren gebannt wurde.

Andererseits hatten die deutschen Großbanken eben auch ein genuines Eigeninteresse an einem langfristigen Unternehmensbestand mit stabilen Beschäftigungszahlen und
einem stetig wachsenden Umsatz. Dies war ihrer Rolle als Fremdkapitalgeber und der
rechtlichen Struktur des Kreditvertrags geschuldet (Windolf 2005, S. 22): Da einerseits
Gläubigern im Gegensatz zu Aktionären im Konkursfall die Exit-Option nicht zur Verfügung stand, also das investierte Kapital nicht kurzfristig abgezogen werden konnte[20], und
sich andererseits die Verzinsungserwartungen des investierten Kapitals auf einen festen,
vorab vereinbarten Zinssatz bezogen, war die Kartellierung der Märkte durchaus auch im
Eigeninteresse der Banken. Auf diese Weise konnte nämlich die Konkurrenz zwischen den
Unternehmen begrenzt und damit die Ertragslage der Unternehmen langfristig gewähr-
leistet werden (ebd.). Sowohl die fest vereinbarten Kreditzinsen als auch die fehlende Exit-
Option im Konkursfall und die daraus resultierende Risikoaversion, machte also auch aus
Sicht der Banken Strategien zur Rentabilitätssteigerung uninteressant. Priorität hatte, so
Windolf, die „verlässliche (Rück-)Zahlungsfähigkeit der Unternehmen" (Windolf 2005,
S. 22).

Institutionell gerahmt wurde das industriepolitisch begründete Verteilungsinteresse
in der „Deutschland AG" mit einem Unternehmensrecht sowie einem *Rechnungslegungs-
verfahren*, das den Interessen der Gläubiger gegenüber den Interessen der Investoren den
Vorrang einräumte. Damit wurde die langfristige Solidität des Unternehmens gesichert.
So war die Bilanzierung nach den Regeln des Handelsgesetzbuches (HGB) in zweierlei
Hinsicht gläubigerorientiert (Höpner 2003: 37 ff.; Zingel 2009, S. 3 ff.):

Erstens erlaubten die HGB-Bilanzierungsregeln zahlreiche *Wahlrechte* in der Bilanzierung hinsichtlich der Zuordnung der einzelnen Posten (Aktivierungs- und Passivierungs-
rechte) sowie der Bewertung dieser und zwar mit dem Ziel, dass über den Aufbau bzw. die
Auflösung „stiller Reserven" je nach aktueller Ertragslage des Unternehmens entschieden
werden konnte. War mit einem schlechten Ergebnis zu rechnen, so wurde progressiv bilanziert, indem „stille Reserven" aufgelöst und damit die tatsächlichen Verluste verschleiert
wurden. Ein schlechtes Ergebnis war damit in Wirklichkeit noch schlechter als aus der
Bilanz ersichtlich wurde. In Zeiten guter Unternehmensergebnisse hingegen wurde kon-
servativ bilanziert und die Überschüsse den „stillen Reserven" zugeführt (Höpner 2003,
S 39). Diese Einflussnahme auf die Ausgestaltung der Bilanz wird deshalb, so Höpner, auch
als „Bilanzpolitik" (ebd.) bezeichnet, mit dem Ergebnis, dass ein nivellierender Effekt auf
die Gewinn- und Verlustrechnung ausgeübt wird. Zweifellos verschleiert dies die wirtschaftliche Situation für externe Investoren. Allerdings wendet Höpner (2003) ein, dass die
Einräumung von Wahlrechten nicht zweifelsfrei der Gläubigerorientierung zugerechnet
werden kann, da die Verschleierung der operativen Situation letztlich nur die Interessen
des Managements bedient (ebd.: S. 40 f.).

---

[20] Abgesehen davon können aber auch institutionelle Investoren die Exit-Option nicht ohne weiteres
nutzen, nämlich dann nicht, wenn die Position des zu veräußernden Aktienpakets so groß ist, dass
es Kurs beeinflussend ist und somit die Exit-Option nur unter Einbußen zu realisieren wäre (Faust
et al. 2010, S. 16).

Anders verhält es sich aber zweitens mit dem *Vorsichtsprinzip*, das definitiv den Gläubigern und nicht den Aktionären Schutz gewährt. So wurden Gewinne nämlich erst nach ihrer Realisation (Imparitätsprinzip) bilanziert, Verluste hingegen immer, auch wenn sie noch nicht realisiert wurden. In Bilanzierungsperioden mit geringeren Umsätzen hatte dies zur Folge, dass die Dividendenausschüttung zum Zwecke der Substanzerhaltung niedrig ausfiel, was im Sinne der Gläubiger, nicht aber der Aktionäre war (Höpner 2003, S. 37 ff.; Zingel 2009, S. 3).

2.3.2 Rationalitätsvorstellungen der Aktionäre am Kapitalmarkt

Kommen wir auf die Rationalitätsvorstellungen zu sprechen, die der Bestimmung der unternehmerischen Erfolgsgrößen aus Sicht der Aktionäre zugrunde liegen und damit den internationalen Rechnungslegungsstandards.

Wir haben bereits festgehalten, dass in der Ausgestaltung der Unternehmenskontrolle eine Machtverschiebung zugunsten der Interessen der Finanzinvestoren stattgefunden hat, die sich auch in der *Kernfunktion* des Unternehmens widerspiegelt: Es geht nicht mehr um die bloße Generierung von Unternehmenswachstum, sondern um die Schaffung von Investorenrendite.[21]

Diese Kernfunktion schlägt sich nun sowohl in den internationalen Rechnungslegungsstandards (IAS; US-GAAP; IFRS) als auch in der Berechnung der unternehmerischen Erfolgsgrößen nieder (Küting und Kaiser 2010, S. 375 ff.; Zingel 2009, S. 3 ff.). Beide stehen dem Aufbau „stiller Reserven" systematisch entgegen und gefährden so die langfristige Solidität von Unternehmen. Entscheidend hierfür sind zwei zentrale Änderungen:

Erstens ist dies die Abschaffung der Wahlrechte sowie des Vorsichtsprinzips in der Bilanzierung. Zweitens ist dies die Zugrundelegung von Finanzkennziffern in der Unternehmensbewertung, die nur die sogenannten „zahlungswirksamen" Erträge (Free Cashflows) erfassen, also jener Anteil der unternehmerischen Wertschöpfung, der potentiell auch an die Investoren weitergeleitet werden kann (Prangenberg et al. 2005, S. 18). Alle anderen Größen, die die langfristige Solidität des Unternehmens sichern wie beispielsweise Rückstellungen und Abschreibungen, bleiben in der Cashflowberechnung unberücksichtigt.

Beginnen wir mit den internationalen *Rechnungslegungsstandards*, die die Informationsfunktion für Anleger wesentlich erhöht hat. Vor allem die Abschaffung des Vorsichtsprinzips hat einen „Paradigmenwechsel in der Rechnungslegung" (Küting und Kaiser 2010, S. 376) ausgelöst. In Umkehrung zum „alten, (‚überkommenen') Vorsichtsprinzip" (Zingel 2009, S. 7) sieht das sogenannte „fair value"-Prinzip eine marktnahe Bewertung der Erträge bzw. Verluste vor (ebd.; Zingel 2009). Dies bedeutet, dass das Vermögen (Aktiva) sowie

---

[21] In Abschn. 2.2. haben wir festgehalten, dass es nicht der gemäß der neoklassischen Kapitalmarkttheorie unterstellte formale Zusammenhang zwischen Investoren- und Unternehmensrendite ist, der die finanzielle Autonomie einschränkt, sondern vielmehr die kontinuierlich kommunizierte *Erwartung* der Finanzinvestoren zur Schaffung von Unternehmensrendite.

die Schulden (Passiva) in der Bilanz mit dem aktuellen Marktwert und nicht mit den historischen Anschaffungs- und Herstellungskosten bewertet werden (Küting und Kaiser 2010,
S. 376). Das heißt für die Unternehmensgewinne, dass sie gemäß des „fair value"-Prinzips
verbucht werden, auch wenn dieser am Stichtag noch nicht real erwirtschaftet wurde. Zugrunde liegt hier der Gedanke, dass nur ein am Markt ermittelter Wert objektiv und unabhängig von den Beeinflussungen des Managements sein könne, was bereits die Wahl der
Begrifflichkeit einer „fairen" Bestimmung des Unternehmenswertes nahelegt. Alle anderen
Formen der Bilanzierung sind dementsprechend dem Verdacht aussetzt, nicht in gleichem
Maße „fair" zu sein (ebd.). Und in der Tat: Solange die idealen Bedingungen informationseffizienter Märkte unterstellt werden, ist eine marktnahe Bewertung aus Sicht der Investo-
ren objektiver, da sie sich am Markt und „nicht an den interessengeleiteten Wünschen des
Managements [ausrichtet]: Fair Values sind also unbestechlich" (ebd.: S. 377; vgl. auch Küting et al. 2005; Kaiser 2009). Nicht nur aus Gewerkschaftssicht (IG Metall 2009), sondern
eben auch in der Fachliteratur zur Rechnungslegung wird die Informationseffizienz der
Märkte jedoch bezweifelt. So fragen zum Beispiel Küting und Kaiser (2010), ob das „Fair
Value"-Prinzip nicht zu komplex für den Kapitalmarkt sei. Die Autoren stellen fest, dass
ein unternehmensunabhängiger Marktpreis in mehr als 95 % der Fälle nicht zu bestimmen
sei (ebd.: S. 377), da kein aktiver Markt für das zu bewertende Gut bestehe und demnach
kein Marktpreis existiere. Ganz abgesehen von den hieraus nun erwachsenden Unsicherheiten zur Bestimmung des Marktpreises auf Basis von verschiedenen Hilfskonstruktionen
(z. B. unter Zuhilfenahme des Werts ähnlicher Güter) (ebd.: S. 377), interessieren hier vor
allem die daraus erwachsenden Schwierigkeiten für die langfristige Substanz der Unternehmen.

So ist das „fair value"-Prinzip für die Substanz des Unternehmens nämlich nur so lange
risikolos, wie Kurswerte durchschnittlich volatil sind und sich Kursgewinne und -verlus-
te über den Zeitablauf glätten: Der „Buchgewinn" am Stichtag und der tatsächlich reali-
sierte Gewinn durch die Veräußerung der Wertpapiere gleichen sich aus. Ist aber infolge
von Kurswerteinbrüchen die tatsächliche Veräußerung des Wertpapiers nur mit Verlusten
möglich – entsteht also eine Differenz zwischen dem bilanzierten Buchwert und der tatsächlichen Realisierung –, so ist die Substanz des Unternehmens gefährdet: Da sich die
Dividendenansprüche aber auch die variablen Vergütungsbestandteile des Managements
auf den Buchgewinn beziehen, ist zum Bilanzierungsstichtag Kapital abgeflossen, das infolge der Kurswertverluste nicht refinanziert werden kann. Die aus der Abwertung ent-
standenen Verluste sind in der Konsequenz aus den Rückstellungen des Unternehmens
zu refinanzieren (IG Metall 2009).[22] Die höhere Volatilität der „fair value"-Bewertung war
demnach, so Küting und Kaiser (2010), zwar nicht die Ursache der Wirtschaftskrise, aber
auf alle Fälle „Krisenkatalysator" (ebd.: S. 375).

---

[22] Da insbesondere die Banken davon betroffen waren, wirken sich die Risiken des „fair value"-Prin-
zips nicht nur – wie oben beschrieben – auf die Liquidität von Aktiengesellschaften aus, sondern
auch auf den Mittelstand, der selbst gar nicht nach IFRS bilanziert. Der Grund hierfür sind die ge-
stiegenen Kreditzinsen, die die Finanzierungskosten erheblich erhöhen.

Welche *unternehmerischen Erfolgskennziffern* liegen der Unternehmensbewertung nunmehr aus Sicht der Investoren zugrunde? Wir haben bereits angedeutet, dass aus Sicht der Investoren der Unternehmensumsatz bzw. -gewinn nicht interessiert. Gerade weil die Verzinsung des investierten Kapitals aus Sicht der Aktionäre im Unterschied zu den Kredit gebenden Banken nicht per vorab festgelegtem Kreditzins erfolgt (vgl. auch Knorr Cetina 2010, S. 331), sondern sich am aktuellen Marktwert[23] des Unternehmens an der Börse bemisst, interessieren aus Sicht der Investoren nur jene Finanzkennzahlen, die den Börsenwert des Unternehmens widerspiegeln. In der Unternehmensbewertung aus Sicht der Investoren interessieren folglich nur jene Finanzkennziffern, die den Kurswert beeinflussen (Rappaport 1999, S. 23). Dies sind die sogenannten zahlungswirksamen Bestandteile der unternehmerischen Wertschöpfung (Free Cashflows), da diese gemäß der Annahme informationseffizienter Kapitalmärkte in Form einer Kurswertsteigerung an die Investoren weitergeleitet werden können (Prangenberg et al. 2005, S. 18).

Folgt man Rappaport (1999[24]) als dem Begründer der „Shareholder Value"-Debatte, so ist der Cashflow dem Unternehmensgewinn aus dreierlei Gründen vorzuziehen (ebd.: S. 15 ff.; auch Chahed et al. 2004, S. 20 ff.).

Erstens ist die Höhe des Jahresgewinns von zahlreichen und für den außen stehenden Investor nicht transparenten Buchungsentscheidungen abhängig. Diesem Einwand ist zwar für das insiderorientierte System des deutschen Rechnungslegungswesen nach HGB-Regeln Recht zu geben, spätestens seit 2005 sind aber deutsche Aktiengesellschaften zur Bilanzierung nach internationalen Rechnungslegungsstandards verpflichtet (§ 315a HGB)[25]. Damit stellt sich freilich die Frage, wie stichhaltig dieser Vorwurf seitens der „Shareholder Value"-Debatte ist. Der zweite Einwand betrifft den Kern einer am „Shareholder Value"-orientierten Unternehmensführung, da Rappaport hier aufzeigt, dass der Unternehmensgewinn systematisch *über* der Summe der zahlungswirksamen Cashflows liegt. Würde also der Unternehmenswert auf Basis der Gewinne ermittelt werden, wäre er aus Sicht der Investoren zu hoch angesetzt. Dies deshalb, da in den Unternehmensgewinn rein buchtechnische (also nicht mit einer Zahlung verbundene) Größen wie Rückstel-

---

[23] Der Marktwert eines Unternehmens ist das Produkt aus Kurswert multipliziert mit der Anzahl der Aktien. Er wird auch Börsenwert oder Marktkapitalisierung genannt.

[24] In der englischen Erstauflage ist Rappaports Plädoyer für eine „Shareholder-Value"-orientierte Unternehmensführung bereits im Jahre 1986 erschienen. Zur Einführung in die kapitalmarktorientierte Unternehmensbewertung siehe auch die folgenden Lehrbücher: Spremann (2002); Ballwieser (2007); Drukarczyk und Schüler (2009); Spremann und Ernst (2011).

[25] Bereits 1998 war es durch das damalige Kapitalaufnahme-Erleichterungsgesetz (KapAEG) möglich, dass Unternehmen nach internationalen Vorschriften bilanzieren, entweder als proaktive Strategie, um internationale Kapitalgeber anzuwerben (International Accounting Standards (IAS)) oder weil sie an einer US-Börse gelistet waren und nach internationalen Vorschriften bilanzieren mussten (General Accepted Accounting Principles (US-GAAP)). Seit 2005 sind alle börsennotierten Unternehmen dazu verpflichtet, nach den International Financial Reporting Standards (IFRS) zu bilanzieren; das HGB wurde nicht abgeschafft, aber auf den börsenfernen Bereich eingeschränkt. Trotzdem sind für die gesamte Europäische Union nur etwa 7.000 börsennotierte Unternehmen davon betroffen (Zingel 2009).

lungen und Abschreibungen als *Ertrag* einfließen, umgekehrt aber die daraus finanzierten Investitionen ins Umlauf- und Sachanlagevermögen (z. B. Lagerhaltungskosten, Land, Immobilien, Anlagen) nicht als *Aufwand* in die Gewinn- und Verlustrechnung Eingang finden (Rappaport 1999, S. 17 ff.). Der betriebliche Cashflow berücksichtigt daher beide Größen nicht, sondern nur die sogenannten zahlungswirksamen Überschüsse, die am Markt bewertet und in Form einer Kurswertsteigerung an die Anteilseigner weitergeleitet werden können (Prangenberg et al. 2005, S. 18). Drittens spricht gegen den Unternehmensgewinn die Vernachlässigung des Zeitwerts des Geldes, das heißt, die fehlende Berücksichtigung der jeweiligen Zahlungszeitpunkte der Verzinsung. Da sich aus Sicht der Investoren stets die Frage nach alternativen, ähnlich risikobehafteten Anlagen stellt, kann aber die Rentabilität einer Investition erst dann ermittelt werden, wenn der *heutige* Wert der zukünftigen Zahlung bekannt ist (Barwert) (vgl. dazu auch Prangenberg et al. 2005, S. 15). Je länger das Kapital gebunden ist, desto höher sind die Verzinsungserwartungen an die Investition.

Die „zwanghafte Beschäftigung mit Gewinnen" (Rappaport 1999, S. 15), so resümiert Rappaport, ist aus Sicht der Investoren also deshalb wenig zielführend, da der Gewinn bzw. Umsatz auch dann steigen kann, wenn das Management Investitionen vornimmt, die unter der erwarteten Mindestverzinung der Investoren liegen. In diesem Falle aber würde in der Logik des „Shareholder Value"-Ansatzes Wert vernichtet, da der Kurswert und damit die Investorenrendite sinken (ebd.: S. 15).[26] Umgekehrt wird damit aber auch nochmals deutlich, dass die Berechnung des Unternehmenswerts auf Basis des Cashflows der langfristigen Solidität des Unternehmens entgegen steht, da bestandssichernde Rückstellungen und Abschreibungen infolge ihrer fehlenden Zahlungswirksamkeit für die Investoren nicht in die Berechnung einfließen.

Abschließend gilt es nun zu klären, wie aus Sicht der Investoren beurteilt werden kann, ob eine Investition „wertschaffend" ist bzw. wie diejenigen Unternehmensstrategien identifiziert werden können, die die Rentabilität eines Unternehmens aus Sicht der Investoren erhöhen. Grundsätzlich werden hier zwei Formen der Erfolgsmessung unterschieden:

Einerseits kann der Wert des Unternehmens und damit die Frage nach der Rentabilität einer Investition aus Sicht der Investoren *absolut* bestimmt werden. Rappaport (1999) hat hierzu ein Modell zur Berechnung des Unternehmenswertes auf Basis von Marktwerten entwickelt: das „Discounted-Cash-Flow"-Konzept (Rappaport 1999), das den sogenannten „fairen Wert" eines Unternehmens ermittelt. Zum anderen kann die Rentabilität auch *relativ* entschieden werden, indem ein Grenzsatz festgelegt wird, ab dem das Unternehmen die „gerade noch akzeptable Rendite" (Rappaport 1999, S. 44 ff.) erzielt. Die tatsächlich erwirtschaftete Unternehmensrendite muss demnach über der von den Investoren geforderten sogenannten „Mindestrendite" liegen, damit Wert geschaffen wird (ebd.). Die Grundlage beider Modelle ist der betriebliche Cashflow.

---

[26] Rappaport (1999) unterstellt damit in seinem „Discounted-Cash-Flow"-Konzept effiziente Kapitalmärkte. Dass das Nicht-Erreichen der Mindestverzinsung nicht zwangsläufig zu einem Kursverfall führten muss, haben wir im vergangenen Abschn. 2.2. gezeigt.

Beginnen wir mit der *relativen* Bestimmung der Rentabilität: der Mindestverzinsung des investierten Kapitals (WACC) (Rappaport 1999, S 39 ff.). Neu ist im Vergleich zu den Investitionsentscheidungen der Großbanken nun nicht, dass überhaupt eine Mindestverzinsung festgesetzt wird, sondern vielmehr, dass diese nicht mehr gewinnbasiert, sondern kapitalmarkttheoretisch ermittelt wird.[27] Das heißt, die Bestimmung der zu erwirtschaftenden Mindestrendite setzt nicht an den realen Bedingungen der *Produkt*wirtschaft an, sondern ergibt sich aus dem Vergleich ähnlich risikobehafteter Investitionsmöglichkeiten am *Kapital*markt. Aktiengesellschaften konkurrieren damit als Anlageobjekt mit anderen Anlageklassen wie Währungen, Anleihen, Renten usw. und nicht nur mit anderen Aktiengesellschaften hinsichtlich ihrer wirtschaftlichen Position am Produktmarkt.

Ist die von den Unternehmen tatsächlich erwirtschaftete Unternehmensrendite nun höher als die vom Investor geforderte Mindestverzinsung, dann wird aus Sicht der Investoren Wert geschaffen und die Kapitalkosten verdient; andernfalls wird Wert vernichtet (Rappaport 1999, S. 44 ff.).

Neben der relativen Rentabilitätsbestimmung einer Investition, kann der Wert des Unternehmens („faire Wert") ebenfalls *absolut* bestimmt werden. Dies geschieht mit Hilfe des „Discounted-Cash-Flow"-Konzepts (Rappaport 1999, S. 39 ff.). Hierfür wird der sogenannte Barwert einer Investition ermittelt. Dies ist der Wert, den eine zukünftige Zahlung – hier: der Marktwert eines Unternehmens – heute hat (Prangenberg et al. 2005, S. 20 ff.). Ermittelt wird der Unternehmenswert dann also, indem die Summe aller zukünftigen Erträge (Free Cashflows) auf den gegenwärtigen Wert abgezinst (diskontiert) wird und der Marktwert des Fremdkapitals abgezogen wird. Der Diskontierungsfaktor entspricht dabei der erwarteten Mindestverzinsung (WACC) des investierten Kapitals.

Eine Investitionsentscheidung ist gemäß des „Shareholder Value"-Ansatzes demgemäß dann rentabel, wenn der rechnerisch ermittelte Unternehmenswert („faire Wert") größer als der tatsächliche Marktwert eines Unternehmens ist. Dann sind offensichtlich bislang nicht alle kursrelevanten Informationen am Markt bewertet und in den Kurswert „eingepreist" worden. Es ist daher zu erwarten, dass der Kurswert in Zukunft steigt; es erfolgt eine Kaufempfehlung. Im gegenteiligen Fall wird Wert vernichtet, was eine Verkaufsempfehlung nach sich zieht.

Nun haben wir an anderer Stelle bereits festgehalten[28], dass die realen Investitionsentscheidungen durchaus auch von dem formalen „Shareholder Value"-Ansatz abweichen können. So führt beispielsweise die Nicht-Erreichung der von den Investoren erwarteten Mindestverzinsung eben nicht zwangsläufig zu einem Kapitalabzug, wie dies gemäß der Theorie informationseffizienter Kapitalmärkte unterstellt werden müsste. Vielmehr zeigen die Autoren Faust und Bahnmüller (2010) für die von ihnen untersuchten kapitalmarktorientierten Unternehmen, dass Investoren auch bei Nicht-Erreichung der erwarteten Mindestrendite investiert bleiben können. Dies kann beispielsweise dann der Fall sein, wenn zwischen Investor und Unternehmensvertreter ein bereits längerfristiges Vertrau-

---

[27] Siehe dazu den in der Investitionsrechnung der Kredit gebenden Banken zugrunde liegenden „internen Zinsfuß" (Prangenberg et al. 2005, S. 20).

[28] Vergleiche Abschn. 2.2.

ensverhältnis besteht und Unternehmensvertreter die „Verfehlung" gut plausibilisieren können („promise & deliver"). Derselbe Fall tritt ein, wenn alle relevanten Branchenwettbewerber des zu bewertenden Unternehmens die erwartete Mindestrendite nicht erzielen und so die Gründe für die „Verfehlung" externalisiert werden können (Faust et al. 2010, S. 131 ff., 270 ff.).

Dasselbe gilt für den formal errechneten Unternehmenswert („fairer Wert") des Unternehmens: Investoren profitierten von einer steigenden Investorenrendite, also der Kurswertsteigerung und der Dividendenausschüttung. Da nun aber die Investorenrendite ansteigen kann, auch wenn die real erwirtschaftete Unternehmensrendite nicht ansteigt, wie die Autoren Froud et al. (2006) für britische und amerikanische Aktiengesellschaften gezeigt haben, muss eine Nicht-Erzielung der Unternehmensrendite nicht zwangsläufig eine Exit-Entscheidung nach sich ziehen.[29]

Folgt nun daraus, dass die sich gewandelten Rationalitätsvorstellungen in der internationalen Rechnungslegung sowie den unternehmerischen Erfolgskennziffern lediglich auf der formalen Modellebene verhaftet bleiben, ohne dass sie auf die tatsächliche finanzielle Autonomie der Unternehmen einen Einfluss hätten? Viel Lärm um Nichts also?

Ganz so ist es nicht. Wie wir für den Wandel in der Unternehmenskontrolle (vgl. Abschn. 2.1) als auch für die Verteilungsposition der Finanzinvestoren (vgl. Abschn. 2.2) bereits argumentiert haben, ist es auch hier vor allem die veränderte *Erwartungshaltung* der Kapitalgeber, die sich in einer kontinuierlichen Kommunikation der zu erzielenden Mindestrendite niederschlägt. Gerade weil in die Ermittlung der zu erwirtschaftenden Unternehmensrendite aber nur die zahlungswirksamen Erträge einfließen (Free Cashflows), geraten bestandssichernde Rückstellungen und Abschreibungen infolge ihrer fehlenden Zahlungswirksamkeit aus dem Blick.

Zusammenfassend können wir nun mit Blick auf eine mögliche „De-Moralisierung" in der deutschen Wirtschaftsordnung festhalten, dass in allen drei hier betrachteten Dimensionen Unternehmenskontrolle, Verteilung der Unternehmenserträge sowie der Rechnungslegung eine Verschiebung zugunsten der Interessen der Finanzinvestoren stattgefunden hat: Während im „deutschen Modell" der Unternehmenskontrolle der Interessenpluralismus kognitiv und formal verankert war, hat sich dieser mittlerweile hin zu einem Interessenmonismus zugunsten der Finanzinvestoren verschoben. Auch wenn der formale Einfluss der internationalen Finanzinvestoren im liberalisierten „deutschen Modell" der Unternehmenskontrolle vergleichsweise gering geblieben ist, führt ein kognitiver Wandel bei allen anderen Anspruchsgruppen des Unternehmens dazu, dass diese bereit sind, den Interessen der Finanzinvestoren ganz unabhängig von ihrem tatsächlichen Einflusspotential Gehör zu schenken. Kädtler hat hierfür den Begriff einer „Finanzialisierung" (Kädtler 2009) geprägt. Auch hinsichtlich der Verteilungsposition der Finanzinvestoren haben wir zweitens festgestellt, dass es weniger die faktische Umverteilung zugunsten der Finanzinvestoren ist, die die finanzielle Autonomie von Unternehmen einschränkt, sondern vielmehr der kognitive Wandel in den Rationalitätsvorstellungen der beteiligten Akteure. Dieser Wandel in den Rationalitätsvorstellungen schlägt sich drittens

---

[29] Vergleiche Abschn. 2.2.

nieder in der kapitalmarktorientierten Ausgestaltung der Rechnungslegungsvorschriften sowie den Kennzahlen zur Beurteilung des Unternehmenserfolgs. Zum einen läuft die aus Sicht der Finanzinvestoren interessierende Erfolgsgröße des Cashflows den langfristigen Bestandsinteressen des Unternehmens entgegen, da hier im Unterschied zur Berechnung des Unternehmensgewinns weder Rückstellungen noch Abschreibungen berücksichtigt werden (Rappaport 1999, S. 15 ff.). Es müssen demzufolge systematisch höhere Erträge erwirtschaftet werden, um dieselbe Unternehmensrendite zu erzielen. Zum anderen ist es die Einführung des „fair value"-Prinzips in der Rechnungslegung, das dem Aufbau „stiller Reserven" entgegensteht (Küting und Kaiser 2010, S. 376) und so den langfristigen Unternehmensbestand herausfordert.

Die Finanzmarktorientierung in der Unternehmensorganisation und die Folgen für Prozesse „organisationalen Lernens"

3

Ich meine, letzten Endes entscheidet immer der Kapitalmarkt
darüber, was ein gutes Unternehmen ist. [...] Letzten Endes sind
wir als Kapitalmarkt der Intermediär dazwischen, über den diese
Umsetzungsmechanismen, diese Allokation erfolgt. (I1_PF1)

Während wir im vergangenen Abschnitt die zunehmende Kapitalmarktorientierung auf der Ebene der gesamten Wirtschaftsordnung in den Fokus genommen haben, schärfen wir jetzt unseren Blick für die konkrete Situation der Unternehmensorganisation. Wir fragen hier zunächst, welche Erwartungen Finanzinvestoren an die Gestaltung einer optimalen Unternehmensorganisation formulieren und prüfen dann, welche Konsequenzen hieraus für Prozesse „organisationalen Lernens" folgen. Warum sind Prozesse „organisationalen Lernens" aber aus Unternehmenssicht überhaupt relevant?

Profite, so Deutschmann (2005a), können in kapitalistischen Wirtschaften auf zweierlei Art und Weise zustande kommen: entweder durch eine Umverteilung der gegebenen Wertschöpfung oder durch unternehmerisches Wachstum, das die Kreativität der menschlichen Arbeitskraft voraussetzt. Nur bei letzterem handelt es sich aber um ein Positivsummenspiel, bei dem alle Beteiligten profitieren und sich die Profitrate endogen aus dem angenommenen Wachstumspfad ergibt (ebd.: S. 72 ff.). Umgekehrt heißt dies, dass eine Gefährdung „organisationaler Lernprozesse" infolge der durch die Finanzinvestoren initiierten organisationalen Veränderungen zu depressiven Effekten für das gesamte Wirtschaftswachstum führen kann (ebd.: S. 79 ff.). Wir werden daher zunächst die Erwartungen der Finanzinvestoren an eine optimale Gestaltung der Unternehmensorganisation zusammentragen und dann die hieraus folgenden Konsequenzen für „organisationale Lernprozesse" prüfen.

Infolge ihrer Position als externe Beobachter des Unternehmens interessieren sich Finanzinvestoren nun v. a. für jene Unternehmensstrategien, die die Informationsasymmetrie zugunsten des Managements abschwächen. Befürchtet wird nämlich, dass das Management (Agent) seine Handlungsspielräume ausnutzen und Unternehmensstrategien wählen

E.-M. Walker, *Die Moralisierung der Finanzmärkte als Fiktion*, Wirtschaft und Gesellschaft, DOI 10.1007/978-3-658-05502-8_3, © Springer Fachmedien Wiesbaden 2015

wird, die gegen die Interessen der Prinzipale verlaufen. Folgt man der in der Tradition der Agenturtheorie stehenden „Shareholder Value"-Debatte weiter, so kann diese sogenannte „Managerherrschaft" (Berle und Means 1933; Shleifer und Vishny 1997) erst dann beendet werden, sobald die Interessen der Agenten (Management) vollständig auf jene der Kapitalgeber verpflichtet werden (Rappaport 1999).[1] Bevor wir nun auf die Erwartungen des Kapitalmarktes an eine aus ihrer Perspektive optimalen Unternehmensstruktur im Einzelnen zu sprechen kommen, müssen wir zunächst einmal klären, inwieweit die Diskussion um eine „Managerherrschaft" im „deutschen Modell" der Unternehmenskontrolle analytisch überhaupt zutreffend ist.

3.1 Relativierung der „Managerherrschaftsthese" für das „deutsche Modell"

Die „Managerherrschaftsthese" hat ihren theoriehistorischen Ursprung nun nicht zufällig in der amerikanischen Literatur (Höpner 2003, S. 81) und es muss die Frage gestellt werden, ob das Argument einer „Managerherrschaft" auf das „deutsche Modell" überhaupt übertragen werden kann, wie dies in der Literatur mancherorts geschieht (z. B. Windolf 2005). So zeichnen sich liberale Ökonomien wie beispielsweise die USA unter anderem dadurch aus, dass die Unternehmensfinanzierung seit jeher über den Kapitalmarkt erfolgt und sich historisch durch eine Vielzahl von Kleinaktionären auszeichnet. Das in der „Shareholder Value"-Debatte formulierte Argument, dass die Bündelung der Aktienpakete in den Händen institutioneller Investoren wie beispielsweise Pensionsfonds ein Ende der Managerherrschaft erwarten lasse, scheint daher plausibel (Rappaport 1999).

Eine Übertragbarkeit der Argumentation auf „koordinierte Ökonomien" wie die des „deutschen Modells" ist m. E. nun schon allein deshalb problematisch[2], da die Unternehmensfinanzierung im „deutschen Modell" hauptsächlich über Kredite erfolgte und nicht über den Kapitalmarkt (Streeck und Höpner 2003)[3]; die Annahme einer „Managerherrschaft" zuungunsten des *Kapitalmarkts* erscheint daher per se als unangemessen. Aber auch abgesehen hiervon zeichnete sich das „deutsche Modell" dadurch aus, dass Aktionäre als *Groß*aktionäre (industrielle Anteilseigner, Banken und Versicherungen) auftraten und

---

[1] Wir interessieren uns hier für die *erwarteten* Unternehmensstrategien aus Sicht der Finanzinvestoren. In der Prinzipal-Agenten-Theorie wird bekanntlich das Argument ins Feld geführt, dass Anreize in Form von erfolgsorientierter Vergütungssysteme geschaffen werden müssen, um die Interessen des Managements auf die der Kapitalgeber einzuschwören. Ganz abgesehen davon, dass allen Akteuren hier ausschließlich opportunistisches Handeln unterstellt wird, werden wir kapitalmarktorientierte Vergütungssysteme nicht eigens thematisieren, da es sich hierbei nicht primär um eine Unternehmensstrategie handelt, sondern eher um eine Absicherung der Kontrollgewalt durch die Kapitalmarktakteure.

[2] Grundsätzliche Bedenken gegen die in theoretischer Hinsicht problematische Annahme, dass Handlungsmotivationen und Sinnzuschreibungen lediglich auf den Opportunismus der Akteure zurückzuführen sind, lassen wir an dieser Stelle außen vor.

[3] Vergleiche Abschn. 2.1.

die Stimmen von Privataktionären auf Hauptversammlungen bündelten (Auftragsstimm-
recht). Anders als im angelsächsischen Raum waren die Interessen der Privataktionäre damit keine bloßen Einzelinteressen, die jenen des Managements gegenüberstanden und in
der Tat Probleme der Informationsasymmetrie hervorrufen können. Zum anderen war die
Bedeutung anderer Einflussgruppen wie die der Mitbestimmungsträger und der Gewerkschaften wesentlich höher (vgl. Höpner 2003, S. 81 f.).

Wenn also Windolf (2005) für das „deutsche Modell" ein Ende der Managerherrschaft
konzediert, müsste dies zumindest präzisiert werden. Dies kann im Anschluss an die Argumentation von Höpner (2003) erfolgen. So differenziert er die Qualität einer Kontrollform nämlich nicht lediglich nach NIÖ-Manier anhand der *Größe* des Aktienanteils aus,
die die Differenzierung zwischen institutionellen Investoren mit einem hohen Aktienan-
teil einerseits und Großaktionären bzw. Kreditgebern im „deutschen Modell" andererseits
verwischen würde. Vielmehr unterscheidet er die Qualität einer Kontrollform zusätzlich
entlang der Dimension *„insider"/„outsider"* (ebd.: S. 150 ff.).[4] Er prüft im Folgenden für
die Unternehmenskontrolle des „deutschen Modells", auf welchen Feldern die „insider"-
respektive die „outsider"-Kontrolle effektiver gewesen ist.

Er zeigt für das Feld der Managervergütung, dass die Kontrolle durch Großaktionäre,
also „insidern", effektiver gewesen ist (ebd.: S. 139 ff.). Und auch für das heutige, liberali-
sierte Modell der Unternehmenskontrolle hat Vitols (2008) jüngst herausgearbeitet, dass
die „insider"-Kontrolle im Rahmen der Unternehmensmitbestimmung stark dämpfende
Effekte auf die Managervergütung hat. Sowohl die absolute Vergütungshöhe als auch der
Anteil der Gesamtvergütung, der am Aktienkurs orientiert ist, sinkt mit der steigenden
Präsenz der Gewerkschaftsvertreter im Aufsichtsrat: Ist ein externer Gewerkschaftsvertreter stellvertretender Aufsichtsratsvorsitzender, so dämpft dies die Vergütung um etwa 16 %
und die Besetzung aller Gewerkschaftsmandate mit externen Gewerkschaftsvertretern
führt sogar zu einer Verringerung um 30 % (ebd.: S. 32 f.; vgl. auch Streeck 2008).

Für das Feld der unternehmensstrategischen Entscheidungen (z. B. Unternehmens- versus Rentabilitätswachstum oder Unternehmensdiversifizierung versus -fokussierung) stellt
Höpner (2003) nun heraus, dass hier infolge einer Interessenkongruenz zwischen Großaktionären bzw. Kreditgebern einerseits und Führungskräften andererseits nur schwerlich von einer Kontrollbeziehung die Rede sein kann (ebd.: S. 24; vgl. Beyer 1998, 2009):
Gerade weil sich Führungskräfte und Großaktionäre bzw. Kreditgeber auf industriestrategische Zielsetzungen der gesamten Branche verpflichtet sahen, reichte das Interesse der
Finanziers über eine bloße Kontrollbeziehung hinaus und die Haltung des Managements
zu „ihrem" Unternehmen zeichnete sich durch eine Form von Loyalität aus, die Strategie-

---

[4] Die hier zitierte Textstelle ist insofern missverständlich, da Höpner (2003) hier bereits für den
Wandel des „deutschen Modells" argumentiert und Aktionäre – also institutionelle Investoren – zu
den „outsidern" zählt. Zu Zeiten des „deutschen Modells" hingegen zählt er (Groß-)Aktionäre und
Kreditgeber infolge des engen Verflechtungsnetzwerkes zwischen Unternehmen, Banken und Staat
zu den „insidern" (ebd.: S. 133 ff.). Für das folgende Argument legen wir letztere Definition zugrunde
und bezeichnen also Kreditgeber bzw. Großaktionäre als „insider" und die (meist internationalen)
institutionellen Investoren jenseits des Verflechtungsnetzwerks als „outsider".

entscheidungen nicht nur danach beurteilte, ob in der Folge mit einem Anstieg der eigenen Vergütung zu rechnen ist (ebd.: S. 23 ff.).[5]

Wenn nun aber zu Zeiten des „deutschen Modells" mit Blick auf die finanzielle Auto-nomie des Managements festzuhalten ist, dass hier die „insider"-Kontrolle eine „Manager-herrschaft" verhinderte und mit Blick auf die strategische Autonomie des Managements eine weitgehende Interessenkongruenz zwischen den Finanziers und dem Management unterstellt werden kann, dann ist die These einer „Managerherrschaft" für das „deutsche Modell" wenig aussagekräftig. Aussagekräftig wird sie dann, wenn man bei der Interes-senkonstellation nach „insidern" und „outsidern" differenziert. Wie wir gezeigt haben, zeichnen sich Kreditgeber und Großaktionäre im „deutschen Modell" vor allem durch ihr industriestrategisches Wachstumsinteresse aus, während (internationale) institutionelle Investoren primär Renditeinteressen verfolgen.[6] Aus Sicht der institutionellen Investoren gelten dann alle jene unternehmensstrategischen Zielsetzungen, die erwartungsgemäß ihre Mindestverzinsung nicht erreichen werden, als nicht effizient. Diese Ineffizienz kann nur durch eine „objektive" Kontrolle durch unabhängige *outsider* aufgebrochen werden (Höpner 2003, S. 144). Dann kann in der Folge aber für das „deutsche Modell" nicht von einer „Managerherrschaft" gesprochen werden, sondern eher von einer „insider"-Herr-schaft des Verflechtungsnetzwerkes aus Management, Kreditgebern und Großaktionären, die sich gegen die externen Kontrollinteressen der „institutionellen Investoren" wendeten.

Wir kommen im Folgenden auf die seitens der Finanzinvestoren geforderten Unterneh-mensstrategien zur Steigerung des „Shareholder Values" zu sprechen.

3.2 Die fortgesetzte Vermarktlichung: Transparenzerwartungen, Fristigkeiten und Risikoaversionen der Finanzinvestoren

Mit dem Aufstieg der internationalen Finanzinvestoren verstärkt sich ein Trend, der be-reits seit den 1990er Jahren in Unternehmen Einzug gehalten hat: die „marktgesteuerte Dezentralisierung" von Unternehmen (Dörre und Brinkmann 2005; Dörre 2009; Sauer und Döhl 1997; Moldaschl 1998; Sauer 2010).

Bezeichnet wird mit einer „marktgesteuerten Dezentralisierung" ein betrieblicher Reorganisationsprozess, der als eine Antwort auf die Krise des tayloristisch-fordisti-schen Produktionsmodells zu verstehen ist und an die Stelle hierarchischer Formen der Arbeitsorganisation dezentrale Unternehmenseinheiten setzt, die vermittels (inszenierter) Marktprinzipien gesteuert werden sollen. Vormals zentral über die Stabsstellen bearbeitete

---

[5] Ganz im Gegensatz dazu stehen die gewandelten Karrieremuster heutiger deutscher Topmanager, wie Höpner (2003) am Beispiel der Unternehmensfusion Daimler und Chrysler belegt (ebd.: S. 145 f.). Obwohl dem Topmanagement die schwierige wirtschaftliche Lage von Chrysler bekannt war, forcier-ten sie die Unternehmensfusion. Es liegt der Verdacht nahe, dass dies mit der Motivation geschah, die deutschen Vorstandsgehälter auf das Niveau amerikanischer Vorstandsgehälter anzuheben (ebd.).

[6] Vergleiche Abschn. 2.1.

Aufgaben werden entweder vollständig aus dem Unternehmen ausgelagert (strategische Dezentralisierung) oder von den ausführenden Unternehmenseinheiten übernommen (operative Dezentralisierung) (Faust et al. 1994, S. 23 ff., 37 ff.). Letztere Form der Dezentralisierung sieht dann die Gründung von Projektgruppen oder sogenannten „profit centern" (ebd.) vor, die nach Produktgruppen, nach Kundengruppen oder nach regionalen Wirtschaftsstandorten zusammengesetzt sind, um ganzheitlich und flexibel auf die Erwartungen des Marktes reagieren zu können (Sauer und Döhl 1997, S. 24).

Organisationsintern werden die einzelnen „profit center" dann in ein inszeniertes – wenngleich nicht weniger wirkmächtiges – Konkurrenz- bzw. Marktverhältnis zueinander gesetzt, indem sich die Unternehmensteile im Stile einer Kunden-Lieferantenbeziehung wechselseitig Dienstleistungen erbringen. Gesteuert und koordiniert wird die betriebliche Zusammenarbeit dann nicht über hierarchische Strukturen, sondern über (simulierte) Marktbeziehungen, die im Falle einer mangelnden Rentabilität eine Auslagerung der Unternehmenseinheit bzw. zumindest der betreffenden Dienstleistung „erzwingen".[7]

Die Befürworter dieser Vermarktlichungsprozesse sehen hierin nun deshalb Vorteile gegenüber Hierarchien, da die Beschäftigten hier nicht nur in ihrer *Rolle*, sondern als *Person* in die Organisation integriert (und sanktioniert) werden. Anders als in Hierarchien muss sich die Kontrolle durch Vorgesetzte dementsprechend nicht mehr auf jene Arbeitsinhalte beschränken, die qua Arbeitsvertrag formalisierbar und standardisierbar sind (Deutschmann 2002, S. 109 ff., Funder 1999, S. 125). Vielmehr gehen die Befürworter der Vermarktlichung in der Annahme, dass dezentrale Unternehmensstrukturen die Beschäftigten von den äußeren, hierarchischen Zwängen befreien und Freiräume für eigeninitiatives und selbstverantwortliches Arbeiten schaffen können. Beschäftigte werden so zu „Intrapreneuren" in ihrem Unternehmen (vgl. dazu kritisch: Kühl 2000, S. 824 ff., Sauer und Döhl 1997, S. 26 ff.).[8] So ist es aus der Perspektive der NIÖ der entscheidende Vorzug einer Handlungskoordination über Märkte, dass sich der „natürliche" Opportunismus der Akteure im Wettbewerb um knappe Ressourcen frei entfalten kann und Akteure

---

[7] Ganz offensichtlich ist dies bei gewährleistenden Unternehmensaufgaben wie beispielsweise der Personalbeschaffung oder der betrieblichen Weiterbildung (Faust 1997, S. 84). Die Entscheidungsgrundlage für die Erbringung einer Dienstleistung basiert nicht mehr auf einer historisch gewachsenen sozialen Beziehung innerhalb des Unternehmens, sondern auf dem „Preis" der Dienstleistung. Ist dieser höher als am Markt, so wird die betreffende Dienstleistung ausgelagert.

[8] Wir streifen hier das in Abschn. 3.3. zu diskutierende Transformationsproblem (Deutschmann 2002, S. 95 ff.). Anzumerken ist an dieser Stelle lediglich, dass Deutschmann – anders als die hier ebenfalls genannten Autoren Sauer und Döhl (u. a.) – dieses akteurstheoretisch und daher wesentlich differenzierter bearbeitet. So legt er gerade nicht lediglich spiegelbildlich zur Argumentationslinie der NIÖ einen Strukturdeterminismus zugrunde, der aus der jeweiligen Organisationsform (Märkte respektive Hierarchien) auf die Formen der Handlungskoordination sowie der Sozialintegration quasi deduktiv schließt (Deutschmann 2002, S. 139 ff.). Ebenfalls betont Deutschmann, dass auch in der hierarchisch organisierten Massenproduktion, Arbeit „nicht nur programmgerechtes Verhalten [ist], sondern Handeln, das auf die *reflexive* Bewältigung einer Situation orientiert ist." (ebd.: S. 40; Hervorhebung EMW.) Und weiter: „Die Arbeit, die den modernen Kapitalismus schuf, ist schon immer ‚Wissensarbeit' gewesen." (ebd.: S. 42).

eigeninitiativ und „unternehmerisch" handeln können. Märkte bzw. vermarktlichte Unternehmensstrukturen sind damit die effizienteren Organisationsformen, um eigeninitiatives Handeln der Beschäftigten zu ermöglichen bzw. nicht zu verhindern (Powell 1996; Williamson 1975; 1996/[1]1991).

Inwiefern verstärken bzw. erweitern nun die Erwartungen der Finanzinvestoren diesen Trend zur „Vermarktlichung" von Unternehmensstrukturen und welche (negativen) Effekte müssen hieraus für die Prozesse „organisationalen Lernens" erwartet werden (Deutschmann 2005a; Dörre 2009; Schumann 1998)? Welche Erwartungen sind dies im Einzelnen?

In ihrer Position als externe Beobachter des Unternehmens interessieren sich Finanzinvestoren naheliegenderweise vor allem für jene Strategien, die eine Bewertung von Strategieentscheidungen auch von außen ermöglichen. Die Stichworte sind hier erstens: Erhöhung von Transparenz und Kommunikation.

Um die Finanzmarktorientierung auch in deutschen Aktiengesellschaften zu gewährleisten, sind zunächst die Regeln *„guter Corporate Governance"* intensiviert worden (vgl. Abschn. 2.1.). Dazu zählt die Implementierung des im Frühjahr 1998 in Kraft getretenen und zuletzt im Jahre 2012 erweiterten Gesetzes zur „Kontrolle und Transparenz im Unternehmensbereich" (KonTraG). Dieses stärkt die Kontrollgewalt internationaler Anleger, indem die Transparenz von Unternehmensentscheidungen durch die folgenden Strategien erhöht wird: die Entflechtung von Vorstand und Aufsichtsrat, die Verkürzung der Geschäftsberichtszyklen auf einen Quartalsturnus, die Bilanzierung nach internationalen Rechnungslegungsstandards[9] sowie anreizkompatible Vergütungssysteme für Vorstand und Aufsichtsrat (Regierungskommission Deutscher Corporate Governance Kodex 2012; Faust et al. 2010, S. 16 ff.).

Neben diesen formalen Regeln der „Corporate Governance" zählen zu den Strategien einer kapitalmarktorientierten Unternehmensführung die Einrichtung einer *„Investor Relations"-Abteilung*, die Implementierung *„wertorientierter"* Steuerungsgrößen sowie die strategische Empfehlung, sich auf das *„Kerngeschäft"* zu fokussieren (Faust et al. 2010, S. 104 ff.; Höpner 2003, S. 36 ff.). Erstere fungiert nun als die organisationale Schnittstelle zwischen Unternehmen und Kapitalmarkt. Ihr kommt die Aufgabe zu, Kapitalmarktakteure mit Unternehmensinformationen in Form von (Finanz-) Berichten, Pressemitteilungen, Hauptversammlungen, aber auch persönlichen Einzelgesprächen zwischen Unternehmensvertretern und Investoren („one-on-ones") zu versorgen (Höpner 2003, S. 36 ff.). Mit der Implementierung „wertorientierter" Steuerungsgrößen ist gemeint, dass sich alle unternehmensinternen Steuerungsentscheidungen an der von den Investoren festgesetzten Mindestrendite orientieren und damit deren Erwartung, den Unternehmenswert zu steigern, operativ wirksam gemacht wird. Zum Tragen kommt die Mindestrendite bei der Festsetzung der anreizkompatiblen Vergütung für das Management als auch der Performancebeurteilung einzelner Geschäftsbereiche sowie der Entscheidung über zukünftige Investitionen (Faust et al. 2010 S. 126 ff.). Drittens soll die Transparenz von Unternehmensentscheidungen durch die Konzentration auf das „Kerngeschäft" erhöht werden.

---

[9] Vergleiche dazu Abschn. 2.1.

Gleichzeitig ist diese Fokussierungsstrategie aber auch Ausdruck des grundsätzlichen Selbstverständnisses von Investoren, dass die Risikodiversifikation von Investitionen nicht dem Management, sondern den Investoren obliegt (ebd.: 76 ff.).

Nicht im Fokus der strategischen Erwartungen der Investoren steht die konkrete Ausgestaltung der *betrieblichen Personalpolitik und -entwicklung*, die vor allem Schumann (1998) infolge einer am „Shareholder Value" ausgerichteten Unternehmensführung herausgefordert sieht (vgl. Münch und Günther 2005; Dörre 2009). Befürchtet wird, dass „innovative und ganzheitliche Arbeitspolitiken" wie Team-, Gruppen- und Projektarbeit sowie eine erhöhte „Eigenzuständigkeit" und Selbstverantwortlichkeit der Beschäftigten (Schumann 1998, S. 20) durch die Kapitalmarktorientierung erneut unter Begründungsdruck geraten. Diese hat erst im Zuge der „Humanisierung der Arbeit" in die Arbeitsorganisation Einzug gehalten und gelte es vor der Einflussnahme der Finanzinvestoren besonders zu schützen.

Nun machen Faust und Bahnmüller (2010) darauf aufmerksam, dass Finanzinvestoren für den „Faktor Personal" (ebd.: S. 95) jenseits der Personen an der Unternehmensspitze sowie Fragen der Personalkostensenkung wenig Interesse zeigen. Ob „innovative Arbeitspolitiken" also infolge einer Kapitalmarktorientierung unter Begründungsdruck geraten oder nicht, lässt sich somit nicht als eine unmittelbare Folge der strategischen Erwartungen der Finanzinvestoren erklären (ebd.: S. 93; vgl. auch Faust et al. 2007). Allerdings führt jene Blickverengung der Investoren eben auch dazu, dass Strategien einer langfristigen und vor allem einer auf *alle* Unternehmensbereiche ausgerichteten Personalentwicklung gegenüber Finanzinvestoren nur schwerlich zu rechtfertigen sind. So sind es auch hier vor allem die kommunikativ vermittelten Erwartungen und Unternehmensvergleiche mit unmittelbaren Branchenwettbewerbern („peer group"-Vergleich), die Strategien der Personalkostensenkung aus Sicht der Unternehmensvertreter als dringlich erscheinen lassen (ebd.: S. 98).

Zweitens ist es nun für Finanzinvestoren in ihrer Rolle als externe Beobachter charakteristisch, dass sie dazu neigen, „Eigentümer ohne Risiko" (Windolf 2008) zu sein. So hält Windolf für das Investitionsverhalten von Finanzinvestoren[10] fest, dass sie – anders als die kreditgebenden Banken im „deutschen Modell" – den Ertrag einer Investition erwirtschaf-

---

[10] Wenn Windolf (2008) von Finanzinvestoren spricht, dann bezeichnet er damit eine ganze Reihe *unterschiedlicher* Investoren*typen*: Investmentfonds-, Pensionsfonds- und Hedge-Fonds-Manager, Investmentbanker und Analysten (ebd.: S. 516). Ganz abgesehen davon, dass letztere Personengruppe gar keine Anlageentscheidung trifft, sondern Analyse betreibt, ist diese Zusammenfassung der Investorengruppen vor allem deshalb problematisch, da sie einen zentralen Strategieunterschied in der Konstruktion von Fonds verwischt: So gibt es einerseits „long-only"-Fonds (z. B. Aktienfonds), die *nur* von Kurssteigerungen bzw. Dividenden profitieren und andererseits „absolute return"-Fonds, die auch von fallenden Kursen profitieren (z. B. Derivate). Während sich also beim zweiten Investorentyp die Frage nach der Rückbindung des Investitionsrisikos an das realwirtschaftliche Unternehmensrisiko erst gar nicht stellt, ist ersterer Investorentyp zumindest über die Kurswertentwicklung an das realwirtschaftliche Referenzobjekt gebunden (Faust et al. 2010, S. 36 ff.). Nur hier lässt sich folglich die Frage nach dem Verhältnis von Risiko und Kontrolle sinnvoll stellen. Wir sprechen daher im Folgenden nicht von Investoren im Allgemeinen, sondern von (Streubesitz-)Aktionären im Speziellen.

ten können, ohne dass sie das Investitionsrisiko selbst tragen müssen. Tatsächlich besteht das Spezifische einer Investitionsentscheidung von Streubesitzaktionären darin, dass ihnen im Gegensatz zu Kreditgebern oder Mehrheitsaktionären im „deutschen Modell" die Exit-Möglichkeit zur Verfügung steht, das heißt, dass sie ihre Anteile bei einem drohenden Kurswertverlust verkaufen können (Faust et al. 2010, S. 16 ff.). Allerdings ist dieser grundsätzliche Befund zu präzisieren:

So geben Faust und Bahnmüller zu bedenken, dass Kreditgebern die Möglichkeit des Kapitalabzugs zwar nur eingeschränkt zur Verfügung gestanden ist, dieser war bzw. ist aber gleichwohl möglich und zwar in Form des Handels von verbrieften Krediten.[11] Umgekehrt ist aufseiten der Streubesitzaktionäre der Kapitalabzug nicht ganz so flexibel, wie dies das „Exit-Voice"-Konstrukt nahezulegen scheint und zwar aus zweierlei Gründen: Zum einen wirkt sich der kurzfristige Anteilsverkauf größerer Anteilspakete kursbeeinflussend aus, das heißt Streubesitzaktionäre, die größere Anteile halten, können ihre Anteile nicht kurzfristig ohne selbstverstärkende Wertverluste veräußern, und zum anderen stellt sich auch für sie das Problem, dass sie für ihre Anteile unter Umständen keine Käufer finden bzw. nur Käufer, die einen geringeren Kurspreis zu bezahlen bereit sind (ebd.). Gleichwohl sind es in der typisierenden Gegenüberstellung die Aktionäre, die über ein geringeres Liquiditätsrisiko verfügen, da sie im Vergleich zu den Kreditgebern ihr investiertes Kapital kurzfristiger abziehen können.[12] Im Ergebnis kann dies dann zu kurzfristigen Anlagestrategien führen, die Schumann (1998) als die „Kurzfristorientierung des Kapitalmarkts" bezeichnet (vgl. Dörre 2009; Sauer 2010).

Nun ist zwar zwischen der „(Kurz-)Fristigkeit einer Anlagestrategie" und der (Kurz-)Fristigkeit von Unternehmensstrategien analytisch zu unterscheiden, da der Zusammenhang eben gerade nicht kausal ist (Faust et al. 2011, S. 408 ff.). Vielmehr hängt die unternehmensinterne Wirksamkeit einer Exit-Androhung davon ab, wie stark die Kapitalmarktexposition von den Unternehmensvertretern *wahrgenommen* wird und erst diese Wahrnehmung führt dann zu einer tatsächlichen Verkürzung der unternehmensinternen Zeithorizonte. Niederschlag findet diese Verkürzung der betrieblichen Zeithorizonte in

---

[11] Meines Wissens gibt es keine empirischen Befunde zu der Frage, ob und wenn ja, in welchem Umfang der Handel von verbrieften Krediten im „deutschen Modell" eine Rolle gespielt hat. Für den Fall, dass dem so war, müsste das Argument, dass Kreditgeber im Vergleich zu Finanzinvestoren weniger flexibel sind bzw. waren, relativiert werden.

[12] Wenn Windolf (2008) Investoren als „Eigentümer ohne Risiko" bezeichnet, präzisiert er sein zugrunde liegendes Verständnis von Risiko nicht näher, inhaltlich scheint er sich aber auf das Liquiditätsrisiko zu beziehen; andernfalls würde sein Vergleich zwischen Finanzinvestoren und Kreditgebern hinken. Würde man nämlich das Risiko einer Investition darin sehen, wer im Falle einer Unternehmensinsolvenz das Hauptrisiko trägt, dann sind es zunächst die Kreditgeber und dann erst die Aktionäre, die aus der Konkursmasse bedient werden. Und auch das Argument des Diversifikationsrisikos (ebd.: S. 523 ff.) trägt nur bedingt als Unterscheidungsmerkmal zwischen Finanzinvestoren und Kreditgebern: So haben zwar Finanzinvestoren die Möglichkeit, ihr Anlagerisiko nicht nur über unterschiedliche Branchen, Regionen oder Unternehmensgrößen zu streuen, sondern auch über andere Anlageklassen (z. B. Anleihen oder Renten), das heißt ja aber nicht, dass nicht auch Kreditgeber ihre Investitionsrisiken gestreut hätten.

den folgenden strategischen Entscheidungen[13]: Dies ist erstens der Zeithorizont bei Nicht-Erreichen der festgesetzten Mindestrendite von Investitionsprojekten (Faust et al. 2010, S. 133) sowie einzelner Geschäftsfelder (ebd.: S. 76 f., 80, 133), zweitens die Fristigkeit von Strategieentscheidungen und drittens die Verkürzung von Innovationszyklen (Kädtler 2009; Wagner 2008).

So berichten die von Faust und Bahnmüller (2010) befragten Unternehmensvertreter, dass einer Nicht-Erzielung der erwarteten Mindestrendite in den einzelnen Geschäftsfeldern seitens der Finanzinvestoren mit „weniger Geduld" begegnet wird (ebd.: S. 133) und sich auch Investitionen in neue Geschäftsfelder oder Produktlinien schneller rechnen müssen als dies bislang der Fall war. Mit Blick auf die Fristigkeit von strategischen Entscheidungen führt vor allem der permanente Unternehmensvergleich zwischen den Unternehmen einer Branche („peer group"-Vergleich) dazu, dass strategische Erwartungen der Investoren (u. a. Kostensenkungsprogramme, Erschließung neuer Märkte) den Anschein einer gewissen Dringlichkeit vermitteln, da die Branchenwettbewerber die betreffende Strategie scheinbar bereits umgesetzt haben (ebd.: S. 86 f.). Und auch Innovationszyklen können sich verkürzen, wie Kädtler (2009) für die Pharma- und Wagner (2008) für die Chemiebranche zeigen, in denen sich die Zeiträume für die Entwicklung und Testung neuer Produkte bis zur marktreifen Zulassung verkürzt haben.

Wir halten damit für die strategischen Erwartungen der Finanzinvestoren zusammenfassend fest, dass sie erstens infolge ihrer Rolle als externe Beobachter transparente Unternehmensstrukturen und -strategien bevorzugen und sie zweitens insofern „Eigentümer ohne Risiko" (Windolf 2008) sind, als dass sie im Krisenfall die Exit-Option sowohl kommunikativ androhen als auch faktisch umsetzen können (Deutschmann 2005a). Das heißt aus Sicht der Unternehmen, dass sich zum einen die betrieblichen Zeithorizonte für Strategieentscheidungen, aber auch Innovationszyklen faktisch verkürzt haben und zum anderen, dass sich die Kommunikationszyklen, in denen *über* Unternehmensstrategien berichtet wird, ebenfalls verkürzt haben.

3.3 Die Finanzmarktorientierung und die Folgen für Innovationsprozesse

Wir haben eingangs angemerkt, dass die zunehmende Finanzmarktorientierung negative Effekte für „organisationale Lernenprozesse" haben kann. Bevor wir auf diesen Zusammenhang zu sprechen kommen, muss zunächst geklärt werden, unter welchen Voraussetzungen sich Innovationsprozesse positiv entfalten können (Lazonick 2003; O'Sullivan 2000).

---

[13] Wir kommen hier nur auf die durch die Investoren selbst kommunikativ vermittelten Fristigkeiten zu sprechen. Indirekt können sie aber auch beispielsweise über anreizkompatible Vergütungssysteme zum Tragen kommen, die eine strategische Ausrichtung des Managements an einer kurzfristigen Kurswertsteigerung nahelegen (Faust et al. 2010, S. 107 ff.).

3.3.1   Die individuellen und kollektiven Voraussetzungen für Innovationsprozesse

„Warum arbeiten die Arbeiter?" fragt Berger (1999) und thematisiert damit das Transformationsproblem kapitalistischer Arbeit. Benannt wird damit das Dilemma kapitalistischer Ökonomien, dass sich diese durch einen endogenen Akkumulations- bzw. Wachstumszwang auszeichnen, der aber nicht durch den bloßen Tausch fertiger Güter oder Dienstleistungen erzielt werden kann, sondern der Mobilisierung der *kreativen* Potentiale lebendiger Arbeit bedarf (Deutschmann 2002, S. 95 ff., 2008c, S. 73 ff.). Gerade jene kreativen Potentiale lassen sich aber nicht vertraglich festlegen, sondern setzen immer ein gewisses Maß an „Freiwilligkeit" voraus. Dann aber muss nicht nur danach gefragt werden, warum Arbeiter arbeiten: dies müssen[14] sie wegen ihres fehlenden Eigentums an Produktionsmitteln tun (Berger 1999, S. 51). Vielmehr muss geklärt werden, warum sie zu *„freiwilligen"* Arbeitsleistungen bereit sind, also intrinsisch motiviert sind.

Kehren wir dazu zunächst zum Ausgangsproblem zurück und klären die Notwendigkeit kapitalistischer Ökonomien, einen „Zugriff" auf die kreativen Potentiale menschlicher Arbeit haben zu müssen. „Arbeit", so Deutschmann (2002), führt nur dann zu wirtschaftlichem Wachstum, wenn die Beschäftigten nicht nur die formalisierbaren und damit kontrollierbaren Vertragsinhalte erfüllen, sondern darüber hinaus zu gewährleistender, kooperativer und kreativer Arbeit bereit sind (Deutschmann 2002, S. 40 ff., S. 98 ff.; 2008c, S. 100 ff.). „Gewährleistende" Arbeit meint dabei, dass Arbeitende Anweisungen nicht nur formal und regelkonform erfüllen, sondern darüber hinaus in der Lage und willens sind, situative und damit gerade nicht planbare Unsicherheiten im Produktionsprozess zu bewältigen. Mit der „Kooperation" zwischen den Beschäftigten als auch mit den Vorgesetzten ist das klassische Kollektivgüterproblem wirtschaftlichen Handelns angesprochen. So steigert die Loyalität und der wechselseitige Austausch von Kenntnissen zwar das Gesamtwohl, allerdings ist aus Sicht des individuellen Eigeninteresses ein Loyalitätsbruch am vorteilhaftesten. Kooperatives Handeln ist damit eine freiwillige und nicht erzwingbare Handlung. Auch „kreatives" Handeln lässt sich nun definitionsgemäß nicht formalisieren oder anordnen und bedarf daher der Loyalität der Beschäftigten (ebd.). Dann aber setzt „Arbeit" immer auch ein Mindestmaß an „freiwilliger" Leistungsbereitschaft voraus, da der *„Wille* zur Arbeit selbst" (Deutschmann 2002, S. 98; Hervorhebung EMW.) weder Gegenstand des Arbeitsvertrags sein kann, noch durch disziplinarische Maßnahmen des Arbeitgebers erzwungen werden kann. Damit ist der Arbeitsvertrag im Hinblick auf das für kapitalistische Ökonomien so konstitutive Wachstum „offen" und „unvollständig" (Deutschmann 2002, S. 97 ff.), da jene kreativen, kooperativen und gewährleistenden Aspekte lebendiger Arbeit nicht nur nicht formal bestimmt und definiert werden können, sondern auch nicht erzwungen werden können. Aus Sicht des Unternehmers folgt hieraus

---

[14] Das schließt nun gleichwohl nicht aus, dass die Beschäftigten auch arbeiten „wollen" bzw. sich dazu intrinsisch verpflichtet fühlen („sollen") (Berger 1999, S. 51 ff.). Dies tangiert aber bereits die Frage nach dem Willen zur „freiwilligen" Arbeitsleistung, die – wie wir im Folgenden sehen werden – je nach theoretischer Provenienz unterschiedlich beantwortet wird.

dann das Problem der Kontrolle menschlicher Arbeit (Deutschmann 2002, S. 97). Wie lässt sich diese konstitutive „Offenheit" des Arbeitsvertrags in eine für den Unternehmer bearbeitbare Fassung bringen?

In erstaunlicher Übereinstimmung, so hält Deutschmann (2002; vgl. auch Berger 1999) fest, sehen sowohl marxistische, organisationssoziologische (u. a. Max Webers „Bürokratiemodell") als auch institutionenökonomische Ansätze die Lösung des Transformationsproblems in der Trennung zwischen geistiger (kreativer) und körperlicher (formalisierbarer) Arbeit. Dies geschieht in der Annahme, dass sich körperliche Arbeit erzwingen bzw. sanktionieren lasse und die Motivation für „geistige" bzw. kreative Arbeit, die den vorgesetzten Beschäftigtengruppen obliegt, als selbstverständlich vorausgesetzt werden kann (ebd.: 103 ff.; Berger 2002, S. 210; Sauer und Döhl 1997, S. 42). So beruhen sowohl die „Lösungen" von Marx und Weber als auch die des Prinzipal-Agenten-Theorems der Institutionenökonomik auf der Annahme, dass der kontrollierende Prinzipal[15] selbst nicht kontrolliert werden muss, da dessen Loyalität zum Unternehmen per se vorausgesetzt werden kann. Zugrunde liegend ist hier dann offensichtlich die Annahme, dass „Prinzipale" nicht aufseiten der Produktivkräfte stehen, sondern aufseiten des Kapitals und daher das Akkumulationsinteresse als „natürliches" Motiv vorausgesetzt werden kann.

Deutschmann (2002) resümiert nun zu Recht, dass weder strukturalistische noch individualistische Erklärungsversuche das Transformationsproblem überzeugend lösen können. Diese Kritik beruft sich nun erstens darauf, dass sich „Arbeit" niemals vollständig in formale und nicht-formale Anteile aufteilen lässt. Dies zeigt sich zunächst empirisch in hierarchischen Organisationsformen, wo „Arbeit" noch nie vollständig formalisier- und kontrollierbar war, sondern schon immer auch „Wissensarbeit" (ebd.: S. 42) gewesen ist. Paradoxerweise zeigt sich dies allerdings auch im Prinzipal-Agenten-Theorem selbst: So entsteht das Prinzipal-Agenten-Problem ja gerade erst dadurch, dass aufseiten des Agenten opportunistisches Handeln angenommen werden muss, das sich eben nicht formal kontrollieren lässt. Vielmehr erfordert dieses eine Kontrolle in Form materieller Anreize sowie der Androhung von Marktsanktionen (sprich: Entlassungen). Damit wird dann aber nicht nur der formale, sondern eben auch der kreative und kooperative Teil der Arbeit über Marktbeziehungen zu organisieren versucht, der ja aber gerade nicht-marktliche Strukturen voraussetzen würde, um vertrauensvolle Reziprozitätsbeziehungen „installieren" zu können.[16] Oder mit Berger (2002) formuliert: „Es gibt keine opportunistischen Gründe für die Einschränkung des Opportunismus" (ebd.: S. 215).

Diesem Einwand setzen organisationspsychologische Ansätze (Osterloh und Frey 2005, u. a.) nun entgegen, dass eine Unterscheidung zwischen formalen und kreativen Arbeits-

---

[15] Bei Marx ist dies die privilegierte Schicht von Meistern, Aufsehern und „Industrieunteroffizieren" (Deutschmann 2002, S. 105) und bei Weber ist es das Vorbild des loyalen Beamten in der preußischen Staatsbürokratie (ebd.: S. 109).

[16] Folglich begründet Deutschmann (2002) den oben dargestellten Wandel von einer hierarchischen Arbeitsorganisation hin zu vermarktlichten Unternehmensstrukturen gerade *nicht* mit der Freisetzung des kreativen Potenzials der Beschäftigten, da dieses weder über Hierarchien noch über Märkte kontrolliert bzw. erzwungen werden kann.

inhalten für die Lösung des Transformationsproblems gar nicht notwendig ist. Diesen Einwand begründen sie damit, dass sich bei *allen* Beschäftigtengruppen „prosoziale Präferenzen" (ebd.: S. 346 ff.) finden lassen, die sich erst dann in opportunistisches und illoyales Verhalten wenden, sofern der Vertrauensvorschuss durch Alter Ego enttäuscht wird. Zwar ist dem Einwand der Autoren an der grundsätzlichen Opportunitätsannahme der PA-Theorie zuzustimmen. Ihre Antwort auf die Frage, unter welchen Bedingungen die Beschäftigten zu *freiwilliger* Arbeitsleistung bereit sein werden, kann aber umgekehrt nicht damit erklärt werden, dass Beschäftigten *grundsätzlich* loyales Verhalten unterstellt wird. So zeichnen sich nämlich kapitalistische Ökonomien durch eine Machtasymmetrie zwischen Kapitaleigentümern und Nicht-Eigentümern aus, die eben *auch* illoyales Verhalten hervorrufen kann.

Zweitens ist die Annahme, so Deutschmann (2002), dass der Kontrolleur (Prinzipal) *natürlicherweise* über intrinsische Motive verfügt nur so lange haltbar, wie er selbst über Eigentum an Produktionsmitteln verfügt. Andernfalls verschiebt sich hier das Dilemma nur auf die nächsthöhere Ebene. Ganz offensichtlich wird dies beispielsweise im Rahmen der viel diskutierten „Managerherrschaftsthese", die Managern im Verhältnis zu den Kapitaleigentümern einerseits den Status des „Agenten" zuweist und andererseits im Verhältnis zu den Beschäftigten den des „Prinzipals".

Wenn sich „Arbeit" nun aber weder in formale und nicht-formale Arbeitsinhalte aufteilen lässt, noch aufseiten der Beschäftigten grundsätzlich eine loyale Auslegung der Vertragsinhalte vorausgesetzt werden kann, scheitert jeder der oben genannten Ansätze zur „Lösung" des Transformationsproblems.

Eine „Lösung" des Transformationsproblems kann dann offensichtlich nicht aufseiten der Kontroll- und Sanktionsmöglichkeiten ansetzen, sondern muss sich auf die Seite der Beschäftigten und ihre Bereitschaft zur *„freiwilligen"* Arbeitsleistung konzentrieren. Oder anders formuliert: Die „Lösung" des Transformationsproblems kann nicht in einer Verbesserung der Kontroll- bzw. Sanktionsmöglichkeiten liegen, sondern kann sich nur auf die Beschäftigten selbst beziehen.

Dazu muss zunächst in Erinnerung gerufen werden, dass das Klassenverhältnis zwischen Produktionsmitteleigentümern und Beschäftigten ein Verhältnis von *„Macht"* ist, das sich in der ungleichen Verteilung von Eigentum und damit der ungleichen Verteilung von Wahlfreiheit begründet (ebd.: S. 96). Diese ungleiche Verteilung von Wahlfreiheit zwischen dem Kapitaleigentümer und dem Nicht-Eigentümer zeigt sich, so Deutschmann (2002, S. 96) in sachlicher, sozialer und zeitlicher Hinsicht: Während der Eigentümer über Standorte, Zeitpunkte der Investition, Kooperationspartner sowie Branchen frei entscheiden kann, stehen diese Möglichkeiten dem Beschäftigten nicht zur Verfügung: Im Normalfall kann dieser nämlich kaum warten und wählen, sondern ist von dem Verkauf seiner ganz spezifischen Ware abhängig. Diese Machtasymmetrie hat dann zur Folge, dass es sich aus Sicht der Beschäftigten kaum „lohnen" kann, mehr als das vertraglich Vereinbarte zu leisten. Denn: Selbst wenn die Beschäftigten intrinsisch zu freiwilliger Mehrleistung und Kooperation bereit *wären*, können sie weder mit dem Vorgesetzten noch untereinander ein Interesse zur Kooperation haben, da dies doch stets nur zu dem oben bereits benannten „Trittbrettfahrerproblem" führt (ebd.: S. 99). In der Folge reagieren die Beschäftigten also aus Selbstschutz mit Leistungszurückhaltung. Dieses Dilemma kann, so Deutschmann, nur dann überwunden werden, sofern die Machtasymmetrie neutralisiert und in ein Verhältnis von Autorität bzw. legitimierten *Herrschafts*beziehungen transformiert wird. Anders als Machtbeziehungen erfordern Herrschaftsbeziehungen nämlich die Anerkennung durch die Beherrschten. Dies bedeutet für den Unternehmer, dass es nicht mehr genügen kann, die Gegenmacht der Arbeitnehmerseite lediglich hinzunehmen, sondern dass diese institutionell abgesichert werden muss und damit zwangsläufig die Machtasymmetrie zu den eigenen Ungunsten eingeschränkt wird. Dies geschieht durch eine institutionell abgesicherte Form der Interessenvertretung und Statusabsicherung (Mitbestimmungsrechte, Tarifverträge, Senioritätsrechte, betriebsinterne Karrierewege), die das Vertrauen und die *wechselseitige* Anerkennung von Beschäftigten und Vorgesetzten gewährleisten (ebd. S. 99 ff.; vgl. auch Deutschmann 2005b). Erst wenn Arbeitnehmer selbst als strategisch handelnde Akteure am Arbeitsmarkt auftreten können und das bislang einseitige Abhängigkeitsverhältnis in eine reziproke Abhängigkeit transformiert wird, kann der Arbeitnehmer zu kooperativem Handeln bereit sein und zwar deshalb, da er darauf vertrauen kann, dass seine Vorleistung (z. B. eine unternehmens*spezifische* und damit nicht transformierbare Qualifikationsleistung) nicht enttäuscht werden wird.[17]

Damit sind nun die individuellen Voraussetzungen für „organisationale Lernprozesse" benannt: die Kreativität der Beschäftigten und ihre Bereitschaft zu freiwilligen Arbeitsleistungen muss institutionell abgesichert sein. Worin bestehen nun aber die *organisationalen* Voraussetzungen von Innovationsprozessen?[18]

Deutschmann (2005a) legt hier mit Blick auf die organisationalen Voraussetzungen von Innovationen im Anschluss an die organisationssoziologischen Studien von Lazonick (2003) und O'Sullivan (2000) dar, dass diese in zeitlicher, sachlicher und sozialer Dimension ungewiss sind: So sind Lernprozesse erstens *kumulativ*, das heißt pfadabhängig. Sie sind zweitens *kollektiv*, weil sie nicht nur auf der Einzelleistung des Managements beruhen, sondern auf der Beteiligung und dem Wissensaustausch aller Beschäftigten. Innovationen sind damit, so wendet Deutschmann (2008c) zu Recht gegen die Schumpeter'sche Analyse der Unternehmerrolle als Agent „schöpferischer Zerstörung" ein, gerade nicht nur von den persönlichen Fähigkeiten und Fertigkeiten des Unternehmers abhängig, sondern vielmehr davon, wie der Unternehmer Unterstützung für Innovationsprojekte findet und diese so kommuniziert (und institutionell absichert), dass sich die Beschäftigten damit

---

[17] Nun kann die Abschwächung der betrieblichen Machtasymmetrie freilich auch transaktionskostenökonomisch gelesen werden und die institutionelle Absicherung der Beschäftigten lediglich als bloßes Eigeninteresse der Unternehmer interpretiert werden. Gerade weil diese Sozialbeziehungen dann aber lediglich auf ihren instrumentellen Tauschcharakter reduziert werden, werden nicht die Grundlagen für *wechselseitiges* Vertrauen, Reziprozität und Solidarität geschaffen, sondern für opportunistisches Handeln (Deutschmann 2002, S. 142 f.).

[18] Wenn wir hier zwischen individuellen und kollektiven Voraussetzungen von Innovationsprozessen unterscheiden, dann ist dies nicht ganz unbedenklich: schließlich setzt ja zum einen die Kooperationsebene das Individuum voraus und das Individuum kann sich nur in der Gemeinschaft weiterentwickeln. Wenn wir diese Unterscheidung trotzdem treffen, so deshalb, weil wir die beiden Ebenen zumindest mit Blick auf die Analyseebene auseinanderhalten wollen.

identifizieren können (ebd.: S. 99 f.). Drittens sind Innovationsprojektive hinsichtlich ihres Ergebnisses *unsicher* (O'Sullivan 2000, S. 12 ff.; vgl. auch Deutschmann 2005a, S. 73). In der Konsequenz können Innovationen nicht über Märkte organisiert werden, sondern nur über Organisationsformen, die sich durch ein hohes Maß an institutionell abgesicherter Autonomie auszeichnen (Deutschmann 2005a, S. 73 ff.). Im Kern sind damit projektförmige Organisationsformen bezeichnet, die zum einen die Überwindung des oben diskutierten Transformationsproblems durch institutionelle Absicherungen gewährleisten und sich zum anderen durch vertrauensvolle Reziprozitätsbeziehungen auszeichnen, die die Koordination innovativen Arbeitens jenseits der für Marktbeziehungen typischen strukturellen Egoismen ermöglicht.

Die Autoren Lazonick und O'Sullivan fordern daher in allen drei Dimensionen Autonomie für „innovative Arbeitspolitiken". Sie bezeichnen diese als „financial commitment", „organizational integration" und „strategic control" (Lazonick 2003, S. 28 ff.).

Mit dem „financial commitment" sowie der „strategic control" ist nun gemeint, dass Organisationen autonom über den Verwendungsort sowie die Verwendungsart der finanziellen Ressourcen entscheiden können und damit frei von externen (Verzinsungs-)Erwartungen der Kreditgeber bzw. der Kapitalmarktakteure auch in jene Projekte investieren können, deren Ergebnis unsicher ist.

Mit der „organizational integration" ist nun das oben dargestellte Transformationsproblem angesprochen. Warum sollten die Beschäftigten zu kreativem und eigeninitiativem Arbeiten bereit sein, wenn sie sich infolge der Machtasymmetrie der Gegenleistung nicht sicher sein können. Wie wir obenstehend gezeigt haben (Berger 1999, 2002; Deutschmann 2002), kann die Überwindung des Transformationsproblems nur in institutionell abgesicherten Strukturen überwunden werden, die innovatives und eigeninitiatives Arbeiten zwar gewährleisten, nie aber erzwingen können. Zum anderen schaffen institutionell abgesicherte Strukturen die Voraussetzung für kooperative und vertrauensvolle Arbeitsbeziehungen.

Warum und inwiefern werden diese Strukturen nun durch „Shareholder Value"-orientierte Unternehmensstrategien herausgefordert?

3.3.2 Die Innovationsfeindlichkeit von Finanzmärkten

Infolge einer am „Shareholder Value"-orientierten Unternehmensführung wird, so fasst Deutschmann (2005a) die Debatte zusammen, die strukturelle Autonomie betrieblicher Innovationsprozesse in allen drei oben geschilderten Dimensionen eingeschränkt (vgl. auch Deutschmann 2002; Dörre 2009; Windolf 2005).[19]

---

[19] Wenn sich jüngst sogenannte „Business Angels" als Risikokapitalinvestoren gerade auf innovative Start-up-Unternehmen und Universitätsausgründungen im Hochtechnologiebereich konzentrieren (Hirsch-Kreinsen 2010, S. 123 ff.), so ist damit die These einer Innovationsfeindlichkeit des Kapitalmarkts noch nicht widerlegt. Zwar zeichnen sich die Investoren durch eine hohe Risikobereitschaft als auch eine hohe Technologiekenntnis aus – Hirsch-Kreinsen spricht sogar von einer „Neukonturierung des Insider-Systems" (ebd.) auf dem Segment des Wagniskapitals –, allerdings ist hiermit auch die Erwartung einer möglichst raschen und hohen Verzinsung des Risikokapitals verbunden.

Dies ist zunächst die Einschränkung der *finanziellen und strategischen* Autonomie (Deutschmann 2005a, S. 74), die sich sowohl in der bereits geschilderten Umverteilung zugunsten der Finanzinvestoren begründet (Hassel und Beyer 2001) als auch in den erhöhten Transparenzerwartungen und der Verkürzung der Berichtszyklen. Folgt man Kädtler (2009), dann tritt dieses Dilemma zwischen der Ungewissheit von Innovationsprozessen einerseits und dem Kontrollanspruch der Kapitalgeber andererseits nun besonders deutlich in der Pharmaindustrie zutage[20]. So zeigt Kädtler (2009), dass die striktere Steuerung von Innovationsprozessen alleinig mit dem Ziel begründet wird, „Sackgassen möglichst früh zu erkennen, Entwicklungszeiten zu verkürzen und dadurch Mittel auf aussichtsreiche Projekte zu konzentrieren" (ebd.: S. 17). Im Ergebnis allerdings ist die Anzahl der neu zugelassenen Medikamente aber gerade seit der Einführung „wertorientierter Steuerungssysteme" rückläufig und die letzte große Pharmainnovation des von Kädtler (2009) untersuchten Pharmaunternehmens wurde unter Bedingungen entwickelt, die es seit der Implementierung von am „Shareholder Value"-orientierten Unternehmensstrategien gar nicht mehr gibt (ebd.: S. 17 ff.).[21]

Der Effizienzanspruch der Kapitaleigentümer und die damit verbundene Abschaffung von „organisatorischer Redundanz" und „Slack" gefährden also deshalb die Innovationsfähigkeit von Unternehmen, so bereits die Autoren Faust u. a. (1994, S. 17), da die für kreatives und kooperatives Arbeiten so notwendige Selbstorganisation der Beschäftigten untergraben wird (vgl. auch Deutschmann 2006, S. 30 f.). Diese kann nämlich „nur" im *Vertrauen* und eben nicht der Kontrolle darauf geschehen, dass sich die Organisationsmitglieder auf die Ziele ihrer Organisation verpflichtet fühlen.

Prozesse „organisationalen Lernens" werden jedoch nicht nur infolge der eingeschränkten finanziell-strategischen Autonomie herausgefordert, sondern auch, weil die Vermarktlichungsprozesse auf der Ebene der *Arbeitsorganisation („organizational integration")* die Bereitschaft der Beschäftigten zu kreativem Handeln schmälert. Das vermeintlich „gelöste" Transformationsproblem tritt damit wieder auf die Agenda und begründet sich im Kern durch zwei Probleme. Zum einen ist dies die sogenannte „Ökonomisierung von Subjektivität" (Kocyba 2000, S. 135), die infolge der veränderten Steuerungs- und Kontrollstrukturen zutage tritt und zum anderen die Instrumentalisierung der betrieblichen Anerkennungsbeziehungen (Kotthoff und Reindl 1991; Voswinkel 2005).

Beginnen wir mit der „Ökonomisierung von Subjektivität". Wir haben obenstehend festgehalten, dass aus Sicht der NIÖ eine Handlungskoordination über Märkte deshalb

---

Das hat eine Konzentration auf gewinnträchtige und radikale Innovationen im Hochtechnologiebereich zur Folge (ebd.); weniger erfolgversprechende bzw. langfristigere Innovationsprojekte haben somit das Nachsehen.

[20] Die Pharmabranche gilt als eine Branche, in der das Problem der Ungewissheit von Innovationen am deutlichsten zutage tritt: Die Wahrscheinlichkeit, dass aus einem in der Forschung begonnenen Projekt ein zulassungsfähiges und damit wirtschaftlich verwertbares Medikament entsteht, liegt bei 5 % (Kädtler 2009, S. 16).

[21] Seit der Restrukturierung auf eine am „Shareholder Value" orientierte Unternehmensstrategie hat das betreffende Pharmaunternehmen keine erfolgreichen Großinnovationen mehr zu verzeichnen und der Umsatz, der auf *eigene* Pharmainnovationen zurückgeht, ist gesunken (Kädtler 2009, S. 17, Fn. 23).

vorteilhaft ist, da Organisationsmitglieder nicht mehr in ihrer Rolle, sondern als Person agieren und so Freiraum für eigeninitiatives Handeln geschaffen werden kann. Nur: Diese „Befreiung" von hierarchischen Zwängen schafft eben nicht nur Freiräume, sondern erzwingt aufseiten der Beschäftigten Kompetenzen, die die Autoren Voß und Pongratz (1998) mit dem Begriff des „Arbeitskraftunternehmers" zusammengefasst haben. Bezeichnet werden damit drei idealtypische Veränderungen in der Arbeitnehmerrolle: die Erwartung zur Selbstkontrolle der Beschäftigten, der Zwang zur Ökonomisierung der eigenen Arbeitsleistungen sowie die Verbetrieblichung der alltäglichen Lebensführung (ebd.). Das heißt, es wird von den Beschäftigten erwartet, dass sie sich in ihrem Arbeitsablauf *selbst* kontrollieren, diesen bei Bedarf effizienter gestalten und das Ergebnis ihrer Arbeit selbst vermarkten, also zu einem Unternehmer ihrer selbst werden. Die Abschaffung des äußeren, hierarchischen Zwangs wird damit aber um den Preis einer viel umfassenderen Kontrolle erkauft, da sie am Sinn der Arbeit ansetzt. Sie ist als Kontrollinstanz nicht mehr erkennbar und beseitigt so die „inneren Freiräume des Individuums" (Deutschmann 2002, S. 46). Die Arbeitsleistung erfolgt dann aber nicht mehr von außen erzwungen, sondern „freiwillig". Deutschmann spricht daher auch von einer „verinnerlichten Herrschaft" (ebd.: S. 46). Warum ist diese „Ökonomisierung von Subjektivität" nun mit Blick auf die Gewährleistung kreativen Handelns problematisch, könnte man doch zunächst annehmen, dass gerade der Zwang zur Selbstvermarktung kreatives Handeln anfacht?

Zum einen steht der Selbstorganisations*rhetorik* der neuen Steuerungssysteme das *faktische* Machtungleichgewicht im Betrieb gegenüber. Dieser Widerspruch kann zu einem Paradoxon führen, das Kühl (2001) als „Entscheide-selbst-aber-nur-unter-Vorbehalt-Paradox" (ebd.: S. 390) bezeichnet hat und damit das Problem des Auseinanderdriftens von Entscheidungs*befugnis* und Entscheidungs*verantwortung* der Beschäftigten in den dezentralen Unternehmenseinheiten im Blick hat. Während nämlich im Rahmen der Dezentralisierungsprozesse aufseiten der Beschäftigten die Entscheidungsmöglichkeiten ausgeweitet wurden, blieb die Verantwortung für die betreffende Entscheidung in den Händen der Führungskraft. Dies hat dann in der Selbstwahrnehmung der Führungskraft zur Folge, dass sie sich im Recht sieht, Entscheidungsprozesse „von oben" zu beeinflussen, wenn diese nicht ihrer eigenen Vorstellung entspricht. Aus Sicht der Beschäftigten wird dies dann aber als Widerspruch wahrgenommen: es soll zwar selbst entschieden werden, aber in dem Entscheidungskorridor, den sich der Vorgesetzte grundsätzlich vorgestellt hat (ebd. S. 393; vgl. Bahnmüller 2002; Menz 2009). Aller Partizipationsrhetorik zum Trotz können somit – schon allein aus strukturellen Gründen[22] – nicht alle Entscheidungen „bottom-up" getroffen werden. Dies kann dann aus Sicht der Beschäftigten zu Frustrationen führen (Deutschmann 2002, S. 136). Aber auch für den Fall einer tatsächlichen partizipativen Organisationsentwicklung bleibt das Problem bestehen, dass etliche Beschäftigtengruppen gar keine Möglichkeit zur Beeinflussung des Markterfolgs haben (Bahnmüller 2002, S. 49; Voswinkel und Kocyba 2008, S. 28). Auch dies kann freilich zu Frustrationen führen.

---

[22] Dies betrifft alle Entscheidungen, die gegen das unmittelbare Interesse der Beschäftigten sind.

Zum anderen kann aus Sicht der Beschäftigten auch jenseits der Frage nach der tatsächlichen Umsetzbarkeit von partizipativen Organisations- und Entscheidungsstrukturen die Befreiung von hierarchischen Zwängen zu Überforderungen führen. Die Schicksalhaftigkeit von Markterfolg wirkt dann gerade nicht als Motivationsstimulus, sondern versetzt Beschäftige in Angst, nicht mehr mithalten zu können (Deutschmann 2002, S. 136; Wagner 2008, S. 23 f.). Auch dies wirkt dann vertrauensvollen und kreativitätsförderlichen Arbeitsbedingungen entgegen.

Infolge der zunehmenden Vermarktlichung der Arbeitsorganisation ist jedoch nicht nur hinsichtlich der individuellen Voraussetzungen „organisationalen Lernens" mit negativen Folgen zu rechnen, sondern auch mit Blick auf die Koordination innovativen Handelns. Diese negativen Effekte fassen wir im Folgenden unter dem Stichwort einer *Instrumentalisierung der betrieblichen Anerkennungsbeziehungen* (Kotthoff und Reindl 1991; vgl. auch Voswinkel 2005) zusammen. Damit bezeichnen wir im Anschluss an die Autoren Kotthoff und Reindl (1991) einen Wandel in den Austauschbeziehungen zwischen Arbeitgeber und Arbeitnehmer, bei dem die bislang generalisierte Reziprozität in den Tauschbeziehungen auf ihren bloßen Tauschcharakter reduziert wird. So setzt eine generalisierte Reziprozität in den Tauschbeziehungen zunächst voraus, dass die Arbeitnehmerseite in Form der betrieblichen und überbetrieblichen Interessenvertretung institutionell abgesichert wird. Der rein „ökonomische Tausch' der Arbeitskraftvermietung kann so zum ,sozialen Tausch'" (Voswinkel 2005, S. 242; Hervorhebung EMW.) werden. Jenseits dieser institutionellen Absicherung setzt eine generalisierte Reziprozität aber zusätzlich einen zweiten, vorrechtlichen Prozess voraus, den (Kotthoff 2000) als „sozialmoralische Gefühlseinstellungen und Gerechtigkeitsvorstellungen" (ebd.: S. 27) beschreibt. Beschäftigte sind demnach nicht nur Organisationsmitglieder, sondern eben *auch* Privatpersonen mit außerbetrieblichen Verpflichtungen, auf die seitens der Organisation Rücksicht zu nehmen ist (Kotthoff 2000, S. 330 ff.; Voswinkel 2000, S.40 ff.). Mit Blick auf die betrieblichen Anerkennungsbeziehungen haben wir es hier dann mit einer „gemeinschaftlichen Sozialordnung" (ebd.: S. 35; vgl. auch Kotthoff und Reindl 1990) zu tun[23], da nicht Macht und Interesse, sondern Vertrauen und Kooperation an erster Stelle stehen (Kotthoff und Reindl 1991, S. 122 ff.).

Ganz im Gegensatz dazu verhält es sich nun bei einer instrumentalistischen Anerkennungsbeziehung[24] (Kotthoff und Reindl 1991, S. 124 ff.), bei der die Reziprozitätsbeziehungen auf ein enges Verständnis von (Aus-)Tausch beschränkt werden – dem des ökonomischen Austauschs von Arbeitsleistung und Entgelt – und so die Asymmetrie zwischen Arbeit und Kapital wieder offen zutage tritt (Voswinkel 2005, S. 245). Dieser Wandel muss sich nun nicht zwangsläufig darin begründen, dass die Institutionen betrieblicher und überbetrieblicher Interessenvertretung erodieren, sondern kann seine Ursache auch darin haben, dass sich die zugrunde liegenden *Vorstellungen* v. a. der Unternehmer über den

---

[23] In seinem jüngsten Aufsatz bezeichnet Kotthoff (2010) diese als „high trust"-Beziehungen (ebd.: S. 433 ff.).

[24] In seinem jüngsten Aufsatz bezeichnet Kotthoff (2010) diese als „low trust"-Beziehungen (ebd.: S. 434 ff.).

Zweck der Unternehmung und damit der Arbeitsbeziehungen verändert haben. So reduziert sich der Betrieb hier auf ein „abstrakt-rechenhaftes Gebilde der Kapitalvermehrung" (Kotthoff und Reindl 1991, S. 124) und entbehrt so nicht nur der Grundlage, Sozialbeziehungen überhaupt entstehen zu lassen, sondern macht diese schlicht überflüssig. Denn: Es sind ja nicht die Beschäftigten als Arbeits*personen*, die den Mehrwert erschaffen, sondern „auswechselbare und manipulierbare *Betriebsmittel*" (ebd.; Hervorhebung EMW.) sowie die zugrunde liegende Technologie, das Produktionssystem oder die Form der Arbeitsorganisation. Gemäß diesem technokratischen Betriebsverständnis lässt sich dann tatsächlich unterstellen, Sozialbeziehungen durch bloße Kontroll- bzw. Vertragsbeziehungen ersetzen zu können; Voswinkel und Wagner (2011) sprechen daher auch von einer „(Re-) Kontraktualisierung" (ebd.: S. 8) der Arbeitsbeziehungen.

Dies heißt nun nicht, dass die Leistung bzw. die Anstrengung der Beschäftigten überhaupt nicht anerkannt würde; entscheidend ist vielmehr, dass sie erst dann anerkannt wird, wenn diese auch am Markt Erfolg hat. Voswinkel (2000) bezeichnet diese Anerkennungsform daher auch als eine „Bewunderung" (Voswinkel 2000, S. 40) für die Beschäftigten, sobald ihre Leistung auch am Markt Erfolge zeigt. Diese setzt, anders als die auf Langfristigkeit[25] und Reziprozität angelegte „Würdigung" (ebd.), gerade keine soziale Beziehung voraus, sondern kann sich auf eine einmalige Austauschbeziehung beschränken. Ganz analog zur neoklassischen Marktvorstellung zählt hier der (einmalige) Moment der „Leistungs"-beurteilung, der von der sozialen und historischen Bedingtheit von Erfolg abstrahiert. Dies heißt dann zum einen, dass ein Misserfolg nicht durch frühere Erfolge in der Beurteilung gerahmt, also „entschuldigt" werden kann; zum anderen kann aber im Erfolgsfalle eine herausragende Leistung umso stärker *bewundert* werden, je unkalkulierbarer die Markterfolge sind.[26]

Wie schlägt sich diese „Instrumentalisierung" in den betrieblichen Anerkennungsbeziehungen nun mit Blick auf die Prozesse „organisationalen Lernens" nieder? Wir konzentrieren uns hier im Anschluss an Voswinkel und Wagner (2011) auf drei Befunde.

Erstens zeigt sich die „Instrumentalisierung" in der Segmentation von Anerkennungspolitiken auf bestimmte Beschäftigtengruppen. Anerkennung wird damit nicht allen Beschäftigten *gleichermaßen* zuteil, sondern nur jenen Beschäftigten, deren Arbeitsleistung in einem unmittelbaren und sichtbaren Zusammenhang mit dem Unternehmenserfolg steht. Somit gibt es Anerkennung nur unter *Bedingung*, nämlich der Bedingung der Performancerelevanz der ausgeübten Tätigkeit. Beschäftigte jenseits dieser Anerkennungsarena wie beispielsweise Mitglieder der Randbelegschaft (Aushilfen, Leiharbeitnehmer,

---

[25] Diese Langfristigkeit in der „Würdigungsbeziehung" schlägt sich darin nieder, dass Vorleistungen auch in *Zukunft* gewürdigt werden können. Dies wären aufseiten der Beschäftigten beispielsweise betriebsspezifische Weiterbildungsmaßnahmen (Voswinkel 2000). Würdigung beinhaltet damit Züge von Dankbarkeit und setzt auf beiden Seiten die Bereitschaft zu „freiwilligen" Gaben voraus (Voswinkel 2005, S. 239 ff.).

[26] Neckel (2010) bezeichnet diese daher auch als „winner-take-it-all"-Märkte (ebd.: S. 6).

befristet Beschäftigte) haben demnach kaum Möglichkeiten, sich als Leistungsträger in Position zu bringen und als solche wahrgenommen zu werden. Zweitens zeigt sich diese „zweckgebundene" Form der Anerkennung im Rahmen symbolischer Anerkennungsrituale wie beispielsweise der Wahl zum Mitarbeiter des Monats. Hier erfolgt keine Würdigung *vergangener* Leistungen, sondern ein Ansporn für *zukünftige* Markterfolge. Damit verliert aber auch hier die Anerkennungspraxis den für sie so konstitutiven zweckfreien Charakter und wird instrumentalisiert.[27] Genau deshalb verfehlt sie dann ihre „Wirkung". Drittens tritt diese Instrumentalisierung der betrieblichen Anerkennungspraxis nun im Rahmen von Zielvereinbarungsgesprächen zutage, die als *das* Steuerungsprinzip vermarktlichter Organisationsstrukturen gelten. Dies deshalb, da diese seit dem Abflachen hierarchischer Kontrollstrukturen zunächst einmal dazu dienen, Arbeitsleistungen zu *kontrollieren* und nicht Arbeitsleistungen anzuerkennen. Voswinkel und Wagner (2011) attestieren dem Zielvereinbarungsgespräch daher auch einen „strategisch-taktischen" Charakter (ebd.: S. 17; vgl. auch Bahnmüller 2002), da die Beschäftigten versuchen, „die eigene Person und Leistung möglichst günstig darzustellen und [so] eine positive Bewertung zu erwirken" (Voswinkel und Wagner 2011, S. 17). Raum für Kritik und zweckfreie Anerkennung bleibt dann kaum. Das Problem verstärkt sich, wenn die Ergebnisse des Zielvereinbarungsgesprächs zusätzlich entgeltrelevant werden (vgl. auch Kocyba 2000, S. 136 ff.).

Sobald betriebliche Anerkennung aber instrumentalisiert wird und die Sozialbeziehungen im Unternehmen auf ihre reine Austauschbeziehung reduziert werden, kann Anerkennung nicht mehr „wirken": die Beschäftigten, so Deutschmann (2008c), fühlen sich vielmehr „fremdgesteuert" (ebd.: S. 105) und folglich wenig zu Loyalität und Eigeninitiative bereit. Zugleich verliert Anerkennung ihre normative und integrierende Kraft, wie sie für eine „gemeinschaftliche Sozialordnung" (Kotthoff und Reindl 1991) so konstitutiv war. Dann muss aber mit Blick auf innovative Arbeitspolitiken in zweierlei Hinsicht mit negativen Effekten gerechnet werden:

Zum einen ist auf der *Ebene der Beschäftigten* mit Frustrationen und Enttäuschungen zu rechnen, die mit Motivations- und Loyalitätseinbußen quittiert werden (Kotthoff und Reindl 1991); die Überwindung des Transformationsproblems ist damit erneut infrage gestellt.

Identifiziert wird zum anderen mit Blick auf die *Koordination* „organisationalen Lernens" das für eine Koordination über Märkte typische Kollektivgüterproblem, das die Autoren Deutschmann et al. (1995) für Vermarktlichungsprozesse in Unternehmen als „strukturelle Egoismen" (ebd.: S. 445 ff.) zusammenfassen. So ist es ja gerade das Ziel der

---

[27] Freilich war die Beziehung zwischen Vorgesetztem und Beschäftigtem noch nie „zweckfrei", schließlich handelt es sich um eine Vertragsbeziehung, die darüber hinaus noch asymmetrisch ist (Voswinkel 2005). Allerdings kann – so haben wir in Abschn. 3.3.1 im Anschluss an Deutschmann (2002) argumentiert – diese Machtasymmetrie zuungunsten der Beschäftigten in Form von institutionalisierten Formen der Anerkennung wie beispielsweise Mitbestimmungsrechten, betriebsinternen Karrierewegen oder betrieblichen Sozialleistungen „neutralisiert" werden, da die Gegenleistung des Unternehmers/Vorgesetzen dann nicht mehr an eine bloße Vorleistung des Beschäftigten gebunden ist (Voswinkel 2005), sondern er als „Betriebsbürger" (Kotthoff 2000, S. 27 ff.) anerkannt wird.

Dezentralisierungsprozesse, die Konkurrenz zwischen den dezentralen Unternehmensein-heiten anzufachen, in der neoklassischen Annahme, auf diese Weise das Gesamtwohl zu steigern. Problematisch ist dies nun mit Blick auf die kollektive Rationalität des Gesamt-unternehmens deshalb, da in der Folge kurzfristige Strategien der Kostensenkung zum Tragen kommen können, die eben nicht zwangsläufig im Sinne des Gesamtunternehmens sein müssen (vgl. auch Maurer 2011, S. 24 ff.). Dies zum einen dann, wenn sich die dezent-ralen Einheiten in ihrer eigenen Wertschaffung nicht mehr primär an Organisationszielen, sondern an Kriterien der Kostensenkung orientieren: So berichten die Autoren Sauer und Döhl (1997) davon, dass in dem von ihnen untersuchten IT-Unternehmen das Team, das für die Systembetreuung zuständig ist, bewusst auf Akquisetätigkeiten für Hardwarekom-ponenten verzichtet hat, da zwar der Aufwand, nicht aber der mögliche Ertrag auf ihre Kostenstelle verbucht worden ist (ebd.: S. 38; vgl. auch Faust et al. 1994). Zum anderen zei-gen dezentralisierte Unternehmenseinheiten nur eine geringe Bereitschaft, sich an „Allge-meinkosten" wie beispielsweise den Kosten für Forschung und Entwicklung zu beteiligen, da der daraus entstehende „Nutzen" nicht eindeutig zuordenbar ist (Sauer und Döhl 1997, S. 38). Analog dazu identifiziert Minssen (2000) die Kollektivgüterproblematik auf Grup-penebene darin, dass eine erfolgreiche Gruppenarbeit nur dann zustande kommen kann, wenn sich diese durch ein Klima der Kooperation und des Vertrauens auszeichnet (ebd.: S. 146). Gleichzeitig sind nun aber alle Gruppenmitglieder für das Arbeitsergebnis *gemein-sam* verantwortlich, was leistungsstarke Mitglieder zur Kontrolle der restlichen Gruppe verleiten kann (ebd.: S. 150 ff.). Wenn nun aber die Koordination organisationaler Lern-prozesse vertrauensvolle Arbeitsbeziehungen voraussetzt (Deutschmann 2005a; Lazonick 2003; O'Sullivan 2000), es aber infolge der (bewusst inszenierten) Konkurrenzbeziehun-gen zwischen den Abteilungen zu „strukturellen Egoismen" kommen kann (Deutschmann et al. 1995; vgl. auch Dörre und Brinkmann 2005; Sauer 2010; Windolf 2005), dann ist der freie Wissensaustausch zwischen den Beschäftigten gestört. Anstatt dass also die Be-schäftigten an wechselseitigen Lernprozessen teilhaben, die auch die Kommunikation von Misserfolgen erlauben würde, versucht sich jeder vielmehr in einem möglichst günstigen Licht zu präsentieren, um die Vorzüge der eigenen Tätigkeit bzw. Abteilung nach außen hin sichtbar zu machen.[28]

---

[28] Die Felder dieses inszenierten Wettbewerbs sind vielfältig: der Wettbewerb um den höchsten Um-satz, den günstigsten Einkaufspreis oder der günstigsten Dienstleistung in der Kunden-Lieferanten-beziehung zwischen den Abteilungen.

Die Moralisierung der Finanzmärkte als eine Kritik der zunehmenden Finanzmarktorientierung? Die theoretische Debatte

Folgt man einer breiten Einschätzung in der Finanzcommunity von Finanzconsultants, Investmentbanken und Ratingagenturen bis hin zu Investment-, aber auch Verbraucherschutzverbänden, dann scheint die zunehmende Finanzmarktorientierung derzeit durch eine Gegenbewegung herausgefordert zu werden: nämlich durch „nachhaltige" Anlageformen, die die Interessen *aller* an einem Unternehmen beteiligten Anspruchsgruppen („stakeholder") im Blick haben (BVI 2009; eurosif 2009; SAM 2010; Stiftung Warentest 2010). So zeichnen sich „nachhaltige" Anlageformen dadurch aus, dass sie nicht nur finanzielle Anlageziele verfolgen, sondern ebenfalls ökologische und soziale Anlagekriterien in ihrer Investmententscheidung berücksichtigen. Diese schlagen sich sowohl in Ausschlusskriterien nieder, die Unternehmen mit einer kontroversen Unternehmensstrategie (z. B. Kinderarbeit) vom Investment ausschließen als auch dem sogenannten „Nachhaltigkeitsrating", bei dem die Unternehmen mit Blick auf ihre ökologischen und sozialen Strategien gerankt werden. In der öffentlichen Debatte besonders prominent verhandelt werden hier „soziale" Kriterien wie beispielsweise Arbeitsplatzsicherheit, betriebliche Sozialleistungen oder die Gewährleistung einer ausgewogenen Work-Life-Balance (Schäfer 2010). In Kritik zur „Shareholder Value"-Orientierung konventioneller Anlageformen ist daher auch von einer „Stakeholder"-Orientierung „nachhaltiger" Anlageformen die Rede.

Begründet wird der Aufstieg „nachhaltiger" Anlageformen nun zum einen damit, so jüngst der Bundesverband Investment und Assetmanagement (BVI), dass „gerade die aktuelle Finanzkrise den Grundsatz des nachhaltigen Investierens [unterstreicht], keine unkalkulierbaren Risiken einzugehen (BVI 2009, S. 79). Anders formuliert, sind „nachhaltige" Anlageformen also nur ein „Instrument" zur Lösung des Kollektivgüterproblems, das infolge der kurzfristigen und renditeorientierten Anlagepraxis konventioneller Finanzinvestoren erst entstanden ist.

Bei dieser instrumentalistischen Interpretation bleibt es allerdings nicht. So finden sich ebenfalls Erklärungsansätze, die die Entstehung „nachhaltiger" Anlageformen mit Blick auf die gesellschaftliche Verantwortung der Finanzanleger begründen, also in der Annahme gehen, dass Finanzinvestoren nicht nur ihren materiellen Nutzen maximieren wollen, sondern ihr Handeln ebenfalls an moralischen Prinzipien ausrichten. Finanzinvestoren kommt damit eine Aufgabe zu, die Stehr (2007) bereits für Konsumenten am Produktmarkt vorgesehen hat: eine „Moralisierung der Märkte" (ebd.), die dadurch erfolgt, dass Konsumenten jene Unternehmen boykottieren, die sich durch kontroverse Geschäftspraktiken auszeichnen (z. B. ein Verstoß gegen die ILO-Kernarbeitsnormen) und so einen Wandel im Unternehmen anstoßen (sollen) (Bluhm 2008; Curbach 2007; Hiß 2007; Mühle 2010). Das aus der Institutionenökonomik bekannte „exit-voice"-Argument von Albert Hirschman (1974) hieße dann übertragen auf die Anlageentscheidungen von Finanzinvestoren, dass diese nur in jene Unternehmen investieren, die auch ihren ethisch-moralischen Überzeugungen entsprechen (Hiß 2011, 2012; Scholand 2004; Schranz 2007).

Die hier aufgeworfene Problemstellung nach dem Zusammenhang von „Wirtschaft" und „Moral" ist nun nicht neu, sondern weist nicht nur in der soziologischen, sondern auch in der ökonomischen Theoriegeschichte eine lange Forschungstradition auf. So ging es mit Ausnahme der Neoklassik, die infolge der von ihr unterstellten Gleichgewichtsannahme diese Frage erst gar nicht stellt, seit jeher beiden Disziplinen um die „Beachtung der sozialen Bedingungen wirtschaftlichen Handelns" (Streeck 2007, S. 12; vgl. auch Frerichs und Münch 2009, S. 42 ff.). Allerdings geschieht dies mit gänzlich entgegengesetzter Zielsetzung: Während ökonomische Theorietraditionen an den Bedingungen interessiert sind, die die *wirtschaftliche Effizienz* absichern und „Moral" als eine Voraussetzung für diese Effizienz lesen, verfolgen soziologische Klassiker umgekehrt die Frage, wie die „Moral" einer Gesellschaft gegen eine ökonomische Unterwanderung verteidigt werden kann, um die Sozialintegration einer Gesellschaft nicht zu gefährden respektive um diese zu gewährleisten (ebd.).

Problematisch ist die derzeitige Debatte um „nachhaltiges" bzw. „moralisches" Wirtschaften m. E. nun vor allem deshalb, weil hier ein Verständnis von „Moral" zugrunde liegt, das analytisch nicht trennscharf ist. In der Folge gerät diese Debatte dann aber in Gefahr, die auf (Kapital-)Märkten strukturell bedingten Machtasymmetrien zu verdecken bzw. „Lösungsvorschläge" zu entwickeln, die auf freiwilligen Lippenbekenntnissen der beteiligten Akteure (Unternehmen, Investoren, Regierungen usw.) beruhen. Diese können dann aber mit Blick auf die derzeit feststellbare Machtverschiebung zugunsten der Finanzinvestoren wenig wirkmächtig sein.

Bevor wir nun auf die empirische Analyse unseres eigenen Fallmaterials zu den Begründungsordnungen „nachhaltiger" Finanzinvestoren zu sprechen kommen (Kap. 5), werden wir zunächst eine kritische Bestandsaufnahme der derzeitigen Debatte leisten.

Die hier leitende Forschungsfrage lautet, ob wir es bei den in der Diskussion um „nachhaltiges" Wirtschaften zugrunde liegenden Befunden tatsächlich mit einem *empirischen* Befund einer „Moralisierung" der (Finanz-)märkte zu tun haben oder nicht vielmehr um einen *Scheinbefund*, der sich in der analytischen Schwäche des zugrunde liegenden „Moral"-Begriffs begründet. Wir werden dazu das in der Debatte um „nachhaltiges Wirtschaften" zugrunde liegende Verständnis von „moralischem" Handeln in den Fokus rücken und prüfen, ob dieses nicht in entscheidenden Punkten hinter die von den soziologischen „Klassikern" (Durkheim, Parsons und Weber) entwickelten Handlungstypologien zurückfällt. Diese im Folgenden zu diskutierenden Arbeiten in der Debatte um „Wirtschaft" und „Moral" lassen sich m. E. nun entlang von zwei Argumentationslinien systematisieren:

Einerseits ist von einer „Moralisierung der Unternehmen" (Bluhm 2008; Mühle 2010) die Rede, die in den Strategien „nachhaltiger" Unternehmensführung nicht nur eine Erweiterung des neoklassischen Programms sehen – dem wäre zuzustimmen –, sondern zu belegen versuchen, dass durch wirtschaftliches Handeln eine „moralische Gemeinschaft" erschaffen werden kann. Diese Argumentation tautologisiert nicht nur den Moralbegriff, sondern sitzt dem Problem auf, dass die NIÖ zwar das neoklassische Programm erweitert, jedoch trotz ihres Interesses an Fragen der Kooperation bzw. sozialer Interaktion beim ökonomischen Kernmodell des atomistischen Akteurs bleibt und damit Phänomene einer *strukturell* bedingter Machtasymmetrie – die für wirtschaftliches Handeln ja geradezu konstitutiv sind (Streeck 2008; Deutschmann 2005b) – schon aus theoretischen Gründen nicht adressieren kann. Eine weitere Facette dieses funktionalistischen Moralverständnisses findet sich in Arbeiten, die sich auf das verhaltenswissenschaftliche Programm (Schröder 2011a, b) beziehen. Hier wird dem neoklassischen Handlungsmodell das Modell des „homo reciprocans" entgegengesetzt und argumentiert, dass der Mensch „natürlicherweise" zunächst zu freiwillig altruistischem und damit moralischem Handeln neige. Osterloh und Frey sprechen daher von „prosozialen Präferenzen" (Osterloh und Frey 2005).

Eine zweite Interpretationslinie „nachhaltigen" Wirtschaftens argumentiert im Anschluss an die durch den soziologischen Neo-Institutionalismus so prominent gewordene Unterscheidung zwischen „Formal-" und „Aktivitätsstruktur". Argumentiert wird hier, dass Strategien „nachhaltiger" Unternehmensführung zwar Änderungen in der Formal-, nicht aber der Aktivitätsstruktur erwarten lassen und es sich damit lediglich um ein neues Leitbild handelt (Hiß 2007, 2011).

4.1   Das Verhältnis von „Wirtschaft" und „Moral" in „Rational Choice" und Ökonomik

Beginnen wir mit einer Arbeit von Schröder (Schröder 2011a, b), der sich selbst in der Tradition des verhaltenswissenschaftlichen Programms verortet. Wir illustrieren hieran exemplarisch mögliche Schwierigkeiten und Verkürzungen in der Analyse des Verhältnisses von „Wirtschaft" und „Moral", die dem zugrunde liegenden Handlungsverständnis in der Verhaltenstheorie geschuldet sind.[1]

In seiner Dissertation „Die Macht moralischer Argumente" (Schröder 2011b) befasst sich Schröder mit der Frage, wie moralische Argumente wirtschaftlich selbstinteressiertes Handeln beeinflussen können und überprüft seine Argumentation am Beispiel von unternehmerischen Entscheidungssituationen zu Standortverlagerungen. Der Autor stellt

---

[1] Wie wir im Folgenden sehen werden, changiert der Autor zwischen unterschiedlichen Erklärungsprogrammen, die aber allesamt die *Interaktions*beziehungen der Akteure in ihrer sozialen Umwelt systematisch ausblenden, nämlich normativ-deterministische Ansätze in der Soziologie als auch funktionalistische Zugriffe in der „Neuen Institutionenökonomik" und der „Rational Choice"-Theorie.

eingangs fest, dass sich die Soziologie zwar seit jeher sowohl mit der Frage beschäftigt habe, wie moralische Argumente der sozialen Umwelt auf menschliches Handeln einwirken als auch mit der Tatsache, dass moralische Argumente das wirtschaftliche Handeln beeinflussen. Allerdings sieht er die Frage, *wie* diese wechselseitige Beeinflussung stattfindet in der soziologischen Literatur derzeit als noch unbeantwortet an (2011b, S. 14 ff.), und dies obwohl er sich auf die hier einschlägigen Klassiker wie Durkheim, Weber und Parsons sowie auf Granovetters „neue" Wirtschaftssoziologie bezieht.[2] Er schlägt daher vor, die experimentellen Erkenntnisse der Verhaltensökonomen „auf die Wirtschaftspraxis anzuwenden und somit ein *erweitertes* Verständnis davon zu erlangen, wie moralische Argumente wirtschaftliches Handeln beeinflussen" (Schröder 2011a, S. 62; Hervorhebung EMW; Schröder 2011b, S. 11 ff.). So belegen seines Erachtens die Experimente der Verhaltensökonomie, dass wirtschaftliche Akteure nicht nur ihren materiellen Nutzen maximieren wollen, sondern dass ihr Handeln (sic!) „natürlicherweise" von Vertrauen, Moral und Reziprozitätsüberlegungen geprägt ist (Schröder 2011a, S. 62, 77, b, S. 18 ff.; vgl. auch Hippe 2011; Osterloh und Frey 2005). Erst wenn dieser Vertrauensvorschuss von Alter Ego enttäuscht wird, verhält sich auch Ego opportunistisch.

Empirisch geprüft werden soll nun, wie „die ‚im Prinzip' vorhandene menschliche Neigung (sic!), zumindest partiell seine eigenen Interessen zurückzunehmen, auch real stattgefundenes wirtschaftliches Handeln beeinflusst" (ebd.: S. 69). Am Beispiel der Entscheidungssituation von Unternehmensleitungen für oder gegen Standortverlagerungen will er klären, wie „Moral" das ökonomische (respektive nutzenorientierte) Handeln beeinflusst.

Zunächst belegt der Autor auf Basis einer repräsentativen Studie des Statistischen Bundesamts (2008) zum Thema Unternehmensverlagerungen ($n = 16.628$), dass „moralische Bedenken" von immerhin der Hälfte aller befragten Geschäftsführer ins Feld geführt werden und damit häufiger als Verlagerungsbarriere genannt werden als beispielsweise fehlendes Know-how, fehlende Zuliefererbeziehungen im Ausland oder die Gefahr von Patentrechtsverletzungen (Schröder 2011b, S. 27). Dass sich Unternehmen in ihrer Entscheidung zu Unternehmensverlagerungen demnach zumindest grundsätzlich von „moralischen Bedenken" leiten lassen, ist damit für Schröder belegt.

Schröder (2011b) präzisiert nun diesen Zusammenhang mithilfe von sechs Unternehmensfallstudien, die im Hinblick auf die Wirksamkeit moralischer Argumente bei bevorstehenden Produktionsverlagerungen Aufschluss geben sollen. Er legt hierfür die folgenden „Strukturvariablen" fest: Alle Unternehmen sind mitbestimmt, von unterschiedlicher Unternehmensgröße (von 140 bis 35.000 Mitarbeiter), von verschiedener Rechtsform (GmbHs und AGs) sowie Unternehmensrenditen mit einer Spannweite von 2 % bis knapp 20 %. Sowohl in der GmbH als auch einer Aktiengesellschaft, die einen Hauptaktionär hat (Familie), ist die Renditeorientierung auf Subsistenz orientiert und es besteht eine starke soziale Einbindung der Geschäftsführung an den Herkunftsort; in den anderen vier Fällen

---

[2] Zu Recht kritisiert Schröder (2011b, S. 214 ff.), dass Granovetters Ansatz der „sozialen Einbettung" die Frage nicht klären kann, *wie* moralische Argumente auf das Handeln einwirken. Wir werden auf diese Kritik im Folgenden noch zu sprechen kommen.

(AGs mit unterschiedlicher Eigentümerstruktur: Streubesitz, Hedgefonds, industrieller Investor) ist sie auf Maximierung ausgelegt und die soziale Einbindung an den Herkunftsort ist – bis auf die AG mit dem Industrieinvestor – nur schwach ausgeprägt. Das Verhältnis von Geschäftsleitung und Arbeitnehmer(-vertreter) ist im Falle der beiden Familienunternehmen (GmbH und AG mit familiärem Hauptaktionär) sowie der AG mit dem Industrieinvestor gut; sowohl bei der AG im Streubesitz als auch bei den beiden AGs im Besitz von Hedgefonds ist das Verhältnis schlecht. Bei den beiden Familienunternehmen als auch bei der AG mit dem Industrieinvestor werden die Verlagerungspläne nun rückgängig gemacht, in den anderen drei Fällen nicht (ebd.: S. 23 ff.).

Obwohl der Autor in der Auswahl seiner Fälle damit zweifelsohne sicherstellt, ein möglichst breites Spektrum an „Strukturvariablen" zu prüfen, die für die Erklärung der Wirksamkeit moralischer Argumente in Verlagerungsdiskussionen relevant sein können, führt er in der vergleichenden Einzelfallanalyse die jeweilige Unternehmensentscheidung grundsätzlich auf „moralische Argumente" zurück, die von den jeweiligen „Strukturbedingungen" lediglich flankiert werden. Es besteht daher m. E. der Verdacht, dass der Autor den Begriff der „Moral" psychologisiert und die eigentlich interessierende Frage ausblendet, *ob* und wenn ja, *wie* moralische Argumente wirtschaftliches Handeln beeinflussen, die eine Analyse der „*sozialen* Situation" erforderlich gemacht hätte.

So stellt der Autor zwar einleitend die Frage, „wann Moral und die entsprechenden Argumente Handeln beeinflussen" (Schröder 2011a, S. 65) und es sollen die „*Umstände*" (ebd.; Hervorhebung EMW.) geklärt werden, unter denen dies geschieht. Dies legt zunächst nahe, dass der Autor ein genuin soziologisches Verständnis von „Moral" anstrebt und an den *Wechselbeziehungen* zwischen individuellen Interessen und kollektivem Gemeinwohl interessiert ist. Dieser Zugriff scheint sich zu bestätigen, wenn er mehrfach auf die Verkürzungen von Psychologisierungen verweist. So könne die Kategorie der „Moral" eben nicht als ein Unterscheidungsmerkmal zwischen „gut" und „böse" verstanden werden (ebd.: S. 179, 182, 201, 213, 214), da es nicht bloß die „moralischen Charaktereigenschaften von Individuen [sind], die deren Handeln erklären" (ebd.: S. 212).

In der empirischen Analyse seines Fallmaterials wählt Schröder nun aber einen Zugriff, der „moralisches" Handeln entweder gemäß der Annahmen der Verhaltenstheorie evolutiv setzt oder aber einen normativ-deterministischen Zugriff, der nahelegt dass die Handelnden gar keine andere *Wahl* hätten, als den Interessen anderer Akteure zu folgen. Dies zeigt sich an seinem an anderer Stelle (Schröder 2011a) dargelegten Verständnis der „sozialen Rolle" (ebd.: S. 77), die es seines Erachtens dem Rollenträger „nicht *erlaubte*" (ebd.; Hervorhebung im Original) anders zu handeln, als es die an ihn adressierten Rollenerwartungen nahelegen.[3] So führt Schröder (2011b) in seiner abschließenden Erklärung für die unterschiedlichen Umgangsmodi mit „moralischen Argumenten" erstens die je-

---

[3] Schröder (2011a) resümiert im Folgenden – vor dem Hintergrund seiner Fragestellung überraschend –, dass „einstweilen die Frage offen bleiben [muss], *wie* gesellschaftliche Rollen und persönliche Eigenschaften *interagieren*, um moralischen Richtlinien Geltung zu verschaffen" (ebd.: S. 78; Hervorhebung EMW.).

weiligen Eigentümerstrukturen ins Feld und schließt hieraus quasi-deduktiv auf die vorge-
fundenen Unternehmensstrategien (ebd.: S. 129 ff.) und damit auf die zugrunde liegenden
Vorstellungen von Rationalität bzw. Effizienz (ebd.: S. 180). Zweitens sieht Schröder neben
der Eigentümerstruktur in der (wahrgenommenen) Unsicherheit des zukünftigen Erfolgs
einer Produktionsverlagerung ein „Einfallstor für moralische Argumente" (ebd.: S. 175,
180). Damit werden „moralische Argumente" auf ihre *Funktion* zur Reduktion von Unsicherheit wirtschaftlichen Handelns reduziert. Er stellt dazu nun zwei Unternehmensfälle
kontrastierend gegenüber, die beide Aktiengesellschaften sind, sich aber in ihrer Eigentümerstruktur unterscheiden: das erste Unternehmen (Fernlich) befindet sich im Streubesitz
und das zweite Unternehmen (Kuhle) in Familienbesitz (ebd.: S. 24). Während nun erste-
res Unternehmen, so Schröder, infolge seiner hohen Kapitalmarktexposition eine Strategie
der Kostensenkung wählen *musste* und folglich seine Verlagerungspläne nicht rückgängig
machen konnte – „moralische Argumente" also ignorieren musste –, hat letzteres Unternehmen eine Strategie gewählt, die auf die Erschließung neuer Absatzmärkte im Hochpreissegment gesetzt hat und die es *ermöglicht*, Verlagerungspläne rückgängig zu machen.
Das im Familienbesitz befindliche Unternehmen war, so Schröder, demnach empfänglich
für „moralische Argumente".

Dass die Eigentümerstruktur nun Konsequenzen für die betriebliche Strategieentwick-
lung hat, ist Gegenstand einer breiten industriesoziologischen Forschung zur Vermarktlichung von Unternehmensstrategien infolge des „Finanzmarktkapitalismus" und insoweit an dieser Stelle wenig überraschend (vgl. Kap. 3). Nun zeigen Faust und Bahnmüller
(2010) in ihrer empirischen Studie zum „kapitalmarktorientierten Unternehmen" ja aber
gerade, dass die Bereitschaft zur Umsetzung der Investorenerwartungen zwar *auch* abhängig ist von einer „objektiv" begründbaren Kapitalmarktexposition. Mindestens ebenso relevant sind aber die unternehmensintern *wahrgenommene* Kapitalmarktexposition sowie
betriebliche Machtkonstellationen. Dies hat dann zur Folge, dass die diskursive Bedeutung
einer kapitalmarktorientierten Unternehmensführung von der faktischen Kapitalmarktexposition abweichen kann und somit einerseits auch in wenig exponierten Unternehmen
(geringer Streubesitz) eine Orientierung am Kapitalmarkt erfolgen kann sowie andererseits Unternehmen auch trotz hoher Kapitalmarktexposition eine strategische Autonomie
bewahren können (ebd.: S. 115). Die Bedingungen, unter denen dies dann erfolgt, sind
Gegenstand der soziologischen Analyse (ebd.).

Schröder (2011b) resümiert seine empirischen Befunde nun aber wie folgt: Es sei die
„moralische Pflicht" (ebd.: S. 129, 175, 177) des Finanzvorstands eines sich in Streubesitz
befindlichen Unternehmens (Fernlich), sich einer kurzfristigen Renditemaximierung zu
unterwerfen und Unternehmensverlagerungen durchzuführen, da er gar „kein Mandat
[habe], etwas anderes als die Aktionärsinteressen zu verfolgen" (ebd.: S. 179). Umgekehrt
begründet er die Entscheidung des Geschäftsführers des sich in Familieneigentum befindlichen Unternehmens (Kuhle) damit, dass dieser „nicht nach Renditemaximierung,
sondern nach langfristigem und stabilem Wachstum und Profit" (ebd.: S. 178) strebe und
er nicht überlege, „ob woanders nicht noch mehr Gewinn gemacht werden könne" (ebd.).

Gleichzeitig attestiert er aber dem Geschäftsführer Kuhle, dass er „sein Unternehmen *betriebswirtschaftlich rational* führen" (ebd.: S. 160; Hervorhebung EMW.) wolle. Damit wird Schröders Analyse der jeweils zugrunde liegenden Rationalitätsvorstellungen nicht nur begrifflich unscharf, sondern er leitet das jeweilige Verhältnis von „Ökonomie" und „Moral" aus den Kontextbedingungen (Eigentümerstruktur) ab.

Zusammenfassend lässt sich damit festhalten, dass Schröder (2011a, b) zwar für ein Begriffsverständnis plädiert, das gerade die *wechselseitigen* und *historisch-sozial spezifischen* Konstitutionsbedingungen des Verhältnisses von eigeninteressiertem Handeln und gesellschaftlichem Gemeinwohl in den Blick nehmen will (2011b, S. 12 ff.), in der Analyse seiner Unternehmensfallstudien aber auf ein strukturalistisches bzw. verhaltenstheoretisches Moralverständnis rekurriert und damit das soziologische Potential seiner Argumentation zur „Macht moralischer Argumente" nicht voll ausschöpfen kann.

4.2 „Nachhaltiges" Wirtschaften als ein neues Unternehmensleitbild?

Wir kommen im Folgenden auf das in der Debatte angeführte Argument zu sprechen, dass es sich bei den Formen „nachhaltigen" Wirtschaftens im Kern um ein neues Leitbild handelt, das lediglich den Erwartungen der Konsumenten respektive der Finanzinvestoren gerecht zu werden versucht. Auf diese Weise sollen Legitimationsdefizite in der Umwelt ausgeglichen bzw. proaktiv erhöht werden. Allerdings sei in der Unternehmenspraxis, so die Autoren, mit wenig Anpassung zu rechnen, da eine Entkopplung zwischen der nach außen hin kommunizierten und transparenten „Formalstruktur" und der innerhalb des Unternehmens praktizierten „Aktivitätsstruktur" zu rechnen sei. Wir begnügen uns mit Blick auf die andernorts ausführlich geführte Leitbilddebatte (u. a. Curbach 2007; Hiß 2007, 2011; Mühle 2010) mit einer knappen Wiedergabe der Grundargumente.

So unterscheidet beispielsweise Hiß (2007), deren Arbeit wir an dieser Stelle exemplarisch zitieren, zunächst durchaus plausibel zwischen drei unternehmerischen Verantwortungsbereichen, die die Formen „nachhaltigen" Wirtschaftens systematisieren (ebd.: S. 8 ff.). Dies ist erstens der Verantwortungsbereich „Markt und Gesetz", der festlegt, ob Unternehmen gesetzliche Bestimmungen (z. B. die ILO-Kernarbeitsnormen) einhalten; zweitens der „mittlere Verantwortungsbereich", der freiwillige Aktivitäten über das gesetzliche Maß hinaus erfasst, die aber in unmittelbarem Zusammenhang mit den Gewinnerzielungsinteressen stehen und drittens der „äußere Verantwortungsbereich", der in keiner unmittelbaren Verbindung zu den Gewinnerzielungsabsichten des Unternehmens steht. Hierzu zählt die Autorin soziale Projekte, die Verbesserung der Arbeitsbedingungen oder die Unterstützung politischer Initiativen zum Schutz der weltweiten Arbeitnehmerrechte (ebd.: S. 9). Problematisch wird diese Unterscheidung m. E. aber dann, wenn es um die Klärung der Frage geht, *warum* sich Unternehmen für „nachhaltiges Wirtschaften" entscheiden. Die Autorin schließt hier an die neo-institutionalistische Grundfigur an, dass Unternehmen nicht nur formal-rational wirtschaften (können), sondern auch den institutionalisierten Erwartungen der gesellschaftlichen Umwelt Rechnung tragen (müssen), also gesellschaftliche Legitimität erlangen müssen (DiMaggio und Powell 1983; Meyer und Rowan 1977). Gerade weil nun aber die Autorin im Folgenden das Verständnis von „gesellschaftlicher Legitimität" vorschnell entscheidungstheoretisch verkürzt, wird die eingangs gewählte Systematisierung wenig trennscharf. Welche „nachhaltigen" Projekte sind dann noch genuin wertrational respektive „unabhängig von den unmittelbaren Gewinnerzielungsabsichten", wenn es letztlich nur darum geht, durch eine Erhöhung der gesellschaftlichen Legitimität den Ressourcenzufluss zu sichern (vgl. dazu auch Mühle 2010). Es kann dann nicht mehr unterschieden werden, ob beispielsweise politischen Initiativen zur Durchsetzung globaler Arbeitnehmerrechte aus verteilungspolitischen oder transaktionskostenökonomischen Motiven zugestimmt wird (ganz abgesehen davon, um *welche* Arbeitnehmerrechte es sich überhaupt handelt). Sollte Letzteres aber der Fall sein, stellt sich die Frage, warum die Autorin überhaupt einen „Widerspruch [zwischen] einer Zunahme freiwilligen gesellschaftlichen Handelns von kapitalmarktorientierten Unternehmen bei gleichzeitiger Zunahme der Kapitalmarktorientierung dieser Unternehmen" (Hiß 2007, S. 9) vermutet.

Wir haben obenstehend nun bewusst sowohl „können" als auch „müssen" in Klammern gesetzt, da dies in der Argumentation der Autoren Meyer und Rowan offen bleibt und so zumindest anschlussfähig ist an ein sozial-konstruktivistisches Institutionenverständnis. Dies trifft m. E. bei dem oben genanntem Verständnis „gesellschaftlicher Legitimationen" von Hiß (2007) allerdings nur bedingt zu. Dies deshalb, da zum einen die Frage verdeckt wird, welche Interpretation des Unsicherheitsproblems der Argumentation zugrunde liegt: Wird diesem von Unternehmen funktionalistisch begegnet (z. B. die Zustimmung zu Tariferhöhungen als eine *bewusste Entscheidung*, um Transaktionskosten zu senken) oder sind Unternehmen als eine „Verkörperung institutioneller Muster der modernen Gesellschaft" (Türk 2000, S. 132; vgl. auch Hasse und Krücken 2005/[1]1999) zu verstehen, die tradierten Erwartungen unreflektiert gerecht werden (z. B. die Zustimmung zu Tariferhöhungen wird erst gar nicht infrage gestellt, da dies den subjektiv und sozial konventionalisierten Vorstellungen von Verteilungsgerechtigkeit entspricht) oder muss vielmehr drittens – darauf kommt Türk (2000) nicht zu sprechen – prinzipiell im Umgang mit Unsicherheit aufseiten der Unternehmen eine „Kreativität" (Joas 1996) unterstellt werden, die in ihrer Handlungsmotivation nur situativ und damit empirisch erschlossen werden kann. Zum anderen verdeckt diese entscheidungstheoretische Lesart die Möglichkeit, Änderungen in der Aktivitätsstruktur empirisch überhaupt erkennen zu können, da die Handlungsmotivation der Akteure bereits vorab auf die Nutzenorientierung verengt wird und in der Folge eine Entkopplung der Umwelterwartungen (z. B. Abschaffung von Kinderarbeit) von den realen Produktionsbedingungen die einzig „rationale" Entscheidung ist, die dann keiner empirischen Überprüfung mehr bedarf. Ebenfalls bleibt unklar, wie mit potentiell widersprüchlichen Umwelterwartungen umgegangen wird, da die Träger dieser gesellschaftlichen Erwartungen ja ganz unterschiedliche Interessen vertreten können (z. B. tarifliche Interessenvertreter, Lobbyisten, Konsumenten, Lieferanten, Kapitalgeber).

Kurz: In der genannten Studie zum Leitbild „nachhaltigen" Wirtschaftens wird auf eine handlungstheoretische Fundierung der Argumentation verzichtet und damit der Blick auf die Frage verstellt, welchen Gerechtigkeitsvorstellungen die Befragten folgen respektive welches Verhältnis von „Wirtschaft" und „Moral" sie ihrem Handeln zugrunde legen. Genau dies wäre aber m. E. von eigentlichem Interesse, wenn es um die Frage geht, warum Unternehmen sich zu „nachhaltigem" Wirtschaften entschließen.

Bevor wir nun einen eigenen Vorschlag zur Analyse des Verhältnisses von „Wirtschaft" und „Moral" entwickeln (vgl. Abschn. 4.4.) und uns mit diesem „Instrumentarium" an die Analyse der Befragtenaussagen machen, müssen wir zunächst einem Einwand Rechnung tragen, der jüngst seitens einer jüngeren, soziologischen Forschungsrichtung geäußert wird: der Finanzsoziologie. Diese adressiert an „die" Wirtschaftssoziologie den Vorwurf, sie könne die Handlungsmotive der Akteure analytisch gar nicht fassen und somit die Frage nach dem Verhältnis von nutzenorientiertem und „moralischem" respektive wertrationalem Handeln gar nicht stellen.

4.3   Exkurs: Kann „die" Wirtschaftssoziologie „ökonomische" von „moralischen" Motiven unterscheiden? Eine finanzsoziologische Kritik

Wenn wir in den vergangenen beiden Abschnitten an den bestehenden wirtschaftssoziologischen Ansätzen zum Verhältnis von „Wirtschaft" und „Moral" in einem ersten Schritt kritisiert haben, dass dieses wenig trennscharf definiert ist, dann überrascht dieser Befund aus der Perspektive einer jüngeren, soziologischen Forschungsrichtung kaum: der Finanzsoziologie. Die Finanzsoziologie teilt sich nun zwar mit der Wirtschaftssoziologie die empirischen Gegenstandsfelder wie die Globalisierung der Finanzmärkte, das wirtschaftliche Handeln auf Finanzmärkten, aber auch das Wissen der (Finanzmarkt-)Akteure selbst (Kalthoff 2010; Knorr Cetina 2010). Allerdings legt sie ihrer Analyse ein gänzlich anderes Handlungsverständnis zugrunde, nämlich ein postmodernes Akteursverständnis. Im Unterschied zu allen „klassischen" Handlungsbegriffen der Soziologie, ist für dieses zunächst kennzeichnend, dass technischen Artefakten (z. B. technische Kommunikationsmittel, Automaten, Medien) ein Akteursstatus zugeschrieben wird. Begründet wird dieser Akteursstatus damit, dass technische Artefakte ganz analog zur Funktion von sozialen Normen in „klassischen" Handlungstheorien handlungs*orientierend* wirken. So bestimmt beispielsweise die Drehbewegung und -geschwindigkeit einer automatischen Drehtür das Schrittempo der Passanten; technische Artefakte gelten damit als sozial relevant (Langenohl 2007; vgl. auch Bongaerts 2007; Knorr Cetina und Bruegger 2000). Zum zweiten interessiert sich die postmoderne Theoriebildung insbesondere für das „implizite Wissen" der Akteure, das deren Handeln anleitet. Entscheidend ist hier, dass dieses „implizite Wissen" der Akteure zwar nicht sinnhaft (intentional) zugänglich ist (Bongaerts 2007, S. 248 ff., 2008, S. 223 f.; Kalthoff 2010, S. 270 ff.), sich aber gerade nicht nur aus der sozialen Struktur ableitet (Langenohl 2007), wie dies ja in der Tat in funktionalistischen Theorietraditionen der Fall ist.[4]

Die finanzsoziologische Theoriebildung adressiert an „die" Wirtschaftssoziologie nun den Vorwurf, dass diese mit ihrem handlungstheoretischen Instrumentarium das „Wissen" der Akteure und damit deren „subjektiv gemeinter Sinn" des Handelns nicht in den Blick nehmen könne. In der Folge bedürfte es eines eigenständigen finanzsoziologischen Handlungsbegriffs (Kalthoff 2004, 2010; Langenohl 2007). Aus dieser theoretischen Perspektive ist unsere oben herausgearbeitete Kritik an der bestehenden „Moralisierungdebatte" dann wenig überraschend: Eine wirtschaftssoziologische Analyse könne, so die Kritik, das Verhältnis von „ökonomischem" und „moralischem" Handeln gar nicht einfangen, da sie die Analyse des „subjektiv gemeinten Sinns" lediglich quasi-deduktiv aus den sozialen Strukturen ableitet. Welche Rationalitätsvorstellungen die Handelnden damit ihrem wirtschaftlichen Handeln zugrunde legen, was ihnen als gerecht und sozial legitim erscheint und damit, welches Verhältnis von „Wirtschaft" und „Moral" ihr eigenes Handeln anleitet und diesem Sinn stiftet, bleibt damit unbeleuchtet.

Bevor wir nun unter Rückgriff auf die soziologischen Klassiker (Durkheim, Weber, Parsons) und vor allem eines wissenssoziologischen Handlungsverständnisses das Verhältnis von „Wirtschaft" und „Moral" mit Hilfe eines eigenen Vorschlag zu bestimmen versuchen, werden wir vorab auf die finanzsoziologische Kritik am wirtschaftssoziologischen Handlungsverständnis zu sprechen kommen und prüfen, inwieweit diese gerechtfertigt ist.

Wir werden zeigen, dass der seitens der Finanzsoziologie formulierten Kritik am Einbettungsverständnis der Wirtschaftssoziologie zweifelsohne Recht zu geben ist. Deshalb muss aber noch nicht grundsätzlich auf den Anspruch verzichtet werden, finanzwirtschaftliches Handeln als ein „sozial eingebettetes" Handeln zu verstehen. Wir werden hier die *These* vertreten, dass es „der" Wirtschaftssoziologie nicht nur trotz, sondern gerade wegen ihres „Einbettungskonzeptes" gelingen kann, einen empirisch-verstehenden Zugriff auf die Rationalitätsvorstellungen der Akteure zu erlangen.

Der Abschnitt ist wie folgt gegliedert: Erstens werden wir zeigen, dass der seitens der Finanzsoziologie formulierten Kritik am „Einbettungsbegriff" zwar Recht zu geben ist, diese Kritik jedoch nur für bestimmte wirtschaftssoziologische Theorieströmungen zutrifft (4.3.1). Zweitens werden wir das postmoderne Repräsentationsverständnis vorstellen (4.3.2) und drittens werden wir prüfen, ob das hier zugrunde liegende Akteursverständnis die für die (wirtschafts-)soziologische Analyse so zentralen Kategorien der Macht sowie der Sinnvielfalt sozialen Handelns nicht verdeckt (4.3.3). Abschließend werden wir prüfen, ob nicht mit Hilfe eines sozial-konstruktivistischen Handlungsinstrumentariums die seitens der Finanzsoziologie zu Recht vorgetragenen Kritikpunkte behoben werden können, ohne in die oben genannten Verkürzungen verfallen zu müssen. Wir werden also prüfen, ob nicht auch hier dem Wissen der Akteure als eine eigenständige Kategorie gerecht geworden werden kann (4.3.4).

---

[4] Vergleiche dazu ausführlicher Abschn. 4.3.1.

4.3.1   Der „Einbettungsbegriff" in der finanzsoziologischen Kritik

Ausgangspunkt der finanzsoziologischen Argumentation ist eine kritische Auseinandersetzung mit dem wirtschaftssoziologischen Verständnis „sozialer Einbettung". Kritisiert wird, dass diesem ein funktionalistisches und damit (quasi-)deduktives oder zumindest kausales Institutionenverständnis zugrunde liege. Dies habe dann zur Konsequenz, dass „die Sinndimension der Märkte […] [lediglich] aus ihrer kulturellen und gesellschaftlichen Institutionalisierung *abgeleitet*" (Langenohl 2007, S. 1; Hervorhebung EMW.) werde.

In der Tat hat ein funktionalistisches Institutionenverständnis zur Folge, dass die Frage nach der *Wechselbeziehung* zwischen Markt und Gesellschaft und damit jene nach den Rationalitätsvorstellungen aufseiten der Akteure ausgeblendet bzw. genauer: gar nicht gestellt (Langenohl 2007, S. 1; vgl. auch Vormbusch 2007) wird, da diese ohnehin mit den zugrunde liegenden Strukturen in eins fallen. In der finanzsoziologischen Debatte wird daher entweder dafür plädiert, die Annahme „sozialer Einbettung" als Analysekategorie finanzwirtschaftlichen Handelns zu verwerfen (Knorr Cetina und Bruegger 2005; Knorr Cetina 2007, 2010; Langenohl 2007) oder der Wirtschaftssoziologie zumindest nahe gelegt, „von den praxistheoretischen Perspektiven der ‚Social Studies of Science and Technology' [zu] lernen" (Kalthoff 2004, S. 154 f.).

Gerade weil Finanzmärkte im Unterschied zu Produkt- oder Gütermärkten zwei Spezifika aufweisen, wiege die funktionalistische Verkürzung der „Einbettungsthese" nunmehr besonders schwer, da finanzwirtschaftliches Handeln dann nicht mit den Mitteln eines wirtschaftssoziologischen Einbettungsverständnisses analysiert werden könne. Es sei daher ein genuin eigenständiger, nämlich finanzsoziologischer, Zugriff erforderlich (Kalthoff 2010; Knorr Cetina und Bruegger 2002, 2005; Knorr Cetina 2007).

Diese Spezifika des Finanzmarktes bestehen nun zum einen in der *Wissensbasierung* und zum anderen in der Möglichkeit der *Entkopplung finanzwirtschaftlichen Handelns* von realwirtschaftlichen Bezügen.[5]

So ist das Wissen der Finanzmarktakteure die Produktivkraft des Marktes (Kalthoff 2004, 2010; Knorr Cetina und Preda 2001; Knorr Cetina und Bruegger 2005; Preda 2007),

---

[5] Knorr Cetina arbeitet in ihrer jüngsten Arbeit zum Finanzmarkt (Knorr Cetina 2010) die Spezifika des Marktes dahingehend aus, dass sie Finanzmärkte als ein System wechselseitiger Versprechen (ebd.: S. 334) zwischen Aktionären, Unternehmensvertretern, institutionellen Investoren usw. versteht, da die Verzinsung der Investition – anders als bei Krediten auf Produktmärkten – nicht vertraglich festgelegt ist, sondern ein „Versprechen" auf zukünftige Kurswertsteigerungen ist (Knorr Cetina 2010, S. 331 ff.). Dem ist zweifelsohne Recht zu geben (vgl. auch Faust et al. 2010; Windolf 2005). Als problematisch sehe ich die Argumentation gleichwohl deshalb an, da sie, im Anschluss an die Austin'sche Sprechakttheorie, „Versprechen" eine performative Kraft attestiert, die die Finanzmarktakteure zum Handeln „auffordern". Handeln kann dann nicht mehr sinnhaft rekonstruiert werden, da die Handlungs*motive* zwangsläufig im Verborgenen bleiben – deren Analyse Knorr Cetina im Übrigen selbst einfordert (ebd.: S. 327). Warum also seitens der Unternehmen „Versprechen" auf Kurswertsteigerungen eingehalten werden oder warum Investoren auch bei Nicht-Einhaltung des „Versprechens" bereit sein können, auf die Exit-Option zu verzichten (vgl. hierzu Faust et al. 2010), bleibt demnach unklar.

da sich Finanzmärkte erst durch das Wissen der Analysten, der Händler, der Ratingagenturen usw. konstituieren und dadurch *real* werden. Infolge des für die Wirtschaftssoziologie charakteristischen, funktionalistischen Institutionenverständnisses sei das Wissen der Finanzmarktakteure als eine eigenständige Kategorie aber nicht greifbar (ebd.). Die Wissensentstehung werde in der wirtschaftssoziologischen Argumentation lediglich als ein Substrat der Struktur gefasst und damit eine Homologie zwischen institutioneller Struktur einerseits und der Wissensordnung andererseits unterstellt (siehe allgemein zum Homologievorwurf an funktionalistische Ansätze: Knoblauch 2005, S. 141 ff., insb. 161). Erforderlich sei daher ein Instrumentarium, das den Fokus auf das „*Wie* der Weltkonstitution durch Wissen" (Kalthoff 2004, S. 156; Hervorhebung EMW.) lenkt, das sich erst in einem postmodernen Zugriff auf die Kategorie des Wissens finde. Hier werde der Blick auf die Herstellung von Wissen durch die Praktiken menschlicher und eben auch nicht-menschlicher Akteure gelenkt (ebd.).

Zum zweiten zeichnen sich Finanzmärkte dadurch aus, dass sie anders als Produktmärkte nicht mit der Produktion, dem Konsum und der sozialen Verteilung wirtschaftlicher Güter befasst sind, sondern mit dem Handel von Finanzinstrumenten wie Aktien, Währungen oder Derivaten (Knorr Cetina und Bruegger 2005, S. 147; Knorr Cetina 2007). Gerade weil der Handel mit Finanzinstrumenten aber eine symbolische Transaktion darstellt[6], muss dieser keine realwirtschaftliche Entsprechung haben und kann sich von der Realwirtschaft entkoppeln. Der „focus on embeddedness" (Knorr Cetina 2007, S. 5) wirtschaftssoziologischer Arbeiten werde daher der Entkopplung von Finanzmärkten nicht mehr gerecht (Knorr Cetina und Bruegger 2005, S. 147 f.; vgl. auch Knorr Cetina und Preda 2005).

Beide empirischen Befunde weisen den genannten Autoren zufolge nunmehr darauf hin, dass die Analyse finanzwirtschaftlichen Handelns einen Wissensbegriff zugrunde legen sollte, der in der Tradition der postmodernen Theoriebildung steht und daher jedwedes Ableitungs- oder gar Kausalverhältnis zwischen dem Gegenstand der Gesellschaft und der Vorstellung bzw. dem Wissen *über* diese Gesellschaft zurückweist (Stäheli 2000, S. 13 f.). Erst dann kann der Spezifität der Finanzmärkte Rechnung getragen werden, da die *Entkopplung* der Finanzmarktrealität von ihrer realwirtschaftlichen Grundlage einer Analyse zugänglich wird.

Sofern sich die finanzsoziologische Kritik nun auf jene Theorieströmungen bezieht, die in der Tradition des Strukturalismus bzw. Funktionalismus stehen, ist diese m. E. nun auch durchaus gerechtfertigt. Es scheint daher auch kein Zufall zu sein, dass die finanzsoziologische Kritik zwar an *die* Wirtschaftssoziologie adressiert wird, als ein Beleg für deren

---

[6] Hinzu kommt, dass das zugrunde liegende Wissen – anders als auf Produktmärkten – nicht auf Beobachtungen erster bzw. zweiter Ordnung basiert, sondern auf Beobachtungen dritter Ordnung. So wird nicht wie in der Marketingforschung lediglich das Konsumverhalten der Kunden analysiert (Beobachtung 1. Ordnung) oder die Reaktion der Unternehmen auf die Kundenerwartungen (Beobachtung 2. Ordnung), sondern der Kursverlauf des betreffenden Unternehmens als Reaktion auf die vorangegangenen Informationen (Knorr Cetina und Preda 2001).

analytische Verkürzungen aber im Kern auf Granovetters Netzwerksansatz bzw. sein Verständnis „sozialer Einbettung" rekurriert wird (Callon 1998a, S. 7 ff.; Kalthoff 2004, S. 157; Knorr Cetina und Bruegger 2005, S. 146; Langenohl 2007, S. 1) – einem Vertreter der Wirtschaftssoziologie also, dessen Nähe zur „Rational Choice"-Theorie kaum zu übersehen ist (Deutschmann 2007; Richter 2008).

Zwar lautet Granovetters Kernbotschaft nun gerade, dass die neoklassische Annahme atomistischer Rationalentscheider sowie die hier zugrunde liegende Annahme universaler Präferenzen für die Analyse *realen* wirtschaftlichen Handelns verkürzt sei (Granovetter 2001/[1]1985); sein eigener Ansatz der „sozialen Einbettung" wirtschaftlichen Handelns weist jedoch offensichtliche Parallelen zum Handlungsverständnis der „Rational Choice"-Theorie auf.

So kritisiert Granovetter an dem atomistischen Rationalentscheider der Neoklassik zunächst, dass dieser die vorgängige Intersubjektivität wirtschaftlichen Handelns übersehe und damit ausblende, dass wirtschaftliche Akteure in ihrem Handeln stets durch die Erwartungen anderer Marktakteure beeinflusst werden. Er zeigt im Vergleich zwischen „vormodernen" und „modernen" Gesellschaftsformen, dass über alle Gesellschaftsformen hinweg eine „soziale Einbettung" wirtschaftlichen Handelns festzustellen sei. Dies begründet er damit, dass wirtschaftliche Akteure ihr Handeln eben immer *auch* an sozialen Normen und Moralvorstellungen orientieren und ihr Handeln somit keineswegs immer nur nutzenorientiert sei, sondern eben auch altruistisch sein könne (Granovetter 2001/[1]1985, S. 52).[7] Damit sind dann aber die Handlungspräferenzen der wirtschaftlichen Akteure nicht mehr universal gegeben, sondern stehen in Wechselbeziehung mit der konkreten sozialen Umwelt des Akteurs (Granovetter 1992). Folglich ist dann das, was Akteure als „rational" erachten, nicht mehr universal gegeben, sondern Ergebnis eines historisch- und sozial-spezifischen Herstellungsprozesses (Smelser und Swedberg 2005, S. 4 ff.; Swedberg 2003, S. 3; Guillén et al. 2002, S. 7). In der Folge zeichnen sich dann Entscheidungssituationen durch eine strukturell bedingte Handlungsunsicherheit aus, die sich nicht mehr lediglich in der „begrenzten Rationalität" (Simon 1955) der Akteure begründet, sondern in der Spezifität einer *sozialen* Situation: die Handlungsreaktion von Alter Ego kann von Ego nicht mehr vollständig vorhergesagt werden.

Nun ist die „soziale Einbettung" wirtschaftlichen Handelns zweitens aber nicht nur die *Ursache* für die Handlungsunsicherheit und die Absage an die neoklassische Maximierungsannahme, sondern umgekehrt auch Instrument zur *Reduktion* von Handlungsunsicherheit. Gerade weil wirtschaftliche Akteure in soziale Netzwerke eingebettet sind, können sich Vertrauensbeziehungen entwickeln, die opportunistischem Handeln Einhalt gebieten (Granovetter 2001/[1]1985, S. 56 ff.). Entscheidend für Granovetters Argumentation ist nun, dass er in Kritik am funktionalistischen Institutionenverständnis in der „sozialen Einbettung" zwar eine Möglichkeit zur Reduktion von Handlungsungewissheit sieht, diese Reduktion von Handlungsunsicherheit aber keinesfalls gewiss sei. So zeigt Granovetter am

---

[7] Granovetters Analyse gibt allerdings keinen Aufschluss über die *Entstehung* sozialer Normen und Werte; wir kommen im Folgenden darauf noch zu sprechen.

Beispiel von Vertrauen und Betrug, dass die Existenz vertrauensvoller Tauschbeziehungen zu einer Vermeidung von Misstrauen, Opportunismus und Unordnung führen kann, dies aber nicht zwangsläufig der Fall sein muss. Dies deshalb, da vertrauensvolle Beziehungen immer auch die Voraussetzung für das gegenteilige Handeln sein können, nämlich Betrug und Konflikt. So bietet beispielsweise das in persönlichen Netzwerkbeziehungen entstehende Vertrauen eben auch die Gelegenheit für Unterschlagungen und Preisabsprachen (ebd.: S. 58 ff, 67 f.). Entgegen der funktionalistischen Institutionentheorie betont Granovetter also, dass Institutionen keine effizienten Lösungen im Falle des Marktversagens sind. Vielmehr müsse der historischen und sozialen Bedingtheit von Institutionen Rechnung getragen werden und damit Pfadabhängigkeiten, unintendierte Effekte oder aber auch Paradoxien berücksichtigt werden.

In der Tat kommt Granovetter mit beiden Argumenten – der Absage an universale Präferenzen sowie der Feststellung, dass Institutionen sozial konstruiert sind – einem wissenssoziologischen Handlungs- respektive Institutionenverständnis auf den ersten Blick recht nahe. Nur: Wirft man einen genaueren Blick auf sein Verständnis „sozialer Einbettung", dann zeigt dieses ganz offensichtliche Parallelen zu dem von Esser (2004/[1]1990, 2001) entworfenen „framing"-Konzept.

Diese Parallelen benennt Granovetter zunächst selbst. So stellt er nämlich seine Argumentation in die Nähe der „Rational Choice"-Theorie, wenn er zeigt, dass sein Verständnis „sozialer Einbettung" zwar dann nicht mit der „Rational Choice"-Theorie vereinbar ist, „wenn [sich] ‚rational choice'-Argumente auf atomistische Individuen und ökonomische Ziele beziehen. […] Wird die ‚rational choice'-These [allerdings] etwas allgemeiner formuliert, haben die beiden Ansätze viel gemeinsam." (Granovetter 2001/[1]1985, S. 69, dt. 2000, S. 202)[8] Genau diese Erweiterung des atomistischen Handlungsverständnisses um einen *sozial situierten* Rationalentscheider geschieht ja in Essers „framing"-Konzept. So nimmt Esser mit diesem Abstand von der Totalitätsannahme sowie der Annahme universaler Präferenzen und plädiert für eine „kultursoziologische" Erweiterung der „einfachen" „Rational Choice"-Theorie, indem er den Fokus auf die interaktive und damit prozessuale „Genese gemeinsam geteilter Muster und Modelle der Orientierung [frames, EMW.]" (Esser 2001, S. xiv) legt (vgl. dazu auch Endreß 2006, S. 160, 163; Weise 2004). Dann aber, so Esser (1991), muss jede angemessene soziologische Erklärung „dem [subjektiven] ‚Sinn' des Handelns und der symbolischen Vermittlung von Situations-Definitionen" (ebd.: S. 5; vgl. auch Esser 1996) Beachtung schenken und macht in der Folge ein Verstehen der „typischen" Motive der Akteure erforderlich. Damit werden die typischen Relevanzstrukturen der jeweiligen Situation an die Stelle neoklassischer Zweck-Mittel-Schemata zur Grund-

---

[8] Granovetter begründet seine Nähe zur „Rational Choice"-Theorie noch an einer zweiten Stelle mit Bezug auf James Coleman: „Ein weiterer Ansatz, der meinem insofern ähnelt, als er auch den Einfluss sozialer Beziehungen auf zielgerichtetes Handeln betont, ist Marsdens Erweiterung der Theorien kollektiven Handelns und Entscheidens von *James Coleman* auf Situationen, in denen soziale Kontakte zu Ergebnissen führen, die sich in einer völlig atomistischen Situation nicht ergeben hätten." (Granovetter 2001/[1]1985, S 55, Fn. 1; dt. 2000, S. 181/182, Fn. 2).

kategorie der Handlungstheorie erhoben und weisen damit zweifelsohne Parallelen zu Schütz' phänomenologischer Lebensweltanalyse auf und deren Zielsetzung, die *Sinnstruktur* der Sozialwelt zu verstehen. Gleichwohl bleiben zwei zentrale Annahmen des Rationalhandlungsmodells bestehen.

Erstens bleibt die Annahme aufrecht erhalten, dass jedwedes Handeln eine Entscheidung ist und zwar eine Entscheidung, die der Maximierungsregel folgt. So räumt Esser zwar ein, dass infolge der Handlungsungewissheit in sozialen Situationen eine Nutzenmaximierung verhindert wird. Dies ändert aber nichts daran, dass die Akteure nicht *versuchen* würden, ihren Nutzen zu maximieren („Satisfaktionsprinzip") (Esser 1993, S. 237 ff.). Dies heißt nun nicht, dass wertrationales oder affektuelles Handeln in Essers Handlungstheorie keinen Platz hätten: die „Entscheidung" zu diesen Handlungsmotivationen wird eben auf die Meta-Ebene vorverlagert (Eberle 2000, S. 194 ff.).

Zweitens – und für unsere Frage nach dem Wissensbegriff in „der" Wirtschaftssoziologie entscheidender – trägt Esser mit seinem „framing"-Konzept zwar der *sozialen* Situierung des Handelnden Rechnung, tut dies aber lediglich auf einer formalen Ebene. Damit wird er, so die Kritik von Endreß (2002, 2006; vgl. auch Eberle 2000), dem verstehenden Zugriff einer sozial-konstruktivistischen Argumentation aber nicht gerecht. So unterscheidet Esser zum einen formal zwischen subjektiven Präferenzen (subjektivem Sinn) einerseits und gesellschaftlich institutionalisierten Normen und Werten (objektivem Sinn) andererseits, während für die „verstehende" Soziologie mit Weber schon immer eine Verzahnung bzw. Verschränkung beider Perspektiven[9] entscheidend ist (Endreß 2006, S. 164). Das heißt also, dass die vorgängige Intersubjektivität subjektiven Sinns ausgeblendet wird und damit die hier interessierende Frage verdeckt wird, *wie* subjektive Präferenzen *gesellschaftlich* geprägt werden. Damit stellt sich umgekehrt die Frage, wie Esser die Entstehung von Intersubjektivität erklärt, wie also der den Institutionen zugrunde liegende „objektive Sinn" gesellschaftlich legitimiert wird. Folgt man Endreß' weiter, so stellt sich die Frage nach der *wechselseitigen* Herstellung eines gemeinsamen „frames" in Essers Handlungstheorie allerdings erst gar nicht, da ein „stets schon sozial konventionalisierter Sinn" (Endreß 2006, S. 162) unterstellt wird und es somit genügt, die individuellen „frames" zu einem kollektiven „frame" zu *aggregieren*. Esser geht dabei in der Annahme, dass dieser kollektive „frame" hergestellt wird, „allein durch den *Match* von gespeichertem mentalen Modell und den in der Situation objektiv vorhandenen Objekten" (Esser 2000, S. 787; Hervorhebung im Original). Es muss folglich nicht geklärt werden, *wie* diese individuellen „frames" wechselseitig aufeinander abgestimmt werden, da das für die Gleichgewichtsannahme leitende Konsensmodell durch die Hintertür wieder eingeführt wird. Endreß erläutert diesen verkürzten Zugriff auf den subjektiven Wissensvorrat der Handelnden am

---

[9] Jedweder subjektive Sinn – zumindest für ein pragmatistisches Verständnis der Wissenssoziologie – ist stets schon *sozial* vorkonstituiert. Genannt seien nur die Terminologien Schütz': Das Moment des *Fremdverstehens*, das Typisierungen als zuvor gespeicherte, *sozial* konstruierte Sinnkonstrukte voraussetzt, sowie das System der *Relevanz*, das gerade nicht nur individuelle Präferenzen widerspiegelt, sondern sozial konstituierte „weil-Motive" (vgl. dazu auch Srubar 1992).

Beispiel der Freundschaftsentstehung im Vergleich von Weber zu Esser. Esser definiert Freundschaft im Sinne Webers als eine „soziale Beziehung", die sich durch die „geteilten Einstellungen" der Handelnden auszeichnet (Endreß 2006, S. 176 ff.). Während Weber nun nach den sozialen, zeitlichen und räumlichen Gelegenheitsstrukturen fragt, die Aufschluss darüber geben, wie es zu diesen „geteilten Einstellungen" kommen kann (ebd.: S. 177), sieht Esser in der „hohen Ähnlichkeit der Akteure" (Esser 2000, zit. nach Endreß 2006, S. 177) die entscheidende Voraussetzung für eine Freundschaftsentstehung, da dann die Bereitschaft für zukünftige Kontakte steigt. Damit ist aber nichts anderes gesagt, so Endreß pointiert, als „wenn eine Freundschaft besteht, dann besteht sie" (ebd.: S. 177).

Nimmt man nun die von Granovetter genannten Bedingungen für die Entstehung sozialer Netzwerke zum Vergleich, so unterstellt auch er im Anschluss an die Sozialpsychologie bereits bestehende „gemeinsame Übereinkünfte" zwischen den Beschäftigten. Granovetter begründet damit die Netzwerkentstehung ebenfalls wie die „Rational Choice"-Theorie mit der bestehenden Ähnlichkeit zwischen den Akteuren sowie der Häufigkeit bzw. der Dauer der Kontakte: „Die dauerhafte Betriebszugehörigkeit der Angestellten stellt eine günstige Bedingung für engmaschige und stabile soziale Netzwerke [...] dar" (Granovetter 2001/[1]1985, S. 66, dt. 2000, S. 197).

In der Tat leiten sich dann die subjektiven Rationalitätsvorstellungen der Akteure aus dem jeweiligen „frame" respektive der „sozialen Einbettung" der Akteure ab und bieten damit für die Frage nach dem *wechselseitigen* Herstellungsprozess zwischen subjektivem und objektivem Sinn wenig Potential für eine empirisch-verstehende Analyse. Es macht dann tatsächlich wenig Sinn, da ist der finanzsoziologischen Kritik zuzustimmen, die Kategorie des „Wissens" als eine *eigenständige* Analysekategorie zu verstehen.

4.3.2   Das Repräsentationsverständnis in der Finanzsoziologie

In Kritik am wirtschaftssoziologischen Verständnis „sozialer Einbettung" und dem hier zugrunde liegenden Verständnis von „Wissen" fordert die Finanzsoziologie nun, den analytischen Fokus vielmehr auf die *Eigendynamik* von Repräsentationen[10] *jenseits* der sozialen Realität zu legen und diese gerade nicht mehr nur als einen passiven Ausdruck von etwas zu begreifen, das bereits besteht (Kalthoff 2004, 2010; Knorr Cetina und Bruegger 2005; Langenohl 2007; Vormbusch 2007; allgemein: Stäheli 2000).

---

[10] Wenn in der Finanzsoziologie von „Repräsentationen" die Rede ist und nicht wie in der Wirtschaftssoziologie von „Rationalitätsvorstellungen", dann um zu betonen, dass die Darstellung (also die Vorstellung *über* einen Gegenstand) das Dargestellte (also den Gegenstand *selbst*) erst hervorbringt (Kalthoff und Vormbusch 2012). Wie wir nachfolgend aber sehen werden (vgl. Abschn. 4.3.4), weisen auch „klassische" Soziologien die Annahme zurück, dass soziale Repräsentationen die Realität lediglich *abbilden* (Schützeichel 2007). Vielmehr gelten Institutionen per se als unvollständig und bedürfen damit der Interpretation, um handlungsorientierend zu wirken. Dass diese kollektiv geteilten Interpretationen einer Institution – beispielsweise des Koordinationsmechanimus „Konkurrenz" –, dann wieder neue Institutionen erschaffen können, wird auch von „klassischen" Soziologien nicht infrage gestellt.

Zwei Annahmen sind für das in der Theorietradition der Postmoderne stehende Repräsentationsverständnis leitend: Erstens ist dies die Annahme der „Performanz ökonomischer Repräsentationen" und zweitens – eng damit verbunden – die „Selbstreferentialität ökonomischer Repräsentationen" (Kalthoff 2010, S. 279 ff.).

Mit „Performanz" ist nun gemeint, dass die kollektiv geteilten Vorstellungen (Repräsentationen) über eine soziale Realität diese erst hervorbringen und damit aktiv an der Herstellung dieser Ordnung beteiligt sind (Kalthoff 2010, S. 279 ff.; Schützeichel 2007, S. 451). Damit grenzen sich die Autoren in ihrer Argumentation gegen ein naiv-objektivistisches Repräsentationsverständnis ab, das sich in der betriebswirtschaftlichen Accountingforschung findet (Kalthoff 2004, S. 155, 2005, S. 70 f.) und das unterstellt, dass soziale Realitäten *abgebildet* werden können. Nehmen wir zur Veranschaulichung des Unterschieds den Koordinationsmechanismus „Konkurrenz": Während die neoklassische Theorie informationseffizienter Märkte unterstellt, dass aus Sicht der Marktteilnehmer die Wettbewerbsbedingungen „objektiv" gegeben sind, zeigen wirtschaftssoziologische Studien, dass Marktteilnehmern ihr Wettbewerbsumfeld keinesfalls „natürlicherweise" bekannt sein muss, nämlich dann nicht, wenn die Wettbewerbsfaktoren und -teilnehmer so vielfältig sind, dass die Akteure nicht wissen, an *welchen* Faktoren sie sich orientieren sollen. So zeigen die Autoren Lant und Baum (1995) für den Hotelmarkt in Manhattan, dass es aus Sicht der Hoteliers keineswegs eindeutig ist, ob sie sich in einem Preiswettbewerb, einem Qualitätswettbewerb oder im Wettbewerb um das Hotelthema (z. B. Wellnesshotel, Businesshotel, Designhotel) befinden (Lant und Baum 1995, S. 22). Das heißt, die Institution „Wettbewerb" selbst ist noch nicht handlungsanleitend, sondern die Wettbewerbsteilnehmer müssen sich erst darauf verständigen, *welche* Wettbewerbsfaktoren sie als relevant erachten. Umgekehrt können diese gemeinsam geteilten Bedeutungen dann auch wieder neue Wettbewerbswirklichkeiten erschaffen (z. B. Wellnesshotels mit günstigen Angeboten während der Woche). Kurz: Die sozialen Repräsentationen der Realität können eine performative Wirkung entfalten (Kalthoff 2010).

Entscheidend für das postmoderne Repräsentationsverständnis ist nun zweitens, dass sich Repräsentationen von den sozialen Realitäten, die sie repräsentieren, entkoppeln können (ebd.; Stäheli 2000, S. 13 f.).[11] Vorschub gewinnt dieses Repräsentationsverständnis nun vor allem am Gegenstand des Finanzmarktes, der sich von den institutionellen Zwängen der Realwirtschaft deshalb entkoppeln kann, da das zentrale Koordinationsinstrument der Preisbildung lokal als auch sozial entbettet ist (Knorr Cetina und Bruegger 2005; Kalthoff 2005, 2010; Langenohl 2009). Am Beispiel des Spotmarktes sowie des Optionshandels für Währungen (Knorr Cetina und Bruegger 2002, S. 916 ff.) zeigen die Autoren, dass diese Märkte nicht nur erst durch die Interaktion der lokal entbetteten Händler mit ihren Bildschirmen *hergestellt* werden, sondern vor allem, dass die auf den Bildschirmen materialisierten Zahlenwelten erst etwas sichtbar machen, was bislang nicht existierte und

---

[11] Dies ist der entscheidende Unterschied zum Repräsentationsverständnis „klassischer" Soziologien (Schützeichel 2007); vergleiche dazu auch Abschn. 4.3.4.

demzufolge auch keine Entsprechung in der realen (Wirtschafts-)Welt haben muss.[12] Das heißt, dass das auf den Bildschirmen Dargestellte etwas *repräsentiert*, was nur auf sich selbst verweisen kann – auf andere Zahlenwerke – und somit jenseits der zu repräsentierenden „realen" Ökonomie liegt (Knorr Cetina und Bruegger 2005; vgl. auch Kalthoff 2004, S. 160). Kurz: In der technisch vermittelten selbstreferentiellen Zahlenzirkulation am Finanzmarkt sehen die Autoren Knorr Cetina und Bruegger die Ursache für die Entkopplung der Preisbildung von Finanzinstrumenten – vorliegend: Optionen – von ihren realwirtschaftsnäheren Bezugsgrößen wie zum Beispiel Währungen, Aktien, Rentenpapieren. Terminologisch präzise verwenden die Autoren daher auch nicht den Repräsentationsbegriff, sondern sprechen von einer „Appräsentation" (Knorr Cetina und Bruegger 2005, S. 163) des Marktes, da der auf den Bildschirmen materialisierte Finanzmarkt nicht einen anderen Markt respektive eine andere ökonomische Praxis abbildet, sondern die „Bildschirmwelt der globale Markt *[ist]*" (ebd.; Hervorhebung im Original).

4.3.3 Finanzsoziologische Akteursannahmen und die Folgen für zentrale wirtschaftssoziologische Kategorien

Wir haben einleitend darauf verwiesen, dass der Vorzug eines postmodernen Repräsentationsverständnisses gegenüber funktionalistischen bzw. strukturalistischen Konzepten darin besteht, dass Repräsentationen sich nicht (quasi-)deduktiv oder zumindest kausal aus der Struktur ableiten, sondern sich von dieser entkoppeln können und eine *eigenständige* Kategorie darstellen. Diese Entkopplung ist aber nur um den „Preis" eines postmodernen Akteursverständnisses zu erreichen, das aber mit Blick auf die Analyse ökonomischen Handelns m. E. aus zweierlei Gründen problematisch ist: Wenn soziales Handeln als eine Tätigkeit verstanden wird, die auf „implizitem Wissen" beruht, dann ist dieses intentional nicht mehr zugänglich (Bongaerts 2008, S. 223 f.). Aus der Perspektive einer (wirtschafts-)soziologischen Analyse stellt sich damit erstens die Frage, wie die Handlungsmotivationen wirtschaftlicher Akteure erfasst werden sollen und zweitens, wie die Dimension der Macht als zentraler Kategorie sozialen Handelns[13] begriffen werden soll. Wir werden diese Einwände im Folgenden begründen und werden die unseres Erachtens daraus resultierenden Konsequenzen für wirtschaftssoziologische Analysen diskutieren.

---

[12] Vor allem anhand des Optionshandels mit Währungen lässt sich das von den Autoren entwickelte Argument der Entkopplung von Finanzmärkten gut belegen. Optionen stellen ein Finanzinstrument zweiter Ordnung dar, da sich ihr Preis, anders als beispielsweise bei Aktien, nicht in Abhängigkeit von realwirtschaftlich begründeten Fundamentaldaten bestimmt, sondern in Abhängigkeit des prognostizierten Kursverlaufs des zugrunde liegenden Finanzinstruments.

[13] Das Problem der Machtvergessenheit werden wir im weiteren Verlauf des Abschnitts präzisieren. Dies ist der prominenteste Vorwurf an die postmoderne Theoriebildung, der in etlichen Arbeiten in der Finanzsoziologie bereits aufgegriffen wurde (z. B. Callon und Muniesa (2005) oder Mackenzie (2007)), m. E. jedoch das Grundargument beibehalten wird.

Ausgangspunkt der in der Tradition der Postmoderne stehenden Finanzsoziologie ist die Annahme, soziales Handeln lasse sich durch die performative Kraft technischer Artefakte sozial *entbetten*. Wir haben bereits festgehalten, dass mit „Performanz" („*performativity*") (Callon 1998a) der Prozess der *Herstellung* der ökonomischen Wirklichkeit bezeichnet wird. In Kritik an der neoklassischen Annahme informationseffizienter Märkte und rational kalkulierender Akteure geht das Performanztheorem folglich in der Annahme, dass diese nicht „natürlich" gegeben sind, sondern eines kontinuierlichen Herstellungsprozesses bedürfen.[14] Ebenfalls wie die Wirtschaftssoziologie kritisiert also auch die Finanzsoziologie die neoklassische Verkürzung des Unsicherheitsproblems sozialer Situationen. Allerdings zieht sie daraus nicht die Schlussfolgerung, dass rational handelnde Akteure respektive informationseffiziente Märkte nicht möglich sind, sondern den umgekehrten Schluss, dass die ökonomische (neoklassische) Wirklichkeit durch menschliches Handeln bzw. durch sozio-technische Artefakte hergestellt werden kann (Callon 1998a; MacKenzie 2009, S. 19 ff.). Obgleich also die Annahme gilt, dass die wirtschaftliche Realität erst hervorgebracht werden muss, und zwar in Form einer „Rahmung" („framing") (Callon 1998b; Callon und Muniesa 2005), ist damit gerade nicht die Rahmung ökonomischen Handelns durch institutionelle Strukturen gemeint, wie dies das wirtschaftssoziologische Verständnis von „Einbettung" nahe legen würde. Vielmehr wird darunter ein Akt der Unterscheidung zwischen dem Ökonomischen und dem Nicht-Ökonomischen in der sozialen Welt verstanden: „Kontingente soziale und natürliche Einflüsse auf ökonomisches Handeln und ökonomische Strukturen", so Langenohl (2009), werden „in kalkulierbare und rechenbare Modellierungen transformiert" (ebd.: S. 249). Nicht-Ökonomische Externalitäten werden damit in ökonomische Internalitäten verwandelt, die nicht mehr durch die soziale Unsicherheit sozialen Handelns geprägt sind, sondern zur „ökonomischen Natur" werden und so Kalkulation erst möglich machen (Callon 1998b). Callon kommt folglich zu dem Schluss, dass die ökonomische Realität zwar erst durch die performative Kraft menschlichen Handelns bzw. sozio-technischer Artefakte hergestellt werden muss, dann aber real existiert: „[Y]es, homo economicus does exist, but is not an a-historical reality; he does not describe the hidden nature of the human being. He is the result of a process of configuration" (Callon 1998a, S. 22). Diese Herstellung der ökonomischen Realität durch technische Artefakte geht einher mit einer zweiten Kernannahme in der postmodernen Argumentation, dass das wirtschaftliche Handeln nämlich aus seinen sozialen und politischen Bezügen *entbettet* werden kann („*disembedding*") (Knorr Cetina und Bruegger 2002, 2005). Unterstellt wird, dass technische Artefakte die „Wirtschaft aus dem übrigen Leben heraus[nehmen] und eine *nahezu autonome, eigenen Gesetzen* gehorchende Sphäre" (Chiapello 2009, S 138; Hervorhebung EMW.) schaffen. Damit ist dann nicht nur das ökonomische Handeln in Umkehrung zur wirtschaftssoziologischen Argumentation aus seinen sozialen Bezügen herausgelöst, sondern auch der ökonomische Diskurs kann sich von seinen sozialen und politischen Aspekten entkoppeln (vgl. ebd.: S. 137).

---

[14] Auf die verschiedentlich vorgenommenen Ausdifferenzierungen des Performanztheorems (z. B. MacKenzie 2007; Santos und Rodrigues 2009) werden wir – soweit es für die Diskussion des postmodernen Subjektverständnisses relevant ist – im Folgenden ausführlicher eingehen.

Das dem postmodernen Repräsentationsverständnis zugrunde liegende Argument der Entbettung (wirtschaftlichen) Handelns erweckt tatsächlich zunächst den Anschein, dass das in strukturalistischen bzw. funktionalistischen Argumentationen bestehende Problem gelöst ist, „soziale Repräsentationen" lediglich als eine Ableitung aus der Struktur zu begreifen.

Fragwürdig erscheint mir dieses theoretische Grundgerüst aber mit Blick auf eine (wirtschafts-)soziologische Analyse sozialen Handelns aber mindestens aus zweierlei Gründen: Erstens wird infolge des zugrunde liegenden postmodernen Akteursverständnisses die Reflexionsintensität menschlichen Handelns (Bongaerts 2008) und damit die Frage nach der Handlungsmotivation erst gar nicht in den Blick genommen. Dies führt aber zweitens dazu, dass die Möglichkeit des Widerspruchs *gegen* eine geltende Ordnung und damit (macht-)politische Aushandlungsprozesse als eine mögliche Variante der Selbstreflexion ausgeblendet werden. Repräsentationen des Marktes sind dann nicht mehr sinnhaft rekonstruierbar.

So erfolgt nun zwar die *Herstellung* („Rahmung") ökonomischer Wirklichkeit in Abhängigkeit sozialer und damit sinnhaft erschließbarer Prozesse (Vollmer 2004, S. 454 ff.). Ist die ökonomische Wirklichkeit respektive der ökonomische Akteur als Ergebnis von „Rahmungs- bzw. Unterscheidungsprozessen" jedoch erst einmal hergestellt, dann ist sie *frei* von sozialen Prozessen: der homo oeconomicus bzw. der informationseffiziente Markt ist real geworden.[15] Die ökonomische Wirklichkeit scheint zu einer Art „Selbstläufer" zu werden, deren Wirkmacht man sich als Akteur scheinbar kaum mehr entziehen kann. So argumentiert beispielsweise Vollmer (2004) für die Etablierung des betrieblichen Rechnungswesens: Dieses ist zunächst das Ergebnis „von *Interaktion*, von Planung, von *Machtspielen* oder Knappheiten" (ebd.: S. 454; Hervorhebung EMW.). Haben sich spezifische Formen des Rechnens jedoch erst einmal stabilisiert, so Vollmer weiter, dann „beeinflussen

---

[15] Der hier an die Postmoderne adressierte Vorwurf der „Verdinglichung" ökonomischer Realität scheint zunächst nicht gerechtfertigt, wenn man in Rechnung stellt, dass Callon (1998b) als Gegenstück zum Prozess der Herstellung („*framing*") ökonomischer Wirklichkeit den Prozess der *kontinuierlichen* Herausforderung („*overflowing*") der ökonomischen Wirklichkeit in den Blick nimmt. Mehr noch: Er verweist in seinem zentralen Aufsatz (Callon 1998a) an mehreren Stellen darauf, dass „unsichere [...] Situationen die Regel und nicht die Ausnahme sind" (ebd.: S. 6; Übersetzung EMW.; ebd.: S. 17 ff., 37 ff., 1998b). Ganz analog zur Grundfigur der Giddens'schen Strukturationstheorie sieht auch Callon zwei gegenläufige Prozesse am Werk, die den Markt konstituieren und dessen Stabilität gleichzeitig wieder untergraben (Callon 1998a, S. 19). Trotzdem unterscheidet sich Callons Argument von Giddens darin, dass die *Motivation* zur Durchbrechung der Struktur („Kreativität") bei Callon anthropologisch und nicht kognitiv begründet wird (Callon 1998a, S. 40; Callon 2006/¹1991, S. 318 ff.; Stäheli 2000, S. 58 ff.). Gerade weil sich Akteure als „mangelhafte" Wesen wahrnehmen, verspüren sie einen inneren Zwang, Unsicherheit zu reduzieren (ebd.). Der analytische Ausgangspunkt der permanenten Notwendigkeit des „framings" liegt somit nicht im *sinnhaften Handeln* des Subjekts begründet, sondern darin, dass die formatierte Praxis das *ontologische Bedürfnis* des Handelnden nach Sicherheit nicht mehr zufrieden stellen kann (Callon 1998a, S. 40; Callon 2006/¹1991, S. 318 ff.; Stäheli 2000, S. 58 ff.). Das heißt aber, dass die aus Sicht „klassischer" Soziologien so zentrale Frage nach der *Motivation* zur Durchbrechung von Routine verschlossen bleibt.

sie andererseits ganz nachhaltig das, was weiter geplant, verspielt oder verknappt werden kann" (ebd.) und entwickeln eine „*Eigendynamik* […], die in Richtung einer Reproduktion von Zahlen aus Zahlen [driftet]" (ebd.: S. 457; Hervorhebung EMW.).

Dies setzt nun ein Handlungs- bzw. Subjektverständnis voraus, das vom „klassischen" Verständnis sinnhaften Handelns in mindestens zwei Punkten auf entscheidende Weise abweicht.[16]

Wir haben obenstehend bereits skizziert, dass die postmoderne Theoriebildung im Unterschied zu allen „klassischen" Handlungsbegriffen der Soziologie unterstellt, dass technischen Artefakten ein Akteursstatus zugeschrieben wird. Begründet wird die Lebendigkeit technischer Artefakte in postmodernen Gesellschaften damit, dass sie in funktionaler Äquivalenz zur Normorientierung „klassischer" Soziologien eine regulative Funktion besitzen, die handlungsorientierend ist und damit als sozial relevant gelten kann (ebd.; Bongaerts 2007; Knorr Cetina und Bruegger 2000). Die Intersubjektivität als Voraussetzung für die Herstellung sozialer Ordnungsprozesse versteht sich dann nicht mehr als eine Verhaltenskonformität gegenüber einer sozial konstituierten normativen Werteordnung, sondern resultiert aus der Auseinandersetzung mit technischen Objekten, weshalb Latour auch von „Interobjektivität" (zit. nach Bongaerts 2007, S. 249; vgl. auch Kalthoff 2010, S. 270 ff.; Knorr Cetina und Bruegger 2000; Langenohl 2007, S. 19 ff.) spricht. Dass das Kriterium allerdings unklar bleibt, *wie* die Zuschreibung einer Technologie als eine sozial regulative erfolgt, kritisiert Bongaerts (2007) m. E. zu Recht (ebd.: S. 250).

Zum zweiten interessiert sich die postmoderne Theoriebildung insbesondere für das „implizite Wissen" der Akteure, das deren Handeln anleitet. Entscheidend ist hier, dass soziales Handeln nicht als sinnhaft (intentional) vollzogen oder regelgeleitet verstanden wird, sondern als eine Tätigkeit, die weitgehend automatisch auf „implizitem Wissen" beruht. Dieses ist aber gerade nicht intentional zugänglich (Bongaerts 2007, S. 248 ff., 2008, S. 223 f.; Kalthoff 2010, S. 270 ff.; Stäheli 2000). Die für die soziologische Theoriebildung bislang so zentrale Frage, wie die Dualität von Handlung und Struktur gefasst werden kann, ohne nicht einerseits die Handlungsfähigkeit der Akteure (agency) einzuschränken, noch andererseits die Möglichkeit zur Konstitution einer sozialen Ordnung zu negieren, stellt sich hier also erst gar nicht.

Wie kann das Performanztheorem jedoch unterstellen, dass sich Akteure in ihrem Handeln scheinbar ohne Widerrede am Vorbild der neoklassischen Akteurs- respektive Marktannahmen orientieren, *ohne* dass sie dies als eine Handlungseinschränkung wahrnehmen? Warum sollten sich also beispielsweise Beschäftigte in eine am „Shareholder Value"-orientierten Unternehmensführung einfügen, wenn es ihnen doch sogar Nachteile einbringt? Es gilt also die Frage zu klären, wie gemäß des Performanztheorems die Auseinandersetzung zwischen Subjekt und technischem Artefakt gestaltet wird.

---

[16] Wir können an dieser Stelle nicht die gesamte Literatur zum postmodernen Subjekt- bzw. Interaktionsverständnis aufarbeiten und beschränken uns auf die Kernaussagen. Für einen guten Überblick über die postmoderne Theoriebildung siehe zum Beispiel Stäheli (2000) und den Sammelband von Belliger und Krieger (2006).

Anders als in „klassischen" Handlungstheorien üblich, fußt diese Auseinandersetzung zwischen Subjekt und Objekt nun gerade nicht auf einem reflexiv zugänglichen, sinnhaften Handeln, sondern auf einem anthropologisch begründenden *„Begehren"* des Handelnden. Der Handelnde nimmt sich selbst als unvollkommen wahr und versucht in der „Bindung an einen sorgenden und daher begehrten Anderen [sic! das technische Artefakt!]" (Langenohl 2007, S. 21; vgl. auch Stäheli 2000, S. 47, 54 ff.) seine eigene Unvollkommenheit zu überwinden. Dieses Argument steht in der Tradition der Austin'schen Sprechakttheorie, die unterstellt, dass sprachliche Äußerungen keine neutralen Mitteilungen sind, sondern Handlungen evozieren (Knorr Cetina 2007, S. 332). Sprechakte besitzen demnach eine performative Kraft, die die Handelnden unter Bezugnahme auf ihr „implizites Wissen" zu einer Handlung bewegt. Beispielsweise ist eine Sturmwarnung nicht nur eine Wettervorhersage, sondern gleichzeitig ein Sprech*akt*, da sie bei den Zuhörern bestimmte Handlungen bzw. Nicht-Handlungen evoziert (z. B. das Unterlassen von Bergtouren) (ebd.). Für die Koordination des Handelns an Finanzmärkten hieße dies, dass sich die Händler trotz unterschiedlicher Zeitzonen gemeinsam am Finanzmarkt orientieren, da diesem eine performative Kraft zugeschrieben wird (Knorr Cetina und Bruegger 2000, S. 151 ff.). Freilich muss nun auch hier kritisch eingewendet werden, dass die Annahme der performativen Kraft von Sprechakten völlig offen lässt, *welche* Handlungsoption die Akteure wählen und *warum* sie diese wählen – kurz: die Handlungsmotive im Verborgenen bleiben.

Dass mit diesem Subjektverständnis zumindest für die Analyse jener Handlungssituationen Unschärfen einhergehen, die sich durch strukturell bedingte Machtasymmetrien auszeichnen, zeigt Vormbusch (2006) in seiner Arbeit über die betriebliche Umsetzung neuer Steuerungsformen eindrücklich.

Würde die Handlungsmotivation tatsächlich als ein unbewusstes Begehr gefasst und der Handelnde sich selbst als ein unvollkommenes Wesen wahrnehmen, das sich aus Angst vor einem Sicherheitsverlust an „technischen Artefakten" orientiert, kann zwischen der Handlungs- und Entscheidungsebene einerseits und der Erfahrungs- und Denkebene andererseits analytisch nicht mehr differenziert werden. Diese Unterscheidung ist ja aber gerade für wirtschafts- bzw. industriesoziologische Analysen zentral, um die Wirkmacht des Kapitals zu erkennen (ebd.: S. 148 ff.). So wendet Vormbusch gegen das Argument der Postmoderne ein, dass das vermittels neuer betrieblicher Steuerungsformen hergestellte kalkulier*bare* Subjekt eben nicht gleich zu setzen sei mit der Herstellung eines aktiv *kalkulierenden* Subjekts, das aus seinen sozialen Bezügen befreit und so zum rational entscheidenden Akteur werde. Während auf der *Handlungs*ebene die Steuerungswirkung von Rechenschaftsberichten, Budgetierungen oder Zielvorgaben plausibel ist – Beschäftigte müssen sich (unabhängig ihrer persönlichen Präferenzen) auf die Optimierung bestimmter Zielvorgaben einlassen –, kann hieraus gerade nicht auf die *Denk*ebene des Subjekts geschlossen werden. Ob sich ein „Beschäftigter aus wohlverstandenem Eigeninteresse oder aufgrund der Einbettung in […] [neue] kalkulative Praktiken so und nicht anders

verhält[17]" (ebd.: S. 149), kann demnach nicht kausal geklärt werden. Im Gegenteil scheint
die Umsetzung neuer Steuerungsformen gerade erst dann „erfolgreich" zu sein, wenn sie,
so Vormbusch, an gesellschaftlich vermittelte Vorstellungen von Leistung und Rationalität anschlussfähig sind (ebd.: S. 149 f.). Um Wechselwirkungen zwischen gesellschaftlich
legitimierten Rationalitätsvorstellungen einerseits und subjektiven Handlungsmotiven andererseits fassen zu können, muss analytisch zwischen Handlungs- und Denkebene unterschieden werden.[18]

Wie Bongaerts (2008) jedoch zu Recht anmerkt, stellen sich aus Sicht der postmodernen Theoriebildung die für „klassische" Subjektkonzeptionen so zentralen Fragen nach
der *Handlungsfähigkeit des Akteurs* aber gar nicht mehr. Wie die Formierung einer sozialen Ordnung analytisch gefasst werden kann, ohne die Handlungsfähigkeit des Akteurs
zur eigenen Sinnsetzung zu negieren/einzuschränken, wird hinfällig, da die Schließung
der Lücke zwischen Subjekt und Objekt als etwas Unbewusstes interpretiert (Stäheli 2000,
S. 54) und damit psychologisiert wird. Die postmoderne Theoriebildung wendet ihren
Blick vom „klassischen" Verständnis sinnhaft vollzogenen Handelns ab und lenkt ihn auf
die „Tätigkeiten im Vollzug". Sie lässt dabei „weitgehend ungeklärt, was für einen Tätig-
keitsmodus soziale Praktiken bezeichnen sollen" (Bongaerts 2008, S. 224; vgl. auch Bongaerts 2007, S. 248 f.) und wirft damit die Frage erst gar nicht auf, ob auf die Annahme
intentionalen Handelns nun verzichtet werden kann oder nicht (ebd.: S. 225). Wird die
Reflexionsfähigkeit und damit die Sinnvielfalt menschlichen Handelns allerdings ausgeblendet, dann können in der Tat technische Artefakte die Praxis *„formatieren"* (Callon
1998a; Kalthoff 2004), ohne dass dies als eine Kausalität bzw. Determinismus verstanden
werden muss. Allerdings lassen sich dann aber eben auch empirische Formen des *macht-*
vollen Widerspruchs gegen eine geltende Ordnung mit dem postmodernen Analysevoka-
bular nicht fassen.

Bezüglich beider Aspekte – der Sinnhaftigkeit sozialen Handelns als auch der Möglichkeit, machtvollen Widerspruchs gegen geltende Strukturen – würde eine Analyse ökonomischen Handelns m. E. dann aber an Schärfe verlieren. Das postmoderne Verständnis
von Repräsentationsordnungen, die sich von den durch sie zu repräsentierenden Strukturen völlig lösen können, ist damit zumindest aus wirtschaftssoziologischer Perspektive nur
mit Einschränkungen fruchtbar.

---

[17] Vormbusch setzt hier die Ebene des „Verhaltens" mit der des „Handelns" bzw. „Entscheidens"
gleich. Damit wird die postmoderne Verkürzung des Handlungsverständnisses auf das „Verhalten"
nochmals offensichtlich.

[18] Dies zeigen auch die Autoren Santos und Rodrigues (2009) für den US-amerikanischen Markt für
Breitbandlizenzen. Dieser sollte nach den Vorstellungen des US-Kongresses nach spieltheoretischem
Vorbild „performiert" werden und damit sicherstellen, dass die Breitbandlizenzen nicht mehr – wie
bislang – willkürlich vergeben werden, sondern vermittels eines transparenten Auktionsverfahrens.
Wie die Autoren allerdings belegen, kann von einer Performanz des technischen Artefakts – vorliegend: das spieltheoretische Modell – nicht die Rede sein, zeigte sich die tatsächliche Handelspraxis
doch durch opportunistisches Verhalten der Marktteilnehmer, mehrere Gerichtsurteile sowie Preis-
beeinflussungen durch Großaktionäre aus. Anstatt dass also die Akteure vermittels der performativen Kraft des Modells als atomistische Preisnehmer am Markt hergestellt wurden, musste vielmehr
deren „Eigenwilligkeit" in Rechnung gestellt werden (ebd.: S. 993 ff.).

4.3.4 Ein wirtschaftssoziologischer Vorschlag zum Verständnis sozialer Repräsentationen des Marktes

Der Wirtschaftssoziologie wird seitens der Finanzsoziologie vorgeworfen, so haben wir gezeigt, dass sie das „Wissen und damit die Praxis der Marktakteure" (Kalthoff 2010, S. 270; Knorr Cetina 2007) außer Acht lasse. Diese Lücke könne von der Finanzsoziologie geschlossen werden, da sich diese als eine Soziologie des Wissens und der Praxis versteht. Wir haben obenstehend argumentiert, dass der seitens der Finanzsoziologie formulierte Vorwurf zwar insofern Recht zu geben ist, solange sich diese Kritik auf Theorieströmungen in der Tradition des Funktionalismus bzw. Strukturalismus bezieht. Hier muss die Kategorie des Wissens tatsächlich als ein Substrat der Struktur verstanden werden.

Hanno Pahl zieht hieraus nun die Schlussfolgerung, dass in der Wirtschaftssoziologie bis auf wenige Ausnahmen eine „Auseinandersetzung mit dem ökonomietheoretischen Wissen" (Pahl 2010, S 338) fehlt (vgl. auch Kalthoff 2010). Dem ist zwar durchaus zuzustimmen, nur lässt sich meines Erachtens dieses Defizit nicht auf theorieimmanente Ursachen zurückführen, die im Umkehrschluss einen postmodernen Zugriff auf die Kategorie des „Wissens" erforderlich machen würden. Ganz analog zu der finanzsoziologischen Debatte bezieht sich nämlich auch Pahl in seiner Rekonstruktion der „Neuen Wirtschaftssoziologie" im Kern auf Granovetters Netzwerkansatz (Pahl 2010, S. 337 ff.).

Wir haben zu Beginn dieses Abschnitts nun die *These* aufgestellt, dass es „der" Wirtschaftssoziologie nicht nur trotz, sondern gerade wegen ihres „Einbettungskonzeptes" gelingen kann, einen empirisch-verstehenden Zugriff auf die Rationalitätsvorstellungen der Akteure zu erlangen. Dies hätte den Vorzug, dass man auf zentrale Kategorien einer wirtschaftssoziologischen Analyse wie der Machtasymmetrie auf Märkten oder der Analyse *unterschiedlicher* Handlungsmotivationen nicht verzichten müsste. Der alleinige Verweis auf ein anthropologisch begründetes „Begehren" der Akeure als Erklärung für die Handlungsmotivation der Akteure verschließt nämlich den Zugang zu einer sinnhaften Rekonstruktion der Handlungsmotive, wie wir in den vergangenen Abschnitten gezeigt haben. Im Folgenden werden wir nun unsere *These* prüfen, indem wir zu begründen versuchen, dass die Kategorie des Wissens sehr wohl auch an das wirtschaftssoziologische Argument „sozialer Einbettung" wirtschaftlichen Handelns anschlussfähig ist und zwar dann, wenn man dieses sozial-konstruktivistisch fasst (Beckert 1997a; Aspers 2007).[19] Meines Erachtens hätte dies den Vorzug, dass soziale Repräsentationen des (Finanz-)Marktes als eine eigenständige Analysekategorie gefasst werden könnten, ohne den „Preis" einer vollständigen Entkopplung zwischen dem Gegenstand der Gesellschaft und der Darstellung von Gesellschaft (Repräsentation) gezahlt werden muss. Diese Rückbindung der „Finanzmarkt-

---

[19] Wenn wir von Sozialkonstruktivismus sprechen, meinen wir die Wissenssoziologie im Anschluss an Berger und Luckmann (2000/[1]1966). Da der Begriff der „Wissenssoziologie" in der finanzsoziologischen Literatur automatisch postmodern interpretiert wird (vgl. Kalthoff 2010; Pahl 2010), werden wir – um Missverständnissen vorzubeugen – stets von einem sozial-konstruktivistischen Zugang sprechen.

realität" an eine realwirtschaftliche Entsprechung erscheint mir gerade mit Blick auf das in der finanzsoziologischen Debatte benannte empirische Bezugsobjekt „Finanzmarkt" von entscheidender Bedeutung. So zeigen die Autoren Faust und Bahnmüller nämlich, dass die Entkopplung der Preisbildung für Aktien eben gerade nicht total sein kann, sondern temporär. Sie bezweifeln damit m. E. zu Recht die in der finanzsoziologischen Debatte unterstellte Selbstreferentialität auf Finanzmärkten und kritisieren, dass die „Finanzsoziologie diese Verbindungslinien [zwischen Finanzmärkten und der Produktion] abschneidet" (Faust und Bahnmüller 2007, S. 67).[20] Gerade weil sich Aktien, so die Autoren, durch einen „Doppelcharakter" (ebd.: S. 69) auszeichnen, kann die Rückbindung an das zugrunde liegende Referenzobjekt „Unternehmen" niemals vollständig ausgeblendet werden. So sind Aktien zum einen Geld- bzw. Vermögensform, deren Kurswertentwicklung sich von der realwirtschaftlichen Umsatz- bzw. Renditeentwicklung des Unternehmens entkoppeln kann und zwar dann, wenn es finanz- und/oder diskursmächtigen Anlegergruppen gelingt, eine „Marktmeinung" („frame") zu etablieren, die unabhängig von der fundamentalen Finanzentwicklung der Produktwirtschaft ist; genau hierin liegt die Ursache von Finanzblasen (z. B. IT-Technologie, Biotechnologie). Zum anderen sind Aktien aber immer auch Rechtstitel, die Eigentums- bzw. Kontrollrechte begründen und damit die Möglichkeit zur Unternehmenskontrolle bieten. Gerade weil sich nun die Kurswertentwicklung zwar zeitweise von den realwirtschaftlichen Grundlagen entkoppeln kann, aber in der Langfristperspektive immer an diese rückgebunden wird, stößt diese Möglichkeit zur Unternehmenskontrolle aufseiten der Finanzinvestoren auf Interesse. Wir haben für die Ausgestaltung dieser Einflussnahme im Anschluss an die Autoren Faust und Bahnmüller (2010) gezeigt, dass die seitens der Finanzinvestoren kommunizierten Erwartungen an das „best-in-class"-Unternehmen (Fokussierungsstrategien, Transparenz usw.) zwar historisch-sozial spezifisch sind und sich die Auswirkungen bestimmter Unternehmensstrategien auf die Kurswertentwicklung („Performancerelevanz") nicht absolut bestimmten lässt, sondern auf „kollektiv geglaubten" und durch die Beratungs- und Finanzindustrie legitimierten Kausalzusammenhängen beruhen. Hat sich aber einmal ein bestimmtes Unternehmensleitbild (z. B. Fokussierungsstrategie) am Finanzmarkt als kollektive Rationalitätsvorstellung institutionalisiert und gilt damit als gesellschaftlich „objektiviert", wird dieses bis auf weiteres als „wahr" angesehen (vgl. untenstehend); das, was gesellschaftlich als „wahr" gilt, ist somit nicht beliebig.

Der Vorzug einer sozial-konstruktivistischen Konzeption von „Wissen" im Gegensatz zum postmodernen Verständnis von „Wissen" bestünde dann m. E. darin, dass dieses stets

---

[20] Die finanzsoziologische Debatte würde diesem Argument nun vermutlich entgegen halten, dass sie sich im Kern gerade nicht auf Aktien, sondern auf derivative Finanzinstrumente bezieht, die sich von dem zugrunde liegenden Referenzobjekt entkoppeln können, da sie nicht nur von steigenden Kurswerten profitieren, sondern auch auf fallende Kurse wetten können („absolute return funds") (vgl. dazu auch Faust et al. 2010, S. 33). Nur: Auch derivative Finanzinstrumente werden in ihrer Preisbildung zwangsläufig dann an die Volkswirtschaft zurückgebunden, wenn der kollektive Glaube an die Preisentwicklung eines *real*wirtschaftlichen Tauschobjekts (jüngst: die Immobilienpreise) erschüttert wird.

einen Bezug zum empirischen (und damit sozialen) Referenzobjekt aufweist und damit gerade nicht beliebig sein kann, ohne damit jedoch in eine funktionalistische Verkürzung verfallen zu müssen (Endreß 2008, S. 6, Fn. 5). Auch Schützeichel (2007) hebt als zentrales Merkmal eines sozial-konstruktivistischen Repräsentationsverständnisses hervor, dass auch hier Repräsentationen die soziale Realität freilich *nicht abbilden*, sondern sozial konstruierte Vorstellungen sind, „die aber keineswegs beliebiger Natur sind, sondern sich innerhalb bestimmter, von der Realität gezogener Spielräume bewegen. […] Die soziale Realität und ihre sozialen Repräsentationen stehen damit in einem *wechselseitigen* Konstitutionszusammenhang." (ebd.: S. 450; Hervorhebung EMW.) An ein „wirtschaftssoziologisches" Verständnis sozialer Repräsentationen des (Finanz-)Marktes lassen sich damit folgende „Anforderungen" formulieren:

Ein „wirtschaftssoziologisches" Verständnis sozialer Repräsentationen sollte

- der Sinnvielfalt menschlichen Handelns Rechnung tragen. Das heißt, es sollten weder die Handlungsmotivationen auf das Interesse zur Nutzenorientierung verengt werden, noch der Blick auf die Sinnhaftigkeit des Handelns verstellt werden, wie dies in der postmodernen Finanzsoziologie geschieht (vgl. Eberle 2000; Bongaerts 2007).
- sich nicht lediglich (quasi-)deduktiv aus der Struktur ableiten lassen. Wir haben im vergangenen Abschnitt darauf verwiesen, dass dies die Finanzsoziologie der „Rational Choice"-Theorie zu Recht zum Vorwurf macht, da hier durch die Hintertür die Gleichgewichtsannahme wieder eingeführt wird. So wird zwar universalen Präferenzen eine Absage erteilt; gleichzeitig werden aufseiten der Handelnden bereits „bestehende mentale Modelle" unterstellt, die dann gerade die Frage nach der *wechselseitigen* Konstruktion eines „objektiven Sinns" obsolet machen.
- aber gleichwohl an das zu Repräsentierende rückbeziehbar sein. Gerade weil Aktien einen „Doppelcharakter" (Faust und Bahnmüller 2007) aufweisen, kann diese Entkopplung zwischen dem Gegenstand der Gesellschaft und der Darstellung von Gesellschaft (Repräsentation) lediglich temporär, nicht aber total sein.

Es ist nun für die deutschsprachige Wirtschaftssoziologie zweifelsohne Beckerts Verdienst (1997a), die neoklassische Rationalitätsannahme nicht nur aus normativ-politischen Gründen *ablehnen zu wollen*, sondern dies infolge der strukturell bedingten Handlungsunsicherheit auf Märkten *ablehnen zu müssen* (ebd.: S. 34). Damit begründet Beckert den soziologischen Zugriff auf wirtschaftliches Handeln nicht normativ, sondern analytisch: Es geht ihm also nicht lediglich moralisch-normativ darum, wirtschaftliches Handeln zu rahmen, um dieses gesellschaftlich zu begrenzen, sondern analytisch auf die strukturell bedingte Handlungsunsicherheit in sozialen Situationen zu verweisen. Beckert zeigt dann im Anschluss an das Giddens'sche Argument der „Dualität von Struktur", dass individuelle Präferenzen Ergebnis eines sozialen Konstruktionsprozesses sind und diese somit in einem steten Wechselspiel mit der „Struktur" bzw. der Handlungssituation stehen (ebd.: S. 357 ff.). Damit legt Beckert mit seiner Arbeit eine entscheidende Grundlage für eine *verstehende Wirtschaftssoziologie*, die entgegen der finanzsoziologischen Kritik sehr wohl auf den subjektiven Sinn bzw. die Wissensvorräte der Handelnden fokussieren kann. Beckert führt hierzu selbst im Anschluss an Alfred Schütz aus: „das Verstehen einer Handlung bedeutet die Erkenntnis dieses [den von den Handelnden gemeinten, EMW.] Sinns" (ebd.: S. 359). Dazu bedürfe es einer Rekonstruktion der subjektiven Sinnstruktur des Handelns (ebd.).

Nun legt Beckert (1997a) in seinem folgenden handlungstheoretischen Entwurf den Fokus zwar weniger auf die Methodologien zur Rekonstruktion dieses subjektiven Sinns, sondern vielmehr auf die „Erwartungsstrukturen […], auf die sich Akteure in Entscheidungsprozessen beziehen" (ebd.: S. 409) und legt damit den Schwerpunkt seiner Argumentation auf die Handlungssituation. Gleichwohl ist damit ein verstehender Zugriff auf das „Wissen" der Handelnden bereits in der bisherigen „Wirtschaftssoziologie" analytisch angelegt.

Wir schlagen daher mit Blick auf eine „wirtschaftssoziologische" Analyse sozialer Repräsentationen des Marktes vor, in Beckerts Argumentation an jener Stelle abzuzweigen, an der er sich von einer phänomenologischen Fundierung seiner Handlungstheorie mit der Begründung verabschiedet, dass diese keine Intersubjektivitätstheorie erlaube (Beckert 1997a, S. 361 f.). So zeigt Endreß (2006), dass Schütz' Argumentation und vor allem die hierauf fußende „Social Construction" (Berger und Luckmann 2000/11966) durchaus ein Verständnis von Intersubjektivität erlaube, da diese schon immer eine Verschränkung des subjektiven mit dem objektiven Sinn vorsehe (vgl. Abschn. 4.3.1). Für die wirtschaftssoziologische Analyse macht Aspers (2007, 2008) dieses Argument fruchtbar, der vermittels eines empirisch-verstehenden Zugriffs auf die Kategorie des „Wissens" zwei verschiedene Markttypen unterscheidet: den Standard- und den Statusmarkt (Aspers 2007, S. 388 ff.). Während die Koordination auf Standardmärkten tatsächlich über den Preis erfolgen kann, da das Wissen über die hier gehandelten Güter wie beispielsweise Blumen oder Aktien standardisiert und den Gütern damit eine eindeutige Qualität zugeschrieben werden kann, ist es auf Statusmärkten (z. B. Kunsthandel oder Bekleidungsindustrie) nicht möglich, das Wissen über die gehandelten Güter zu standardisieren. Gerade umgekehrt wird die Koordination auf diesen Märkten erst dann möglich, wenn der Status der Händler (ausgedrückt in Form von Prestige, Expertise, usw.) Orientierung bietet. Mit Aspers' Unterscheidung zwischen Standard- und Statusmärkten erfolgt nun nicht nur eine Einschränkung des Performativitätstheorems auf Standardmärkte, sondern ebenfalls der Beleg, dass es auch einer wissenssoziologisch informierten Wirtschaftssoziologie gelingen kann, dem Wissen der Akteure Rechnung zu tragen. Und nicht nur das: Gerade weil Aspers in der Tradition eines sozial-konstruktivistischen Institutionenverständnisses die Möglichkeit zur Standardisierung eines wirtschaftlichen Gutes nicht in den universalen „Eigenschaften" der Güter begründet sieht, sondern im *Wissen* um diese Güter, begründet sich der Wandel auf Märkten (z. B. dem Kaffeemarkt) nicht durch veränderte Eigenschaften der Güter, sondern durch ein sich wandelndes Wissen über diese Güter (z. B. „fair trade"-Kaffee). Dann aber leiten sich der subjektive Sinn respektive der subjektive Wissensvorrat der Akteure eben nicht

aus einer bereits bestehenden Struktur ab, wie dies die Finanzsoziologie „der" Wirtschaftssoziologie zum Vorwurf macht, sondern sind eine eigenständige Kategorie.

Wenn nun aber auch „die" Wirtschaftssoziologie mit Hilfe eines empirisch-verstehenden Zugriffs eine Analyse des „Wissens" leisten kann, dann ist dieser mit Blick auf die
realen Macht- und Kontrollkonstellationen auf (Finanz-)Märkten deshalb vorzuziehen, da
so einer „Eigenlogik von Wissen und sozialer Wissensordnungen" (Endreß 2008, S. 15)
eine Absage erteilt werden kann. So bleibt in der „social construction" der Anspruch eines
empirisch gesättigten Realitätsbegriffes bestehen (ebd.). Das heißt, sozialwissenschaftliche Theorien sind zwar gesellschaftliche Konstruktionen und somit nicht qua Naturgesetz
gegeben, sondern historisch und sozial spezifisch. Allerdings müssen sie an der „Wirklichkeit" scheitern und auf dieses Scheitern reagieren können (Knorr Cetina 1989); die
Annahme des klassischen Falsifikationsprinzips, dass Theorien unterschiedlich „wahr-
heitsgetreu" sein können, bleibt demnach aufrechterhalten. Im Gegensatz dazu steht das
Wahrheitsverständnis der postmodernen Theoriebildung: Hier können „Darstellungen
auch ohne externe Referenz auskommen" (Kalthoff 2004, S. 155) und die Frage nach der
empirischen Referenz von Wissensordnungen wird in den Hintergrund gedrängt (ebd.:
S. 156; vgl. auch Knorr Cetina 1989, S. 89). Im Fokus steht damit weniger die Frage nach
dem *Status* wissenschaftlicher respektive gesellschaftlicher Objektivierungen, sondern
vielmehr die Frage nach dem „*Wie*" der Weltkonstitution durch Wissen (Knorr Cetina
1989, S. 92). Gerade weil nun auch die „social construction" in „Informationen *keine*
neutrale Repräsentation einer extern gegebenen Realität" (Kalthoff 2004, S. 155; Hervorhebung EMW.) sieht und damit ebenfalls wie postmoderne Soziologien der Konstruiert-
heit der sozialen Welt Rechnung trägt, ist m. E. der scheinbare analytische Vorzug eines
postmodernen Wissensverständnisses mit Blick auf die Analyse wirtschaftlichen Handelns
nur schwerlich begründbar.

Im Wissen darum, dass es mit Hilfe eines sozial-konstruktivistischen Zugriffs auch
„der" Wirtschaftssoziologie gelingen kann, den Fokus auf die subjektiven Sinnsetzungs-
prozesse der Akteure und damit deren Handlungsmotive zu lenken, werden wir abschließend einen Vorschlag zur Bestimmung des Verhältnisses von „Wirtschaft" und „Moral"
entwickeln.

4.4   Zwischenfazit zum Verhältnis von „Wirtschaft" und „Moral" für die empirische Analyse

Wenn Wolfgang Streeck (2007) jüngst den Zusammenhang von „Wirtschaft und Moral
[als die] Facetten eines unvermeidlichen Themas"[21] bezeichnet hat, so nicht deshalb, weil
sich die Sozialwissenschaften dieser Fragestellung bislang noch nicht angenommen hätten,
sondern vielmehr, weil die Konjunktur um das Thema „nachhaltiges Wirtschaften" eine
zunehmende Unschärfe des Begriffs befeuert hat (ebd.: S. 11).

---

[21] So der Titel eines im Jahre 2007 erschienenen Aufsatzes von Streeck.

Wenn wir nun also im Folgenden auf die von den soziologischen „Klassikern" Durkheim, Parsons und Weber geleisteten Analysen zum Verhältnis von „Wirtschaft" und „Moral" zu sprechen kommen, dann können wir diese hier lediglich in ihren Kernaussagen skizzieren, um zu begründen, warum die obigen Arbeiten zum Verhältnis von „Wirtschaft" und „Moral" in ihrem Handlungsverständnis hinter das der „Klassiker" zurückfallen. Entscheidend kommt es uns hierbei darauf an, dass wir mit Blick auf unsere eigene Fragestellung nach den Begründungsordnungen „nachhaltiger" Aktieninvestoren ein analytisches Instrumentarium erlangen, das den Blick auf den *subjektiv gemeinten Sinn* der Befragten nicht verstellt. Genau darin besteht ja aber, wie wir im Folgenden begründen werden, die analytische Verkürzung sowohl des verhaltensökonomischen Programms als auch der NIÖ sowie der „Rational Choice"-Theorie. Ebenso gilt dies für die „Entkopplungsthese" zwischen Formal- und Aktivitätsstruktur im neo-institutionalistischen Programm, die die Handlungsmotive vorschnell entscheidungstheoretisch liest.

Wir werden nun argumentieren, dass die Frage nach dem Zusammenhang von „Wirtschaft" und „Moral" nur dann vernünftig gestellt werden kann, wenn beide Handlungsmotive als eigenständige Handlungsmotive verstanden werden.[22] Wir folgen so dem handlungstheoretischen Entwurf von Beckert (1997a), der einen *genuin soziologischen* Zugriff auf wirtschaftliches Handeln vorschlägt. Allerdings plädieren wir dafür, die phänomenologische Fundierung in seinem Handlungsverständnis zu stärken, von der er sich mit der Begründung verabschiedet hat, dass diese keine Intersubjektivität erlaube. Erst dann ist ja eine Rekonstruktion des *subjektiv gemeinten Sinns* möglich. Dies macht dann eine verstehend-empirische Analyse erforderlich.

Gewendet auf die nachfolgende Analyse des empirischen Fallmaterials und der Frage, welche Begründungsordnungen „nachhaltige" Aktieninvestoren ihrem Anlageprozess zu-

---

[22] Jüngst haben die Autoren Fourcade und Healy (2007) die Argumente in der Debatte um das Verhältnis von „Wirtschaft" und „Moral" in den unterschiedlichen sozialwissenschaftlichen (Sub-)Disziplinen Ökonomik, Politische Ökonomie und Soziologie zusammengefasst und entlang von vier Dimensionen systematisiert. Erstens die neoklassische Perspektive („civilizing markets", ebd.: S. 287 ff.), die „Markt" und „Moral" infolge der unterstellten Informationseffizienz tautologisiert, zweitens die Perspektive der Politischen Ökonomie („destructive markets", ebd.: S. 291 ff.), die normativ-politisch argumentiert und die gesellschaftlich destruktiven Effekte der Liberalisierung kritisiert, drittens die Perspektive der Wirtschaftssoziologie („feeble markets, ebd.: S. 295 ff.), die jenseits normativer Fragen auf die gesellschaftliche Konstruktion von Märkten respektive Rationalität verweist und viertens die Perspektive der Postmoderne („moralized markets", ebd.: S. 299 ff.), die – so die Autoren – den Fokus auf den kontinuierlichen Konstruktionsprozess sozialer Ordnungen legt (ebd.: S. 300). Wir kommen auf diese Systematisierung im Folgenden nicht ausführlicher zu sprechen: Zum einen, weil sie entlang der disziplinären Grenzen des Fachs verläuft und damit offensichtlich ist und zum anderen, weil die uns interessierende Frage nach den handlungstheoretischen Grundlagen nicht ausreichend genug systematisiert wird. Dies zeigt sich deutlich an der Unterscheidung zwischen den „feeble markets" der Wirtschaftssoziologie und den „moralized markets" der Postmoderne: So liegt der Unterschied zwischen den beiden Theorieströmungen m. E. ja gerade nicht darin, dass erstere nicht erkannt hätte, dass Märkte nicht „natürlicherweise" existieren, sondern vielmehr, dass hier ein sinnhafter Handlungsbegriff zugrunde gelegt wird, der reflexiv zugänglich ist (vgl. Abschn. 4.3.4.).

grunde legen, heißt dies dann Folgendes: Es kann weder vorschnell argumentiert werden, dass es sich bei „nachhaltigen" Anlageformen lediglich um eine „Fassadenpolitik" handelt, die auf die reale Bewertungspraxis ohnehin keine Auswirkungen hat, noch kann vorab bestimmt werden, dass „nachhaltiges" Investieren eine „moralische" bzw. solidarische Gemeinschaft hervorbringen kann.

Beginnen wir mit dem Moral- bzw. Normverständnis bei Parsons und Durkheim, die sich mit ihrer Kritik an der Begrenztheit der neoklassischen Vertragstheorie in guter Gesellschaft mit den Bestrebungen aufseiten der Institutionenökonomik befinden, die ebenfalls das positivistische Verständnis der Neoklassik zurückweist. Eine empirische Lösung des Ordnungsproblems muss der Unsicherheit *realen* wirtschaftlichen Handelns Rechnung tragen. Gerade weil sich reale Handlungssituationen durch Informationsineffizienzen, Machtungleichgewichte, opportunistisches Handeln, aber auch durch eine Vielfalt möglicher Sinnkonstruktionen (Handlungsmotive) auszeichnen, wird die wechselseitige Abstimmung der Handlungsziele zu einem sozial kontingenten Prozess jenseits universaler Gleichgewichtsannahmen. Dies macht dann eine moralische bzw. institutionelle Einbettung des Handels erforderlich, um die Vielfalt möglicher Handlungsmotive abzustimmen und wirtschaftliches Handeln damit überhaupt erst zu ermöglichen. Diese Orientierungsfunktion wurde in der klassischen Institutionenökonomik gesellschaftlichen Institutionen wie der Rechtsordnung, politischen Strukturen, aber auch religiösen bzw. ethischen Glaubensordnungen zugeschrieben (Eberle 2000, S. 132). Mittlerweile ist der Institutionenbegriff breiter angelegt, die Aufgabe, die gesellschaftlichen Leitbildern oder Managementmoden im Verständnis von NIÖ und „Rational Choice"-Theorie aber zukommt, bleibt identisch: Leitbilder geben den Korridor vor, in dem nutzenorientiertes Handeln als gesellschaftlich legitim erachtet wird, wie gerade die Debatte um „nachhaltiges Wirtschaften" zeigt. So ist die Nutzenorientierung eben nicht prinzipiell verkehrt, erfordert aber die Einhaltung elementarer Arbeitnehmerrechte wie beispielsweise die der ILO-Kernarbeitsnormen. Andernfalls drohen NGOs oder Lobbyverbände mit Käuferboykotts (Münch 2008). Dies heißt dann aber auch, dass die Einhaltung elementarer Arbeitnehmerrechte Transaktionskosten senkt und damit die Rationalitätsannahme nicht grundsätzlich infrage gestellt werden muss. Vielmehr sind Institutionen eine *funktionale* Voraussetzung des Wirtschaftssystems. Institutionen sind dann das Ergebnis rationaler Entscheidungen (Deutschmann 2007, S. 80 f.).

Welche Konsequenz hat dieses funktionalistische Institutionenverständnis für das vorliegend interessierende Verhältnis von „Wirtschaft" und „Moral"?

Während die Neoklassik nun unterstellt, dass nutzenmaximierendes Handeln in moralisches Handeln überführt werden kann, geht die Institutionenökonomik umgekehrt davon aus, dass moralisches Handeln das nutzenmaximierende Handeln erst ermöglicht, ohne jedoch die Entstehung von „Moral" jenseits von Rationalitätsüberlegungen fassen zu können. Sowohl die Neoklassik als auch die NIÖ operieren demnach mit einem Moralverständnis, das moralisches Handeln nicht als einen *eigenständigen* Bestandteil in die Handlungstheorie integriert, sondern dieses vielmehr auf die Ziele, Mittel und Bedingungen wirtschaftlichen Handelns reduziert.[23]

Das Spezifische eines genuin soziologischen Zugriffs auf das Verständnis „sozialer Einbettung"[24], wie dies von den beiden (wirtschafts-)soziologischen Klassikern Parsons und Durkheim vorgeschlagen wird, ist die *distinkte* Unterscheidung zwischen zweckrationalem und wertrationalem Handeln (Beckert 1997a, S. 219). So wird hier eine funktionalistische Interpretation des Norm- bzw. Moralbegriffs deshalb zurückgewiesen, da sich die spezifische Qualität des Normbegriffs nicht im Funktionalismus der Institutionenökonomik erschöpft. Stellt man nämlich in Rechnung, dass sich das Spezifische des Normbegriffs gerade in dem „*gemeinsamen* Geteiltsein durch ein Kollektiv [begründet und somit eine] *intersubjektive* Geltung" (Münch 1999, S. 29; Hervorhebung EMW.) voraussetzt, dann müssen die historisch konkreten und sozial je spezifischen subjektiven Sinnkonstruktionen in den Blick genommen werden[25]. Da deren *wechselseitige* Abstimmung aber gerade nicht formalisiert werden kann, sondern stets ein sozial kontingenter Prozess bleibt, kann die im Funktionalismus unterstellte *Zwangsläufigkeit* der Unsicherheitsreduktion durch eine normative Einbettung wirtschaftlichen Handelns nicht mehr angenommen werden.[26] Sowohl Durkheim als auch Parsons plädieren daher für eine *nicht-funktionalistische* Lösung des Ordnungsproblems (Beckert 1997a, S. 204), wenngleich mit unterschiedlicher Begründung: Während Durkheim ein dezidiert *moralisch-ethisches* Interesse verfolgt, besteht Parsons Interesse in der Lösung eines analytischen Problems, nämlich der Positionsbestimmung der soziologischen Disziplin jenseits positivistischer Theorietraditionen wie der Neoklassik bzw. funktionalistischer Theorietraditionen wie der Institutionenökonomik (Beckert 1997a, S. 103 ff., 199 ff.).

Zwar stellen sich nun auch für Durkheim in der Auseinandersetzung mit funktionalistischen Interpretationen des Normbegriffs methodologische Fragen; entscheidend für ihn

---

[23] Analog hierzu Parsons Kritik am Normbegriff der Neoklassik bzw. der NIÖ (Münch 1999, S. 29).

[24] Wir sprechen dann von einer „sozialen Einbettung" wirtschaftlichen Handelns, wenn die Frage adressiert wird, wie wirtschaftliches Handeln wechselseitig abgestimmt und koordiniert wird („soziale Ordnung"), auch wenn beispielsweise Parsons selbst den Begriff gar nicht verwendet (Deutschmann 2007, S. 81). Es geht vorliegend weniger um den Begriff selbst (vgl. Abschn. 4.3.1), sondern vielmehr um die Gegenüberstellung zwischen funktionalen und normativen Interpretationen.

[25] Wir argumentieren hier implizit, dass die beiden (wirtschafts-)soziologischen Klassiker im Hinblick auf ihr *hermeneutisch-interpretatorisches* Potential stark zu lesen sind und folgen damit der Interpretation des Parsons'schen Werkes von Münch (1999, S. 32 f.). Dies ist freilich nicht ganz unproblematisch, wie Münch selbst für Parsons' Werkentwicklung anmerkt und seine strukturfunktionalistische bzw. systemtheoretische Lesart des Ordnungsproblems herausstellt (ebd.). Auch Beckert (1997b, S. 640 ff.) belegt für Durkheims Vertragstheorie einen normativen Determinismus, der der freien Entfaltung subjektiver Sinnsetzungen geradezu entgegen steht. Wenn wir hier also von einer werksgeschichtlichen Interpretation beider (wirtschafts-)soziologischer Klassiker absehen und diese eher in ihren sinn*verstehenden* Theorieelementen stark machen, so geschieht dies im Hinblick auf die in vorliegender Arbeit herausgestellten Vorzüge eines sozial-konstruktivistischen Zugriffs auf wirtschaftliches Handeln.

[26] Vergleiche für eine Kritik am funktionalistischen Institutionen- respektive Normverständnis auch Beckert (1997a, S. 55 ff.).

ist jedoch die soziale Frage der französischen Gesellschaft des späten 19. Jahrhunderts und die Lösung konkreter sozialökonomischer Probleme (Beckert 1997a, S. 103 ff.). So fragt Durkheim (1893) in seiner Studie „Über soziale Arbeitsteilung", ob eine moralische (solidarische) Gemeinschaft *allein* durch wirtschaftliches Handeln geschaffen bzw. abgesichert werden kann. Er kommt zu dem Ergebnis, dass die neoklassische Vertragstheorie keine gerechte Sozialordnung begründen kann und fordert daher eine moralische Einbettung des Vertrags, die den Opportunismus der wirtschaftlichen Akteure diszipliniert und so eine solidarische Gemeinschaft erst ermöglicht (Beckert 1997b).

Parsons Ausgangspunkt hingegen ist eine dezidiert analytische Fragestellung, nämlich die Suche nach einer Lösung des Ordnungsproblems, die die positivistischen Verkürzungen der Neoklassik, aber auch den Funktionalismus der Institutionenökonomik vermeidet, ohne umgekehrt auf die neoklassische Maximierungsannahme als *analytische* Kategorie verzichten zu müssen. Parsons schlägt daher vor, das Ordnungsproblem vermittels seiner „voluntaristischen Handlungstheorie" (Beckert 1997a, S. 203, 210) zu überwinden, mit der gleichzeitig die dem „Methodenstreit" systematisch vergleichbaren Auseinandersetzungen zwischen institutionalistischer und neoklassischer Ökonomie beigelegt werden soll (ebd.: S. 200). So plädiert Parsons nämlich für eine Handlungstheorie, die einerseits der historischen und sozialen Spezifität der normativen Elemente wirtschaftlichen Handelns Rechnung trägt und die Frage nach der wechselseitigen Abstimmung der Handlungs*ziele* (soziale Ordnung) folglich einer *empirischen* Rekonstruktion bedarf. Damit fällt dies aber in den Aufgabenbereich der Soziologie. Umgekehrt muss die neoklassische Maximierungsannahme als *analytisches* Instrument aber nicht verworfen werden. Vielmehr erlaubt diese die Erklärung der Auswahl von Handlungs*alternativen* (nämlich jene, die den subjektiven Nutzen maximiert) und fällt damit in den Aufgabenbereich der neoklassischen Ökonomie (ebd.: S. 210 ff.).

Gerade jene, im „Methodenstreit" herauskristallisierte Aufgabenteilung zwischen den beiden Disziplinen Ökonomie und Soziologie wird nun durch die der „Rational Choice"-Theorie nahe stehenden Argumentation von Granovetter (2001/[1]1985) herausgefordert und damit die „neue" Wirtschaftssoziologie begründet. Argumentiert wird, dass sich soziales und damit wirtschaftliches Handeln durch eine *strukturell* bedingte Entscheidungsunsicherheit auszeichnet und damit die Rationalität der Akteure nicht nur „begrenzt" ist (Simon 1955), sondern die *Möglichkeit* zu formal-rationalem Handeln grundsätzlich infrage gestellt werden muss. Dann aber wird die disziplinäre Aufgabenteilung zwischen Ökonomie und Soziologie obsolet (Beckert et al. 2007).

Der eindeutige Vorzug dieser Argumentation besteht darin, dass die *Möglichkeit* zu formal-rationalem Handeln herausgefordert wird, da der Anspruch erhoben wird, wirtschaftliches Handeln nicht bloß idealtypisch bzw. als analytische Kategorien zu fassen, sondern *empirisch* in den Blick zu nehmen (Eberle 2000, S. 165 ff.). Trotzdem ist die Argumentation der „Rational Choice"-Theorie im Hinblick auf die Frage nach dem Verhältnis von „Wirtschaft" und „Moral" problematisch, da zwar die *Möglichkeit* zur Nutzenmaximierung herausgefordert wird, nicht jedoch die Annahme, dass jedwedes Handeln als nutzenmaximierend zu verstehen ist. Die Sinnvielfalt möglicher Handlungsorientierungen wie wertrationale, traditionale oder auch affektuelle Handlungsmotive wird damit auf das Eigennutzaxiom reduziert (ebd.: S. 168, 177; vgl. Hedtke 2014, S. 68 ff.). Während also die neoklassische Maximierungsannahme als Idealtypus „entlarvt" wird, die sich für eine empirische Analyse wirtschaftlichen Handelns als wenig tragfähig erweist, wird die Eigennutz-Annahme durch die Hintertür wieder eingeführt, da sich diese *empirisch* bewährt hat (ebd.: S. 169, 177). So nimmt die „Rational Choice"-Theorie zwar Abstand von der neoklassischen Annahme universaler Präferenzen. Gleichzeitig wird aber ein bereits bestehendes mentales Modell bzw. eine multiple Anzahl an mentalen Modellen (Esser 2000, S. 786) vorausgesetzt, also ein Modell das gerade *nicht* das Ergebnis *sozialer* Konstruktionsprozesse sein kann. Ganz abgesehen davon, dass damit letztlich wieder ein (multiples) Gleichgewichtsmodell unterstellt wird, da die *wechselseitige* Abstimmung bereits bestehender mentaler Modelle keinen sozial kontingenten Konstruktionsprozess erforderlich macht, sondern sich in der „Logik der Aggregation" erschöpfen kann, wird der Rationalitätsbegriff auf diese Weise tautologisiert. Die Frage nach den *wechselseitigen* Bedingungsverhältnissen von „Wirtschaft" und „Moral" kann dann aber sinnvoller Weise gar nicht mehr gestellt werden. Wenn die „Rational Choice"-Theorie also für sich in Anspruch nimmt, die disziplinäre Aufteilung zwischen „erklärenden" und „verstehenden" Wissenschaften überwunden und sich von einer idealtypischen Setzung formal-rationalen Handelns verabschiedet zu haben (Eberle 2000, S. 165 ff.), so geschieht dies unter Inkaufnahme einer Tautologisierung der Rationalitätsannahme. Damit ist aber hinsichtlich eines genuin soziologischen Verständnisses wirtschaftlichen Handelns wenig gewonnen.

Das verhaltenswissenschaftliche Programm der Ökonomik, das sich selbst als eine Erweiterung der neoklassischen Rationalhandlungstheorie versteht, setzt dieser Kritik nun entgegen, dass der Mensch „natürlicherweise" ohnehin zunächst nicht zu opportunistischem Handeln neige, sondern zu freiwillig altruistischem Handeln (Osterloh und Frey 2005). Aus Sicht der Autoren stellt sich damit das Tautologisierungsproblem gar nicht. Unterstellt wird hier nun ein Reiz-Reaktions-Schema mit der sozialen Umwelt: So *verhält* sich der „homo reciprocans" so lange altruistisch, wie sein eigenes altruistisches Verhalten durch Alter Ego erwidert wird. Andernfalls verhält er sich opportunistisch.

Problematisch ist diese Annahme deshalb, da hier der Moralbegriff evolutiv gesetzt wird und damit biologistisch auf das *Verhalten* der Akteure verkürzt wird. In der Tat stellt sich dann das Tautologisierungsproblem nicht, allerdings nur, weil die Frage nach der sozialen Bedingtheit subjektiver Handlungsmotive erst gar nicht aufgeworfen wird. Gerade weil hier, so die Kritik von Deutschmann (2005b), die soziale Rahmung des Handelns mit der „psychologischen ‚Natur' konfundiert [wird]" (ebd., S. 366), kann dieses Programm zur Frage, *wie* sich das ökonomische Eigeninteresse und das gesellschaftliche Gemeinwohl (Moral) *wechselseitig* bedingen, nur wenig beitragen (vgl. auch Streeck 2007, 2010). So betont Deutschmann (ebd.), dass die Autoren Osterloh und Frey zwar zu Recht die dem Prinzipal-Agenten-Theorem zugrunde liegende Opportunismusannahme am Beispiel der Anreizkompatibilität leistungsorientierter Vergütung infrage stellen, da diese das Dilemma nämlich nicht auflösen, sondern ganz im Gegenteil die intrinsische Motivation der Mitarbeiter sogar verdrängen können. Um jedoch zu klären, wie sich Menschen in konkreten

Situationen verhalten, kann es nicht genügen, sich lediglich auf die psychologischen Dispositionen der Mitarbeiter zu berufen (Deutschmann 2005b, S. 366). Vielmehr kommt es auf die soziale und institutionelle Rahmung der Situation an, die im Falle der betrieblichen Arbeitsorganisation eine ganz andere ist als jene, in dem von den Autoren diskutierten Experiment der Freiwilligenarbeit. Wenn Unternehmen demnach vor dem Problem stehen, die intrinsische Motivation ihrer Mitarbeiter zu „gewährleisten", so handelt es sich hierbei eben „nicht um einen Konflikt zwischen einer prosozialen menschlichen ‚Natur' und einer falschen, nämlich den ökonomischen Egoismus fördernden ‚corporate governance', [sondern um die] innere Ambivalenz der institutionellen Verfassung der Unternehmen selbst" (ebd.: S. 367). Um den im Vertragsnexus unweigerlich eingebauten Instrumentalismus der Mitglieder zu neutralisieren, bedarf es daher eines institutionell abgesicherten innerbetrieblichen Status, der die betriebliche Machtasymmetrie einschränkt und den Beschäftigten institutionelle und persönliche Anerkennung gewährt. Erst auf diesem institutionell abgesicherten Boden kann sich die Bereitschaft der Mitglieder entwickeln, in den kollektiven Erfolg des Unternehmens zu investieren und ermöglicht die Ausbildung von Loyalitäts- und Vertrauensbeziehungen jenseits des Vertragsnexus (ebd.: S. 367; Deutschmann 2002, S. 139 ff., insb. 144; Streeck 2008, S. 168).

Das heißt also für die uns hier interessierende Frage, ob durch wirtschaftliches Handeln eine „nachhaltige" Wirtschaft respektive eine moralische Gemeinschaft etabliert werden kann, dass diese vermittels des verhaltenswissenschaftlichen Programms nur unzureichend beantwortet werden kann. Dies deshalb, da die soziale Rahmung des *Handelns* aus dem Blick fällt und damit Phänomene *strukturell* bedingter Machtasymmetrien aus theoretischen Gründen ein blinder Fleck bleiben müssen (Deutschmann 2005b; Streeck 2008). Gerade dieser Fokus wäre ja aber zentral, um entscheiden zu können, ob „nachhaltige" Aktieninvestoren dazu beitragen können, eine Verteilungsgerechtigkeit zwischen den Interessen aller „Stakeholder" zu schaffen und damit tatsächlich eine „Moralisierung" der (Kapital-)Märkte leisten.

Weitaus fruchtbarer für einen *genuin soziologischen* Zugriff auf wirtschaftliches Handeln, der gleichzeitig die strukturell bedingten Machtasymmetrien auf Märkten in den Blick nimmt, ist der handlungstheoretische Entwurf von Beckert (1997a).[27] Formal-rationales Handeln wird auch hier durch eine *strukturell* begründete Entscheidungsunsicherheit infrage gestellt. Darüber hinaus wird jedoch zweitens die Annahme des *Gleichgewichtstheorems* in *sozialen Situationen* zurückgewiesen (ebd.: S. 33 f., 403 ff.).[28] Ebenfalls wie

---

[27] Vergleiche Abschn. 4.3.4.

[28] Die Gleichgewichtsannahme ist zwangsläufig der neuralgische Punkt zwischen „verstehenden" und „erklärenden" Theorien. Zwar betonen auch jene Autoren der Wirtschaftssoziologie, die eine Nähe zur „Rational Choice" aufweisen, dass subjektive Präferenzen (Handlungsmotive) das Ergebnis *sozialer* Konstruktionsprozesse (Swedberg 2003, S. 3; Hervorhebung EMW.) sein müssen, die je nach „Definition der Situation" – so Esser (1996) im Anschluss an Schütz' phänomenologischer Lebensweltanalyse – variieren können. Allerdings wird unterstellt, dass ein bereits bestehendes mentales Modell diesem Konstruktionsprozess voraus geht und damit auch unter Einbezug sozialer Situationen die Gleichgewichtsannahme aufrecht erhalten bleiben kann. Anders wäre Essers Anspruch auf eine „erklärende" Soziologie logisch ja auch gar nicht einzulösen.

die „Rational Choice"-Theorie respektive Granovetters Ansatz der „sozialen Einbettung"
kann Beckert damit auf eine *normative* Begründung wertrationalen Handelns in ökonomischen Kontexten verzichten, ohne umgekehrt eine Tautologisierung des Rationalitäts-
begriffs in Kauf nehmen zu müssen. Dies deshalb, da die Orientierung an unsicherheits-
reduzierenden Norm- und Wertvorstellungen eben *auch scheitern* kann, da Institutionen
nicht total sind (ebd., S. 409 ff.). Obwohl Beckert damit also die entscheidende Grundlage
einer *soziologischen* Analyse wirtschaftlichen Handelns gelegt hat, fokussiert er in seinem
handlungstheoretischen Entwurf nunmehr weniger auf eine Rekonstruktion des *subjektiven Sinns* (Handlungsmotivationen), den Wirtschaftsakteure ihrem Handeln zugrunde
legen, sondern auf die Handlungs*situation*. Dies ist kein Zufall, da sich Beckert in seiner Argumentation auf die pragmatistische Handlungstheorie bezieht und damit (soziales) Handeln *situativ* erfasst und nicht vom *Bewusstsein* her rekonstruiert (vgl. Joas 1996,
S. 216, Fn. 3). Wir haben daher vorgeschlagen, in Beckerts Argumentation an jener Stelle
abzuzweigen, an der er sich von einer phänomenologischen Fundierung seiner Handlungstheorie verabschiedet (Beckert 1997a, S. 361 f.).

Gewendet auf die Frage nach der Beziehung zwischen zweckrationalem und wertrationalem Handeln hieße dies also zum einen, dass rationales Handeln nur *eine* von mehreren
möglichen Handlungsmotiven ist, und zum zweiten, dass tatsächlich ein *wechselseitiges*
Konstitutionsverhältnis zwischen subjektivem Sinn (Handlungsmotivationen) und der
sozialen Situation geschaffen wird. Ob sich wirtschaftliche Akteure demnach von wertrationalen Handlungsmotiven leiten lassen und vom Prinzip der Nutzenorientierung abweichen, muss folglich empirisch entschieden werden und zwar in der Analyse der historisch
spezifischen Situation (hier: „deutsches Modell" versus Finanzmarktkapitalismus) als auch
des subjektiven Wissensvorrats[29] des jeweiligen Akteurs (hier: z. B. Ausbildungswege, Ver-
gütungsformen, organisatorisches Umfeld).

Mit Blick auf die empirische Analyse unseres eigenen Fallmaterials im folgenden Kapitel, verdichten wir unsere Kritik an der bestehenden „Moralisierungsdebatte" zu den
folgenden fünf Kernpunkten, die umgekehrt als „Anforderungen" an unseren eigenen
Vorschlag zur Analyse des Verhältnisses von „Wirtschaft" und „Moral" dienen.

- „Moralisches" Handeln darf erstens *nicht psychologisiert* werden. Entgegen den Annahmen des verhaltensökonomischen Programms ist Handeln nämlich nicht „natürlicher-

---

[29] Wenn es um die Frage des „Wissens" geht, wird in der wirtschaftssoziologischen Literatur vor
allem die in der Tradition der Postmoderne stehende Finanzsoziologie bemüht (z. B. Knorr Cetina,
Langenohl, Kalthoff). Wie wir gezeigt haben, sind damit bestehende sozialkonstruktivistische Zugriffe in der Wirtschaftssoziologie unterrepräsentiert, die aber gleichwohl zu finden (z. B. Aspers
2007; Engels 2010). Uns ging es daher in erster Linie um eine Begründung der Vorzüge sozialkonst-
ruktivistischer Zugriffe auf die Kategorie des „Wissens" gegenüber postmodernen Ansätzen. In zweiter Linie galt es das sozialkonstruktivistische Profil zu präzisieren. So differenziert beispielsweise
Aspers in seiner Arbeit zu den unterschiedlichen Markttypen (Standard- und Statusmärkten) nicht
zwischen Legitimierungs- und Institutionalisierungsprozessen und „verschenkt" damit ja gerade das
sozialkonstruktivistische Potential, sozialen Wandel zu erklären.

weise" durch Moral, Vertrauen und Reziprozität geprägt, wie dies im verhaltenstheore-
tischen Handlungsmodell des „homo reciprocans" unterstellt wird. Vielmehr beziehen
sich die „Bedingungen" für „moralisches" Handeln mit Durkheim immer schon auf
Fragen einer *gesellschaftlichen* Gerechtigkeit (Müller 1992). Für das Verhältnis zwischen
„Wirtschaft" und „Moral" heißt dies dann, dass aus soziologischer Sicht gerade die his-
torisch- und sozial-spezifischen Bedingungen interessieren, die klären, *wie* gesellschaftliche Erwartungen auf den subjektiv gemeinten Sinn der Handelnden einwirken und
wie die Handelnden auf diese soziale Rahmung zurückwirken.

- „Moralisches" Handeln darf in wirtschaftssoziologischen Analysen zweitens *nicht normativ* gesetzt werden, wie dies in normativ-deterministischen Theorietraditionen der
  Fall ist. Offen bleibt dann nämlich die Frage, *warum* sich Akteure moralisch verhalten
  sollten. Gewendet für die Frage „moralischen" Konsums hieße dies, dass die Frage offen
  bliebe, *warum* sich Bürger in ihrer Rolle als Konsumenten einerseits individuell rational
  verhalten sollten und andererseits in ihrer Rolle als Staatsbürger eine Beschränkung
  ihrer individuellen Freiheiten zum Wohle der Gemeinschaft freiwillig akzeptieren sollten (vgl. Hedtke 1999).
- Drittens zeichnet sich die „Moralisierungsdebatte" dadurch aus, dass *„moralisches" Handeln tautologisiert* wird. Dies geschieht sowohl im neoklassischen Programm als auch
  der NIÖ bzw. der „Rational Choice"-Theorie. Während die Neoklassik nun unterstellt,
  dass eine Steigerung des individuellen Nutzens gleichzeitig den kollektiven Wohlstand
  erhöht und damit nutzenmaximierendes Handeln gleichzeitig moralisches Handeln ist,
  dient „Moral" aus Sicht der NIÖ als eine funktionale Voraussetzung zur Reduktion von
  Entscheidungsunsicherheit. Gerade weil sich nun aber ökonomische Entscheidungssituationen durch strukturell bedingte Unsicherheiten auszeichnen, kann nicht formal
  zwischen „sozialen" und „nicht-sozialen" Situationen des Wahlhandelns unterschieden
  werden. „Moral" als Rahmung und Begrenzung wirtschaftlichen Handelns kann damit selbst nicht rational erschaffen werden. Anders als es die NIÖ bzw. die „Rational
  Choice"-Theorie unterstellt, ist diese vielmehr das Ergebnis eines gesellschaftlichen
  Konstruktionsprozesses, der zwar zielgerichtet verlaufen *kann*, aber nicht muss. Dieser
  kann ebenfalls geprägt sein von unintendierten Effekten und Pfadabhängigkeiten. Daraus folgt mit Blick auf das Verhältnis von „Wirtschaft" und „Moral" zweierlei:
  Zum einen ist „moralisches" bzw. „wertrationales" Handeln dann als ein *eigenständiger* Handlungstypus zu verstehen, das als ein gleichberechtigtes Handlungsmotiv neben
  der „Zweckrationalität" besteht und weder funktionalistisch ineinander überführt noch
  tautologisiert werden kann. Zum anderen folgt daraus, dass die Ziele „moralischen"
  Handelns nicht universal und ahistorisch festgelegt sind, sondern anschlussfähig sein
  müssen an die gesellschaftlichen Vorstellungen von „Moral" und somit Wandlungspro-
  zessen unterliegen.
- Viertens darf die Frage nach dem Verhältnis von zweckrationalem und wertrationalem
  Handeln nicht vorschnell auf eine *Entkopplung zwischen Formal- und Aktivitätsstruktur*
  reduziert werden, wie dies im Neo-Institutionalismus geschieht. Dann nämlich wird die
  Frage nach einer „Moralisierung" der Wirtschaft vorschnell entscheidungstheoretisch

gelesen und prinzipiell unterstellt, dass Wirtschaftsakteure „moralische" Erwartungen lediglich auf der nach außen hin kommunizierten Formalstruktur abhandeln, in der gelebten Unternehmenspraxis aber mit keiner Anpassung zu rechnen ist. Damit können *tatsächlich* stattfindende Veränderungen in der Aktivitätsstruktur aber analytisch erst gar nicht in den Blick genommen werden, geschweige denn die Frage, *warum* sich Wirtschaftsakteure in ihrem Handeln durch eine moralische Rahmung leiten lassen sollten.

- Fünftens bleibt in der bestehenden „Moralisierungsdebatte" die Frage nach der *gesellschaftlichen Legitimation eines Handlungsmotivs* weitgehend offen. Wenn nämlich Handelnde „natürlicherweise" weder nutzenmaximierend noch wertrational handeln – wie dies beim „homo oeconomicus" respektive dem „homo sociologicus" unterstellt wird –, dann ist es eine empirische Frage, welches Handlungsmotiv als gesellschaftstheoretischer Primat gilt (Schimank 2002, S. 158 ff.; vgl. auch Hedtke 2014, S. 68 ff.). Das heißt in der Konsequenz, dass aus Sicht des Handelnden eben nicht nur „wertrationale" respektive „moralische" Handlungserwartungen als Restriktion wahrgenommen werden, sondern umgekehrt auch zweckrationale Handlungsmotive restriktiv wirken können. Dies nämlich dann, wenn infolge der funktionalen Differenzierung der soziale Interdependenzdruck steigt und den „homo oeconomicus" zum gesellschaftstheoretischen Primat macht (ebd.: S. 158). Gleichzeitig einher geht damit eine kulturelle Aufwertung von Eigeninteressen und die Verbreitung einer interessenkalkulierenden (und eben keiner intrinsisch-motivierten) Normkonformität (ebd.: S. 160 ff.). Dann aber werden alle jene Handelnde übervorteilt, die *nicht* nutzenmaximierend handeln *wollen*; die Nutzenmaximierung wird damit aus deren Perspektive zur Handlungs*restriktion*.[30]

---

[30] Für Wirtschaftsorganisationen entwickelt Schimank in einer späteren Arbeit (Schimank 2008) eine Entscheidungsmatrix, die unterschiedliche „Spielarten gesellschaftlicher Ökonomisierung" (ebd.: S. 231) typisiert. Darin unterscheidet er zwischen drei Möglichkeiten der Ökonomisierung: dem Zwang, dem Wille und dem Können zur Ökonomisierung. Insbesondere in Branchen, die sich bislang dem Non-Profit-Sektor zugerechnet haben (z. B. Universitäten, Museen, Krankenhäuser) und sich jetzt ökonomisieren *müssen*, dies aber *nicht wollen* bzw. auch *nicht können*, sieht er einen erzwungenen Wandel von einem professionellen Ethos hin zu einem erlernten „Unternehmerethos" am Werk (ebd.).

Die Moralisierung der Finanzmärkte als eine Kritik der zunehmenden Finanzmarktorientierung? Die empirische Analyse

Wir haben im vergangenen Abschnitt darauf verwiesen, dass sich in Kritik an den kurzfristigen Verzinsungsinteressen der Kapitalmarktakteure jüngst eine Debatte um das Verhältnis von „Wirtschaft" und „Moral" entsponnen hat. Zugrunde liegt dieser Debatte die Annahme, dass durch wirtschaftliches Handeln eine „moralische Gemeinschaft" respektive eine „nachhaltige" Wirtschaft etabliert werden kann. Problematisch sind die hier entworfenen Szenarien meines Erachtens aber deshalb, da die den Argumentationen zugrunde liegenden Moralverständnisse tautologisch sind oder den Moralbegriff funktionalistisch verkürzen. Mit Blick auf die empirische Frage, ob Märkte „moralische" Gemeinschaften erschaffen können, sind diese folglich wenig trennscharf. Wir haben daher vorgeschlagen, für die Analyse „nachhaltiger" Wirtschaftsformen ein sozial-konstruktivistisches Handlungsverständnis zugrunde zu legen, das die *wechselseitigen* Konstitutionsverhältnisse zwischen subjektivem Sinn und gesellschaftlich konventionalisiertem Sinn in den Blick nimmt. Damit kann nicht nur den historisch und sozial spezifischen Bedingungsverhältnissen von „Moral" und deren Wandel Rechnung getragen werden, sondern auch der strukturell bedingten Machtasymmetrie kapitalistischer Wirtschaftsordnungen.

Analog zu der oben diskutierten Frage um eine „Moralisierung" von Unternehmen, entspinnt sich jüngst die Debatte, ob sich nicht auch auf Kapitalmärkten selbst in Form von „nachhaltigen" Aktienanlagen ein Marktdruck gegenüber Unternehmen aufbauen lässt, der diese zu mehr Verantwortung gegenüber ihren Beschäftigten bewegt („soziale Nachhaltigkeit"). Darunter fallen im Kern die ILO-Kernarbeitsnormen (v. a. Koalitionsfreiheit, Abschaffung von Kinderarbeit), aber auch darüber hinaus Fragen der Personalpolitik und -entwicklung, der Entlohnung, der Arbeitsplatzsicherheit sowie der betrieblichen Sozialleistungen.[1] Unterstellt wird damit, dass „nachhaltige" Finanzinvestoren auf Unternehmensstrategien Einfluss nehmen können und es somit der (Kapital-)Markt ist, der in Unternehmen eine „moralische Gemeinschaft" entstehen lässt.

---

[1] Siehe ausführlicher Abschn. 5.3.2.

E.-M. Walker, *Die Moralisierung der Finanzmärkte als Fiktion*, Wirtschaft und Gesellschaft, 87
DOI 10.1007/978-3-658-05502-8_5, © Springer Fachmedien Wiesbaden 2015

Ganz abgesehen nun von der Tatsache, dass Finanzinvestoren grundsätzlich Unternehmensstrategien nicht erzwingen können, sondern Unternehmen diesen Erwartungen in Abhängigkeit ihrer jeweils (wahrgenommenen) Kapitalmarktexposition Rechnung tragen, stellt sich für „nachhaltige" Finanzinvestoren im Speziellen die Frage, ob das Fondsvolumen überhaupt groß genug ist, um der Option „Exit" tatsächlich Wirkmacht zu verleihen. Viel grundsätzlicher stellt sich m. E. aber neben der Frage, ob „nachhaltige" Finanzinvestoren überhaupt Einfluss nehmen *können*, die Frage, welche Zielsetzung „nachhaltige" Finanzinvestoren mit ihrem Einflussinteresse verbinden und ob tatsächlich davon gesprochen werden kann, dass Finanzinvestoren in Unternehmen „moralische" Gemeinschaften etablieren können.

Wir werden der folgenden empirischen Analyse unseres Fallmaterials nun die *These* zugrunde legen, dass „nachhaltige" Anlageformen zwar mehr als eine bloße Fassadenpolitik sind und es im Unternehmensbewertungsverfahren tatsächlich zu einer Anpassung des Modells kommt; diese Anpassung aber aus einer *instrumentellen* Perspektive heraus erfolgt. Diesen Instrumentalismus prüfen wir entlang von zwei „Prüfvariablen":

1. erstens den *Begründungsordnungen* der befragten Kapitalmarktakteure zur Entstehung „nachhaltiger" Aktienfonds. Werden die Zielsetzungen von Nachhaltigkeitsfonds primär damit begründet, dass mit Hilfe „nachhaltiger" Anlagekriterien die Risiken im Investmentprozess abgesenkt werden können, dann dienen „nachhaltige" Anlagestrategien lediglich als ein Instrument zur Senkung von Informationsasymmetrien.
2. zweitens dem Verhältnis von „nachhaltigen" Anlagestrategien und der Möglichkeit *„organisationalen Lernens"*. Wir haben in Kap. 3 gezeigt, dass infolge der zunehmenden Finanzmarktorientierung in Unternehmen die für innovative Prozesse so konstitutive organisationale Autonomie eingeschränkt wird. Problematisch ist dies mit Blick auf die Entfaltung des kreativen Potentials der Beschäftigten deshalb, da die bis dato gemeinschaftlichen betrieblichen Sozialordnungen auf ihren reinen Austauschcharakter reduziert werden und sich so die Beschäftigten wenig zu Loyalität und Eigeninitiative verpflichtet fühlen.

Wenn „nachhaltige" Finanzinvestoren nun mit ihrer Anlage den Interessen aller Stakeholder Rechnung tragen und den kurzfristigen Verzinsungsinteressen „konventioneller" Investoren kritisch entgegen treten wollen, so wäre zunächst zu erwarten, dass „nachhaltige" Investoren ein positiveres Klima für betriebliche Lernprozesse schaffen. Wir werden hierzu die von den Befragten geäußerten Anlageziele „nachhaltiger" Aktienfonds in den Blick nehmen und prüfen, ob diese Prozesse „organisationalen Lernens" befördern können. Wir legen unserer Analyse die *These* zugrunde, dass „nachhaltige" Finanzinvestoren zwar *individuell* Kritik an der fehlenden Solidarität auf Märkten üben (können), sie aber in ihrem *Handeln* zwangsläufig in der instrumentellen Perspektive des (Kapital-)Marktes verbleiben. Trotz ihres Selbstanspruchs, die Interessen aller Stakeholder berücksichtigen zu wollen, gelingt es ihnen folglich nicht, vertrauensvolle und loyale Sozialbeziehungen als der entscheidenden Grundlage innovativer Arbeitspolitiken innerhalb des Unternehmens zu „installieren".

5.1 Einordnung des Datenmaterials, der Befragten und der Methode

Im Erhebungszeitraum zwischen Januar 2007 und Juni 2008 haben wir Expertengespräche mit insgesamt 20 Vertretern von acht Investmentgesellschaften (I1-I8), zwei Universalbanken (C1, C2) und zwei Ratingagenturen (R1, R2) geführt. Die Gespräche erfolgten entweder als Einzel- oder als Gruppengespräche. Bei der Durchführung der Gruppengespräche haben wir darauf geachtet, dass die Befragten in keiner hierarchischen Abhängigkeit zueinander stehen, sodass sich auch im Gruppengespräch eine offene Gesprächskultur entwickeln konnte.

Zusätzlich wurde eine vierwöchige Feldstudie bei der Universalbank C2 durchgeführt mit dem Ziel, unser Untersuchungsfeld mit Hilfe von sogenannten „sensibilisierenden Konzepten" (Blumer 1954, zit. nach Kelle und Kluge 2010, S 28 ff.) zu erschließen. Kelle und Kluge argumentieren hier im Anschluss bzw. in Erweiterung an Blumer, dass sich auch qualitative Forschungsstrategien nicht völlig voraussetzungslos ihrem empirischen Gestandsbereich annähern sollten – er bezeichnet dies als das „induktivistische Selbstmissverständnis" (ebd.: S. 18) der qualitativen Sozialforschung –, sondern vielmehr, dass diese im Unterschied zu quantitativen (und damit deduktiven) Forschungsstrategien ihre zugrunde liegenden (theoretischen) Konzepte im Forschungs*prozess* immer wieder anpassen und nachjustieren sollten. Konkret bedeutete dies für unseren Forschungsprozess zum einen, dass wir im Rahmen der Feldstudie Hintergrundwissen gewinnen konnten, das für die Einordnung der Daten in das Gesamtverständnis „Finanzmarkt" wichtig war. Zentrale Fragen waren hier die nach den organisatorischen und inhaltlichen Abläufen der Analysten- bzw. Fondsmanagertätigkeiten, den Berichtsstrukturen sowie den strukturellen Abhängigkeiten im Feld „nachhaltiger" Aktienanalyse. Zum anderen hatte dieser Feldaufenthalt zur Folge, dass wir unsere Ausgangsfragestellung anpassen mussten, da sie sich aus der Perspektive der Befragten als irrelevant herausgestellt hat. So sind wir ursprünglich vor dem Hintergrund des Prinzipal-Agenten-Theorems mit der Frage gestartet, ob „nachhaltige" Finanzinvestoren der „Managerherrschaft" besser Einhalt gebieten können als „konventionelle" Finanzinvestoren, da sie infolge ihrer qualitativen Bewertungsschemata und ihrem fundierten Fachwissen[2] weniger mit dem Problem der Informationsasymmetrie konfrontiert sind. Wie sich im Rahmen der explorativen Feldstudie herausstellte, ist das Fondsvolumen „nachhaltiger" Aktienfonds im Vergleich zu „konventionellen" Anlageformen aber viel zu gering, um über die Option „Voice" überhaupt Einfluss nehmen zu können. Dies führte dazu, dass wir unseren Fokus verschoben haben und bei unserer jetzigen Fragestellung nach den Handlungsmotivationen der Befragten angelangt sind: Von Interesse ist nicht mehr, ob „nachhaltige" Finanzinvestoren infolge struktureller Gründe kontrollieren *können*, sondern vielmehr, ob sie kontrollieren *wollen* oder ob es sich hierbei eher um ein Investmentleitbild handelt, das in der Analysepraxis keine Anwendung findet.

---

[2] Anders als „konventionelle" Finanzinvestoren verfügen „nachhaltige" Finanzinvestoren meist über ein fachwissenschaftliches Studium (v. a. naturwissenschaftliche Studiengänge), das durch die Finanzausbildung lediglich ergänzt wird. Vergleiche dazu ausführlicher Abschn. 5.3.1.2.

Das qualitative Forschungsdesign wurde ergänzt durch eine Dokumentenanalyse der Fondsprospekte sowie der Nachhaltigkeitsratings (vgl. Anhang 3) mit dem Ziel, die nach außen hin *kommunizierten* Zielsetzungen „nachhaltiger" Anlagestrategien in den Blick zu nehmen und mit den Befragtenaussagen zu kontrastieren.

Die Auswahl der Befragten erfolgte nach dem Prinzip der empirischen Sättigung. Das heißt, wir haben jeweils nach Gesprächsende die Befragten darum gebeten, uns die aus ihrer Sicht relevanten Akteure im Feld „nachhaltigen" Investments zu nennen. Dieses Schneeballverfahren hat zwar den eindeutigen Vorzug, dass man als außenstehender Forscher schnell einen Überblick über die zentralen Akteure des Felds gewinnt; problematisch ist dieses m. E. aber vor allem deshalb, da die Sicherung der Anonymität *zwischen* den Befragten dadurch aufwendiger wird. So war es für den Gesprächsbeginn geradezu charakteristisch, dass sich die Befragten zunächst einmal nach den aktuellen Mittelzuflüssen in den Konkurrenzhäusern erkundigten sowie dem Umsetzungsgrad „nachhaltiger" Bewertungskriterien in der Aktienanalyse. Mit dem Verweis auf die wissenschaftlichen Gütekriterien konnte diese „Neugier" der Befragten aber besänftigt werden. Da vier der empfohlenen Portfoliomanager zu keinem Gespräch bereit waren bzw. sich nur die Öffentlichkeitsabteilung zur Verfügung gestellt hat, konnte eine empirische Sättigung nicht vollständig erzielt werden. Gemessen am Volumen „nachhaltiger" Aktienfonds im deutschsprachigen Raum, werden von den von uns befragten Fondsmanagern bzw. Analysten etwas mehr als ein Viertel des gesamten Fondsvolumens „nachhaltiger" Geldanlagen verwaltet (vgl. Anhang 2). Bei der Auswahl der Gesprächspartner haben wir darauf geachtet, dass alle Befragten Angestellte „konventioneller" Investmentbanken bzw. Universalbanken sind, das heißt, wir haben uns bewusst gegen die Befragung von „nachhaltigen" Finanzinvestoren bei sogenannten Ethikbanken (z. B. GLS-Bank) entschieden, da es uns mit Blick auf die „Moralisierung" von (Kapital-)Märkten gerade um mögliche Konfliktlinien zwischen „konventionellen" und „nachhaltigen" Anlagekriterien geht.

Befragt wurden nun jene Berufsgruppen des Kapitalmarktes, die mit dem Management, dem Verkauf sowie der Analyse von Investmentfonds beschäftigt sind. Als Investmentfonds bezeichnet man eine Anlageform, die die Gelder von vielen Einzelanlegern bündelt, um diese nach vorab vereinbarten Risikobestimmungen in verschiedenen Anlageklassen (z. B. Aktien, Immobilien, Anleihen, Derivate) zu investieren (Deutscher Sparkassenverlag 2007, S. 11 ff.; vgl. auch Büschgen 2006, S. 522). Die hier analysierten Investmentfonds investieren ausschließlich in Aktien, da uns die Erwartungen der Finanzinvestoren an Unternehmen interessieren. Gemeinhin werden zwischen zwei Grundtypen von Investmentfonds unterschieden: den offenen und den geschlossenen Investmentfonds. Während geschlossene Investmentfonds nur eine bestimmte Anzahl an Anteilen über eine fest begrenzte Anlagesumme ausgeben, ist die Zahl der Anteile bei offenen Fonds unbestimmt. Nur letztere unterliegen dem Investmentgesetz und interessieren in dieser Arbeit. Offene Investmentfonds richten sich nun sowohl an Privatanleger („Publikumsfonds") als auch an institutionelle Anleger wie Versicherungsunternehmen, Pensionskassen oder Stiftungen („Spezialfonds") (Wurm et al. 2003, S. 223 ff.). Die hier untersuchten „nachhaltigen" Aktienfonds sind Publikumsfonds (siehe Anhang 2). Aktienfonds unterscheiden sich darüber hinaus vor allem hinsichtlich ihrer Anlageregion (z. B. Europa oder global), der Größe der investierten Unternehmen (small, mid, large) sowie des Anlagestils bzw. Anlagehorizonts. Unterschieden wird hier im Kern zwischen zwei Anlagestilen: Zum einen dem substanzwertorientierten „value"-Stil, der eher langfristig in Unternehmen investiert, die eine kontinuierliche Dividendenausschüttung aufweisen und ein langfristiges Kurswertwachstum erwarten lassen und zum anderen dem wachstumsorientierten „growth"-Stil, der in Wachstumsunternehmen investiert, die auf kurzfristige Sicht Kurswertanstiege zu verzeichnen haben. Der Anlagestil „blend" ist kein eigenständiger Investmentstil, sondern nimmt nur die Mittelposition zwischen beiden Stilen ein (Postert 2007). Diese „Strukturmerkmale" von Aktienfonds sind für uns nur insoweit relevant, als die von den Befragten geäußerten Begründungsordnungen zur Zielsetzung von „nachhaltigen" Aktienfonds nicht zwangsläufig in kausaler Abhängigkeit zu dem Investmentstil des von ihnen gemanagten Aktienfonds stehen.[3]

Beschäftigt mit dem Fondsmanagement sind nun erstens *Fondsmanager*, die Angestellte einer Investmentbank sind und die die Entscheidung über die Investition bzw. Deinvestition in Aktiengesellschaften treffen. Sie stützen sich in ihrer Entscheidung auf die Arbeit der Analysten. Befragt wurden daher zweitens *Analysten*, die ebenfalls Angestellte einer Investment- oder Universalbank sind und die die Aufgabe haben, Aktienanalyse (sogenanntes „research") zu betreiben. In der „konventionellen" Aktienanalyse erfolgt diese Arbeit in Teams, die je nach Größe des Investmenthauses nach den Hauptindustriebranchen organisiert sind. Das heißt, es gibt Analysten für „Luftverkehr", für „Versorger" oder „Konsumgüter". Bereits die Arbeitsorganisation der Analystenarbeit macht deutlich, dass die gewonnenen Finanzinformationen nicht formal und „objektiv" verarbeitet werden können, sondern vor dem Hintergrund des je eigenen branchenspezifischen Erfahrungswissens „interpretiert" werden müssen. Die Arbeitsorganisation „nachhaltiger" Analystenteams kann infolge kleinerer Teamgrößen nicht ganz so spezialisiert erfolgen; ein Nachteil, der durch branchenspezialisierte Ratingagenturen teilweise wieder auszugleichen versucht wird. Prinzipiell wird in der Analystenarbeit zwischen zwei Formen der Analyse unterschieden: der buy-side- und sell-side-Analyse. *Sell-side-Analysten* sind bei einer Universalbank angesiedelt und haben primär die Aufgabe, den Verkauf hauseigener Fonds voranzutreiben. Ihre Studien werden daher häufig auch als Marketingstudien bezeichnet, da sie weniger für die hausinterne Nutzung gedacht sind, sondern für die Kunden des Investmenthauses geschrieben werden. Sie sehen sich daher auch dem Vorwurf ausgesetzt, weniger „objektiv" zu sein. Die *buy-side-Analyse* ist bei der Investmentbank selbst angesiedelt und ihre Analysen sind vor allem für den hausinternen Gebrauch bestimmt, also für die Investitionsentscheidungen des Fondsmanagements desselben Investmenthauses.

---

[3] Für eine Übersicht der „Strukturmerkmale" der analysierten „nachhaltigen" Aktienfonds, siehe Anhang 2. Dass diese nur bedingt Aufschluss über die Begründungsordnungen der Befragten geben, werden wir im Verlauf der Auswertung der empirischen Daten sehen.

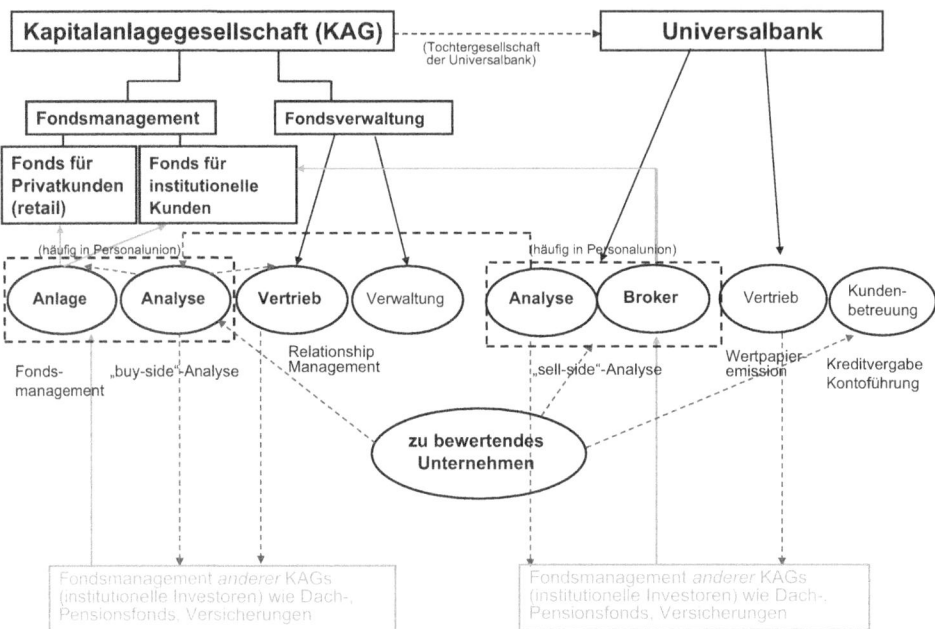

Abb. 5.1 Überblick über die Aufgabenverteilung der beteiligten Beschäftigten am Fondsmanagement (erweitert nach Faust et al. 2010, S. 40; Büschgen und Börner 2003)

Auch wenn sie weniger als sell-side-Analysten dem Vorwurf „interessierter Bewertungen"[4] ausgesetzt sind, können auch sie die „Marktmeinung" nie gänzlich ignorieren, denn das „feeling" für den Markt haben die sell-side-Analysten. Sie sind es, die den direkten Kontakt zu den Investoren pflegen und daher auch als „Ideenlieferer" (I7_A1) für neue Investmentthemen gelten (z. B. Klimawandel, alternde Bevölkerung, Fachkräftemangel) (vgl. auch Faust et al. 2010, S. 44 ff.). Drittens wurden Beschäftigte des *Vertriebsbereichs* befragt, die den direkten Kontakt zu institutionellen Investoren wie Stiftungen oder Kirchen unterhalten und die Aufgabe haben, Anlagegelder einzuwerben, also Fondsanteile zu verkaufen.

Abbildung 5.1[5] gibt einen kurzen Überblick über die Aufgabenverteilung der beteiligten Beschäftigten am Fondsmanagement und die organisatorische Aufteilung zwischen Universalbank und Investmentbank.

Der Feldzugang gestaltete sich zu unserer eigenen Überraschung, bis auf die genannten vier Fälle, als bewältigbar. Dies begründete sich zum einen darin, dass wir unseren Erstkontakt im Anschluss an das Projekt von Faust und Bahnmüller (2010) zum „kapitalmarktorientierten Unternehmen" gewinnen konnten. Zum anderen lag dies sicherlich auch daran, dass ich in der Rolle der „Stipendiatin" weniger als Wissenschaftlerin wahrgenommen wurde, sondern eher als Studentin, der man die Zusammenhänge auf den Ka-

---

[4] Auf das Problem „interessierter Bewertungen" sowie den strukturellen Interessenkonflikten zwischen Universalbanken und Investmentbanken kommen wir noch zu sprechen (vgl. Abschn. 5.2).

[5] Legende: „→" Kapitalfluss; „--→" Informationsfluss. Die mit dem Fondsmanagement, dem Fondsvertrieb sowie der Fondsanalyse befassten Befragten haben die fett markierten Aufgabenfelder inne.

pitalmärkten erklären muss. Für den Gesprächsverlauf hatte dies – abgesehen von Status-
fragen – m. E. den Vorzug, dass so eine offene Gesprächssituation entstehen konnte und
vor allem die Befragten zu ausführlichen Gesprächen bereit waren.

Die Gespräche selbst sowie deren Auswertung erfolgten nach der Methode des „problemzentrierten Interviews" (Witzel 1989), das es ermöglicht, einerseits die heuristischen
Konzepte in die Fragebogengestaltung einfließen zu lassen, diese aber andererseits nie
starr zur Anwendung gebracht werden, sondern die „Befragten [...] ihre Problemsicht
auch gegen die Forscherinterpretation und [die] in den Fragen implizit enthaltenen Unter-
stellungen zur Geltung bringen können" (ebd.: S. 232). Dies kam im Laufe der Gespräche
vor allem bei dem Themenkreis „Moral" der Kapitalmärkte zum Tragen. Unsere Aus-
gangsüberlegung war hier, dass aus Sicht der Finanzinvestoren Fragen der „Moral" respektive der Verteilungsgerechtigkeit nur mit Blick auf das Anlageleitbild eine Rolle spielen,
aber keine tatsächliche Umsetzung dieses Leitbildes zu erwarten ist. Wie sich im Laufe
der Gespräche aber herausstellte, spielen diese Fragen sehr wohl eine Rolle, allerdings anders als von uns erwartet. Alle Interviews wurden aufgezeichnet und transkribiert. Bei der
Verschriftlichung wurden Sprecherwechsel gekennzeichnet, ebenso die von den Befragten
betonten Passagen kursiv gesetzt als auch Besonderheiten der Gesprächssituation (z. B.
Telefonklingeln, Lachen) protokolliert. Da die Gespräche nicht sprachanalytisch ausgewertet werden, sondern nach der Methode des „problemzentrierten Interviews", wurden
Pausen, Satzabbrüche, grammatikalische und sprachliche Besonderheiten nicht verschrift-
licht (Flick 2000, S. 192 ff.).

Die Kodierung des Interviewmaterials im Rahmen der Auswertung erfolgte in zwei
Schritten[6]: Erstens wurden die Textpassagen innerhalb eines Interviews kodiert. Ob diese
Kodierungen nun bereits vorab bestehen dürfen und die Textpassagen diesen lediglich
„zugeordnet" werden („qualitiative Induktion") oder ob die Kodierung offen zu erfolgen
hat und die Entwicklung von Kodes erst in Auseinandersetzung mit dem Interviewmaterial geschehen darf („Abduktion"), ist der zentrale Streitpunkt in der qualitativen Sozialforschung (Kelle und Kluge 2010, S. 69 ff.; Kelle 1997). Im Anschlus an die Autoren Kelle
und Kluge haben wir einen Weg gewählt, der mit heuristischen Konzepten beginnt und
diese „empirisch auffüllt" (Kelle und Kluge 2010, S. 71). Dabei haben wir darauf geachtet,
dass die bestehenden Kodierungen dem Material nicht „aufgezwungen" werden; wir haben
also auch in dieser Phase des Forschungsprozesses – analog zur Fragebogenkonzeptio-
nierung – die Relevanz unserer Kodierungen aus Sicht der Befragten geprüft. In einem
zweiten Schritt haben wir dann die Textpassagen aller Interviews, die in eine gemeinsame
Kategorie fallen, miteinander nach dem Prinzip der größtmöglichen Ähnlichkeiten bzw.
Unterschieden verglichen: innerhalb einer Systematisierung[7] sollte größtmögliche Ähn-

---

[6] Der der qualitativen Sozialforschung oftmals zum Vorwurf gemachten mangelnden Objektivität in
der Datenauswertung wurde dadurch begegnet, dass die zentralen Auswertungsschritte im Metho-
denkolloquium an der Universität Bielefeld diskutiert wurden.

[7] Wir sprechen hier bewusst nicht von „Typologien" (Kelle und Kluge 2010, S. 83 ff.), da diese entlang
von mehreren Kategorien gebildet werden, wir uns aber in der Auswertung auf nur eine Dimension
beschränken.

lichkeit bestehen und zwischen einer Systematisierung größtmögliche Differenz (ebd.: S. 93).

Von den 20 Expertengesprächen wurden vier Gespräche nicht ausgewertet, da die Gesprächspartner – wie sich erst während der Gespräche herausstellte – in dem einen Fall einen sogenannten Index abbildenden Fonds verwalteten und somit selbst keine Anlageentscheidung treffen und in dem zweiten Fall einen ausschließlich „konventionellen" Investmentfonds verwalteten. Auf eine spezielle Auswertungssoftware für qualitative Daten (z. B. ATLAS.ti) haben wir verzichtet und haben stattdessen die Interviewpassagen manuell in Papierform den Kategorien zugeordnet. Dies deshalb, da es uns auf diese Weise leichter fiel – und dies mit Blick auf die Anzahl der Gesprächspartner auch praktisch möglich war – uns an die Tonlage der Gespräche zu erinnern und so die empirische Relevanz der gewählten Kodierungen im Prozess zu überprüfen. Anonymisiert wurden die Gesprächspartner nach dem folgenden Schema:

- Die Gespräche mit den *Portfoliomanagern* von Nachhaltigkeitsfonds, wovon fünf gleichzeitig als buy-side-Analysten tätig waren: I1_PF1/PF2, I2_PF1, I4_PF1, I6_PF1 und ein Portfoliomanager ausschließlich als Portfoliomanager: I7_PF1.
- Die Gespräche mit den *buy-side-Analysten* von Nachhaltigkeitsfonds: I6_A1, I7_A1, I8_A1.
- Die Gespräche mit den *sell-side-Analysten* von Nachhaltigkeitsfonds: C2_A1, C2_A2.
- Die Gespräche mit den *Ratingagenturen* von Nachhaltigkeitsfonds: R1_A1, R2_A1.
- Die *Dokumentanalyse* der folgenden *Ratingagenturen*: innovest, asset 4 und SAM. Die Dokumentenauswertung der Nachhaltigkeitskriterien dieser drei Ratingagenturen erfolgt nicht anonymisiert, da diese öffentlich zugänglich sind.
- Die *Dokumentanalyse* der befragten *Investmentbanken*:
- Material C2/1, C2/2, Material I1, Material I2, Material I4, Material I7/1, I7/2, Material I8/1, I8/2, I8/3.
- Die Gespräche mit dem *Relationship Manager*: I1_RM1 sowie den *Produktmanagern*: C1_PM1, C2_PM1.

5.2 Prüfvariable I: Begründungslinien zur Entstehung „nachhaltiger" Aktienfonds

Zu Beginn des Gespräches haben wir die Befragten gebeten, uns den Entstehungsprozess des „nachhaltigen" Anlageprodukts in ihrem Investmenthaus zu schildern. Mit dieser Frage ging es uns nun weniger darum, die konkreten Entstehungs- und Etablierungsschritte des sich seit den 1990er Jahren in Deutschland herausbildenden Marktes für „nachhaltige" Anlageprodukte zu rekonstruieren – dies ist andernorts schon ausführlich geschehen (Faust und Scholz 2008; Hiß 2011; Ulshöfer und Bonnet 2009) –, sondern vielmehr um die Frage, *wie* die Befragten diesen Entstehungsprozess in ihrem Investmenthaus beschreiben und vor allem, welche Begründungsordnungen sie hierfür ins Feld führen. Wie wir im Folgenden sehen werden, ist es für die Systematisierung dieser Begründungsordnungen entscheidend, ob sich die Befragten auf Entwicklungen bzw. Erwartungen aus ihrer Umwelt (Veränderung der institutionellen Rahmenbedingungen, veränderte Kundenerwartungen) beziehen – die Etablierung des „nachhaltigen" Anlageprodukts also als nachfrageorientiert beschreiben – oder ob der Prozess als angebotsorientiert interpretiert wird (Hasse und Krücken 2010; White 1981). In letzterem Fall ist dann zu prüfen, ob damit Distinktionsgewinne gegenüber konkurrierenden Investmenthäusern hergestellt werden (instrumentell) oder eher wertrationale Bezüge offenbart werden. In diese Unterscheidung spielt die Entwicklung des gesamten Marktes für „nachhaltiges" Investment freilich herein, die in diesem Zusammenhang für die Interpretation des Datenmaterials auch Berücksichtigung findet.

Den oben skizzierten Literaturüberblick über die Nachhaltigkeitsdebatte im Hinterkopf, lässt sich nun zunächst vermuten, dass die Entstehung „nachhaltiger" Investmentfonds entweder moralisch-normativ begründet wird oder dass die Entstehung des „nachhaltigen" Investments vergleichbar ist mit der Etablierung anderer Themenfonds und im konkreten Analyseprozess („Aktivitätsstruktur") keine Anpassung zu erwarten ist. Dann würde es sich lediglich um ein neues Leitbild handeln. Die Aufgabe des Leitbildes wäre es, neue Anlagemärkte zu erschließen und den Erwartungen jener Privat- als auch institutioneller Anleger (Kirchen und Stiftungen) gerecht zu werden, die mit ihrer Investition ein zivilgesellschaftliches Engagement verbinden.

Wie Stehr (2007)[8] bereits für die „Moralisierung" der (Produkt-)Märkte belegt, berücksichtigen Unternehmen ihre gesellschaftliche Verantwortung nur deshalb, um Imageeinbußen, die durch die öffentliche Skandalisierung von NGOs und Verbraucherschutzorganisationen publik gemacht und durch Konsumentenboykotts intensiviert werden können, zu entgegnen bzw. ihnen sogar vorzubeugen (Bluhm 2008; Curbach 2007). Dies setzt aufseiten der Konsumenten individualistische Moralvorstellungen voraus, also ein

---

[8] Bereits lange vor Stehr (2007) hat Hedtke (2001) eine Konsumtheorie vorgelegt, die an der Schnittstelle zwischen Wirtschaft und Gesellschaft ansetzt, auf die Stehr in seinem Anspruch eine „Gesellschaftstheorie" entwickeln zu wollen, aber keinen Bezug nimmt. Dies muss deshalb überraschen, da Hedtke hier im Anschluss an die Konventionenökonomik die These vertritt, dass Konsum in all seinen Grunddimensionen (im Kern: „Knappheit", „Bedürfnis", „Nutzen", „Präferenz" sowie das „Konsumgut" selbst) als sozial konstruiert zu betrachten ist (ebd.: S. 263 ff., 281 ff.). Damit ist seine Analyse des Konsumhandelns weitaus präziser als jene von Stehr. So kann es nämlich für eine Beantwortung der Frage, ob Marktteilnehmer ethisch und ökologisch bewusst konsumieren wollen und welche Handlungsmotive sie damit verbinden, m. E. nicht genügen zu erklären, dass die Motivstrukturen der Verbraucherrolle mit jener der Staatsbürgerrolle „im Verlaufe einer Moralisierung der Märkte in zunehmend hybriden Logiken des Handelns verschmelzen" (Stehr 2007, S. 305) und dies darüber hinaus zu einem „Selbstverständnis vieler Menschen" (ebd.) geworden sein soll. Damit ist weder geklärt, wie Konsumenten in ihrer Rolle und Verantwortung als Staatsbürger aktiviert werden können (Hedtke 1999) und welche „Eigenwilligkeiten" hier aufseiten der Verbraucher zu finden sind, noch warum es überhaupt gesellschaftlich legitim sein soll, den Verbraucher in seiner Rolle als Staatsbürger zur Verantwortung zu ziehen. Dass dieser Legitimierungsprozess keinesfalls abgeschlossen ist, zeigte erst jüngst die Debatte um die skandalösen Arbeitsbedingungen bei dem Versandhandel amazon, bei der sich Verbraucherschutzverbände aktiv von ihrer Verantwortung gegenüber den Beschäftigten distanziert haben.

Verständnis von Gerechtigkeit, das eine *Leistungs*gerechtigkeit und eben keine *Resultats*gerechtigkeit zum Ziel hat. Diese würde nämlich die gesellschaftliche Bedingtheit (Herkunft, Geschlecht, Alter) sozialer Ungleichheit in den Blick nehmen und eine Dekommodifizierung, also eine „Entmarktlichung" von Lebensführung und der Verteilung von Lebenschancen einfordern (Münch 2008, S. 172). Im Gegensatz dazu begnügt sich ein individualistisches Verständnis von Gerechtigkeit, die Chancengleichheit und Fairness *autonomer* Individuen sicherzustellen (ebd.: S. 165). Dann aber kann aus Sicht „nachhaltiger" Investoren in der Tat die Erwartung formuliert werden, dass durch ihre *individuelle* Investition bzw. die durch ihre Exit-Option[9] ermöglichte Sanktionskraft Unternehmen zu ihrer Verantwortung gegenüber ihren Mitarbeitern „gezwungen" werden können (BVI 2009, S. 73). Freilich, und das wird aus dieser individualistischen Perspektive übersehen, muss damit zwangsläufig die Differenz zwischen einer *institutionell* abgesicherten betrieblichen Sozialpartnerschaft und einer auf *Freiwilligkeit und Effizienzüberlegungen* fußenden „gesellschaftlichen Verantwortung" von Unternehmen analytisch verschwimmen (Münch 2008, S. 179 ff., insb. 181). Nun können wir mit unserem Material zwar die Erwartungen der Privatanleger nicht direkt erfassen, wohl aber die handlungsrelevanten Erwartungserwartungen der Fondsmanager und Analysten, die in ihre Begründungsordnungen zur Entstehung „nachhaltiger" Investmentfonds einfließen.

In der nun folgenden Systematisierung der von den befragten „nachhaltigen" Fondsmanagern und Analysten geäußerten Begründungsordnungen zur Auflegung des/der Nachhaltigkeitsfonds orientieren wir uns an einer Studie von Hericks (2011) zur Einführung der Gleichstellungsnorm in einem Großunternehmen. Diese ist mit Blick auf unsere Fragestellung vor allem deshalb von Interesse, da die Autorin mit einem Moralverständnis operiert, das Moral bzw. Wertrationalität als ein genuin eigenständiges Handlungsmotiv fasst und so moralisches bzw. wertrationales Handeln weder in „Rational Choice"-Manier tautologisiert noch in NIÖ-Manier funktionalistisch verkürzt (ebd.: S. 125 ff.). So prüft die Autorin nämlich, ob es sich hierbei lediglich um ein Unternehmensleitbild handelt, also die offiziell *kommunizierte* Gleichstellungsnorm, oder ob diese in der betrieblich gelebten Aktivitätsstruktur tatsächlich umgesetzt wird und wenn ja, mit welcher Begründungsordnung.

Gewendet für unsere Fragestellung nach den Unterschieden zwischen der „nachhaltigen" im Vergleich zur „konventionellen" Unternehmensbewertung und den damit verbundenen Erwartungen an eine „optimale" Unternehmensstruktur („best-in-class"), heißt dies, dass uns hier zunächst die Begründungsordnungen der Befragten zur Auflegung „nachhaltiger" Aktienfonds in ihrem Investmenthaus interessieren.

Erfolgte die Auflegung „nachhaltiger" Aktienfonds mit Blick auf die sich gewandelten Kundenerwartungen und den veränderten institutionellen Rahmenbedingungen in den Anlagebestimmungen von Pensionsfonds, so wäre es möglich, dass die Kriterien „nachhaltiger" Unternehmensbewertung in der Praxis wenig Niederschlag finden und wir es

---

[9] Dass die „Wirkmächtigkeit" der Exit-Option kontextabhängig und je nach Kapitalmarktexposition des betreffenden Unternehmens zu beurteilen ist, haben wir in Abschn. 2.2. im Anschluss an Faust und Bahnmüller (2010) bereits belegt.

lediglich mit einem neuen Investmentleitbild zu tun hätten. Oder sind die befragten Fonds-manager und Analysten tatsächlich an einer Umsetzung „nachhaltiger" Anlagekriterien in ihrer Bewertungspraxis interessiert, dann wäre zu überprüfen, welche Begründungsord-nungen die Befragten ihrem Handeln zugrunde legen. Dies könnte entweder ein wertra-tionales Handlungsmotiv sein, nämlich dann, wenn die kurzfristige Renditeorientierung konventioneller Investoren kritisiert und „nachhaltige" Anlagestrategien als ein Gegen-entwurf hierzu verstanden werden. Oder es muss aufseiten der Investoren eine instru-mentelle Handlungsmotivation unterstellt werden. Dies wäre dann der Fall, wenn sich die Befragten aus der Anpassung der Bewertungspraxis Effizienzvorteile versprechen und der Einbezug „nachhaltiger" Bewertungskriterien ihres Erachtens lediglich die *Funktion* hätte, Unsicherheiten bzw. Transaktionskosten im Bewertungsprozess abzusenken; eine markt-induzierte Entstehung eines genuin *wertrationalen* Handlungsmotivs, wie dies im Rahmen der Debatte um die „Moralisierung der Unternehmen" (Bluhm 2008; Mühle 2010; Stehr 2007; Schröder 2011a, b) unterstellt wird, könnte dann empirisch nicht bestätigt werden.

Mit Blick auf die nun folgende Systematisierung der Begründungsordnungen ist ab-schließend noch darauf hinzuweisen, dass keiner der Befragten auf die jeweilige Systema-tisierungszuordnung in „Reinform" zutrifft, sondern dass sich vielmehr die Aussagen der Befragten mit unterschiedlicher Gewichtung zuordnen lassen. Ebenfalls sei darauf ver-wiesen, dass wir uns in der Interpretation der Zuordnungen zwar auf unterschiedliche „Strukturvariablen" beziehen – wie beispielsweise die Zugehörigkeit des Investmenthauses zu unterschiedlichen Bankensektoren (Privatbank, Landes-/Genossenschaftsbank, Versi-cherungen), die Kundenstruktur (Privatkunden oder institutionelle Investoren) oder den Ausbildungswegen der Befragten –, diese Verweise aber mit Blick auf unsere Fallzahl nicht als Kausalzusammenhänge verstanden werden dürfen.

5.2.1 „Nachhaltigkeit" als Investmentleitbild: „Was wir feststellen können, ist in gewissem Maße der Reputationspunkt"

In der Literatur finden sich Hinweise (Hiß 2011, 2012), dass es sich bei „nachhaltigen" Investmentstrategien lediglich um ein neues Themenprodukt handelt, das vor allem den sich gewandelten Erwartungen der Investoren gerecht wird. Unterstellt wird, dass ganz im Sinne eines neuen Investmentleitbildes zwar auf der „Formalstruktur" den Erwartun-gen der institutionellen Umwelt gerecht zu werden versucht wird, sich die Analysepraxis (Aktivitätsstruktur) allerdings kaum verändert. Zwar muss gleich zu Beginn eingeräumt werden, dass das Investitionsvolumen in „nachhaltige" Anlageklassen für den deutschen Markt mit einem Anteil von 0,7 % am gesamten Fondsvolumen zum Zeitpunkt der Befra-gung (2007/2008) gering ist[10] (BVI 2009; Eurosif 2008, S. 31) und sich in seinem Umfang, wie ein befragter Produktmanager (C1_PM1) bekennt, nicht mit anderen Börsentrends

---

[10] Und auch aktuell gering geblieben ist: Der Anteil „nachhaltiger" Anlageklassen (13,1 Mrd. €) (Eu-rosif 2012, S. 40) am gesamten deutschen Fondsvermögen (2.009,9 Mrd. €) (BVI 2013, S. 1) bleibt auch im Jahre 2012 unter 1 %.

wie beispielsweise dem Investmenttrend „Emerging Marktets" oder „BRIC"-Staaten[11] ver-
gleichen lässt.

Wenn wir im Folgenden in den Begründungsordnungen etlicher Fondsmanager und
Analysten die Orientierung an einem neuen Investmentleitbild vermuten, so also nicht
deshalb, weil man bezüglich des Investitions*volumens* von einem Trend sprechen könnte, sondern weil wir hier Begründungsmuster finden, die einerseits einen instrumentellen
Charakter aufweisen und zum anderen darauf schließen lassen, dass die Auflegung „nachhaltiger" Aktienfonds zumindest teilweise nur mit der Absicht erfolgt, den Erwartungen
jener Investoren formal gerecht zu werden, die ein Interesse für soziale und ökologische
Belange entwickelt haben, ohne dann aber in der Bewertungspraxis tatsächliche Anpassungen vorzunehmen.

Wir haben im Anschluss an Faust und Bahnmüller (2010) nun für die „konventionelle"
Unternehmensbewertungspraxis gezeigt, dass diese von der Modelllogik nicht nur deshalb abweicht, weil Bilanzdaten und Unternehmensrisiken *interpretiert* werden müssen,
sondern weil qualitative Bewertungsbausteine wie beispielsweise die „Qualität des Top-
managements" *unterschiedlich* interpretiert werden können (ebd.: S. 65 ff.). So spielen hier
persönliche Eindrücke, Subjektivitäten, das Bauchgefühl und gewachsene Vertrauensbeziehungen eine Rolle (ebd.; DVFA 2007). Die deutsche Vereinigung für Finanzanalyse und
Asset Management (DVFA) hat daher bereits im Jahr 2005 eine Kommission für „Effektive
Finanzmarktkommunikation" ins Leben gerufen, die jene nicht-finanziellen Leistungsin-
dikatoren zu standardisieren und „in für den Kapitalmarkt lesbare und meßbare Konzepte
wie Risiko [zu] übersetzen" (Frank 2006, S. 49) versucht, die für die Prognose der Wachs-
tumsfaktoren notwendig sind. Das heißt, es handelt sich hierbei um Bewertungskriterien,
die von „konventionellen" Investoren als „performancerelevant" erachtet werden, weil
sie das Risiko einer Investition durch präzisere Methoden der Unternehmensbewertung
absenken können. Dazu zählen nicht-finanzielle Bewertungskriterien wie die „Qualität"
des Top-Managements, Corporate Governance-Risiken (z. B. die Transparenz der Vergütung)[12], strategische Unternehmensziele, das regulatorische Umfeld als auch die Markt-
und Wettbewerbsposition (ebd.).

---

[11] „BRIC" ist die Abkürzung für die vier Staaten Brasilien, Russland, Indien und China, die welt-
weit die größten Wachstumsraten aufweisen (vgl. C1_PM1). Wie bei jedem Investmenttrend besteht
freilich auch hier die Gefahr einer Blasenbildung, wie der befragte Produktmanager bekennt: „Das
war ein Trend, da war eine Nachfrage, die wurde befriedigt. So *schlimm* teilweise, dass man da sehr
vorsichtig sein muss, denn, […] es gibt noch nicht so viele Unternehmen in diesen Ländern, in die
investiert werden kann. […], da gibt es so Klumpenrisiken, die man gar nicht so richtig absehen
kann." (C1_PM1).

[12] Mit knapp 200 länderspezifischen „Governance Risk"-Indikatoren versucht die – mittlerweile zu
MSCI gehörende – Ratingagentur ISS (Institutional Shareholder Services) die Risiken der Unternehmenskontrolle messbar zu machen. Grundsätzlich gilt gemäß der zugrunde liegenden These informationseffizienter Märkte, dass die Kontrolleffizienz – und damit die Unternehmensperformance
– mit der Anzahl der externen Mitglieder im Kontrollgremium steigt (ISS 2010, S. 28 ff.). Allerdings
werden im Rating die jeweils national-spezifischen Gesetzgebungen zur Unternehmenskontrolle
berücksichtigt (bspw. dem dualen System der Unternehmenskontrolle in Deutschland versus dem
monistischen System in Großbritannien).

Wenn nun die befragten Analysten und Fondsmanager für „nachhaltige" Anlageprodukte kein Distinktionsinteresse zu den nicht-finanziellen Bewertungskriterien der
DVFA formulieren und in ihren Aussagen sogar Parallelen zur eigenen Vorgehensweise
herausstellen, so können wir hierin einen ersten Indikator für die Zugehörigkeit der Befragtenaussagen zum Typus „Investmentleitbild" sehen, da ganz offensichtlich „nachhaltige" Anlagestile nicht als eine (wertrationale) Kritik am Vorgehen des „konventionellen"
Finanzmarkts verstanden wird. Dieses Verständnis von „Nachhaltigkeit" findet sich bei
den Befragten aus den Investmentbanken I1, I2 und I4; am deutlichsten allerdings beim
Befragten (I2_PF1), einem Fondsmanager bei einer Vermögensverwaltungsgesellschaft eines deutschen Versicherers. Am Beispiel der Patentsituation illustriert er die ökonomische
Relevanz nicht-finanzieller Bewertungskriterien, die sich seines Erachtens von „nachhaltigen" Bewertungsfaktoren qualitativ kaum unterscheiden.

> Ich meine, schauen Sie mal, die Patentsituation. Für *die* Unternehmen, wo das relevant ist,
> da geht der Analyst hin und sagt: *Wie* sieht denn eure Patentsituation aus? […]. Dort, wo
> es relevant ist, werden extra-finanzielle Informationen auch heute schon abgefragt […] Ich
> meine mittelfristig, wenn Sie mich fragen, wenn es wirklich relevant ist, was Nachhaltigkeits-
> investoren tun, dann ist es eigentlich *Humbug* zu glauben, dass mittelfristig nachhaltige und
> nicht-nachhaltige Investments nicht irgendwo konvergieren. (I2_PF1)

Das fehlende Interesse des befragten Fondsmanagers an einem Distinktionsmerkmal zwischen „nachhaltigen" Bewertungskriterien und den „nicht-finanziellen" Bewertungskriterien der DVFA kann also als ein erster Hinweis darauf gedeutet werden, dass wir es bei den
genannten Befragten mit einer Orientierung an einem Investmentleitbild zu tun haben.

Diese Interpretation verdichtet sich, wenn wir zweitens die Begründungsordnungen für
die Entstehung „nachhaltiger" Aktienfonds in Betracht ziehen. Diese erklärt sich nämlich aus Sicht der genannten Befragten vor allem mit den gewandelten Erwartungen eines
Teils der Privatkunden sowie den sich veränderten gesetzlichen Rahmenbedingungen für
institutionelle Investoren. Die für die Etablierung „nachhaltiger" Investmentprodukte entscheidenden Veränderungen in den Umwelterwartungen waren zum einen aus Sicht der
institutionellen Investoren die gesetzliche Verankerung der Berichtspflicht für Pensionsfonds im Jahr 2001, die mit der Privatisierung der Altersvorsorge in Deutschland in Kraft
getreten ist (Material I4; BVI 2009, S. 73; Eurosif 2008, S. 31).[13] Zum anderen sind es die
sich gewandelten Erwartungen privater Investoren, die mit ihrem Aktieninvestment eine
ethisch-normative Erwartung verbinden (Cheah et al. 2011; Stehr 2007).

Die Berichtspflicht für Pensionsfonds sieht nun vor, dass Vermögensverwalter von
Pensionsfonds Auskunft darüber erteilen müssen, ob und inwieweit „nachhaltige" Bewertungskriterien in der Anlageentscheidung berücksichtigt werden. Pensionsfonds, die

---

[13] Wie der Übersicht über die analysierten Fonds (siehe Anhang 2) zu entnehmen ist, haben wir nur
Publikumsfonds untersucht. Es ist daher auf den ersten Blick überraschend, wenn wir uns hier auf
die Erwartungen der institutionellen Investoren beziehen. Da mittlerweile aber auch institutionelle
Kunden infolge von Bilanzierungsvorteilen in Retailfonds investieren, werden wir deren Erwartungen ebenfalls in Rechnung stellen.

in ihren Bewertungskriterien „nachhaltige" Faktoren berücksichtigen, können folglich, so der obige Fondsmanager (I2_PF1), mit einer höheren Reputation bei den institutionellen Investoren rechnen und sich so einen Wettbewerbsvorteil sichern.

> Sie wissen ja, dass beispielsweise Pensionskassen in Deutschland, *auch* in Frankreich, *auch* in England, inzwischen ja auch hergehen müssen und sagen müssen, ob sie, und wenn ja warum und wie sie Nachhaltigkeitskriterien berücksichtigen. Das kann *auch* ein Grund sein, dass die Leute sagen: hey, gute Performance, passt. Und *gleichzeitig* sagen wir eben, dass wir die nachhaltige Entwicklung sozusagen mit berücksichtigen. Was mit Sicherheit ein Wettbewerbsvorteil ist gegenüber einer Pensionskasse, die das eben nicht hat. […] Also, was wir feststellen können, ist im Prinzip, in gewissem Maße der Reputationspunkt. (I2_PF1)

Dieser Begründungstypus zur Etablierung „nachhaltiger" Anlageprodukte findet sich nun zwar am prägnantesten bei Fondsmanager (I2_PF1). Es lässt sich aber ebenfalls bei dem Befragten einer Landesbank I4 sowie den Befragten einer großen deutschen Investmentbank I1 finden.

Wir konzentrieren uns hier auf die Aussagen der letzteren Investmentbank, da wir hier nun zusätzlich die seitens der Befragten wahrgenommenen Erwartungen der Privatinvestoren einfangen konnten. Festgestellt wird hier ein „Umdenken" der privaten Aktionäre und eine vermehrt „kritische" Haltung gegenüber konventionellen Investmentprodukten. Ein Fondsmanager (I1_PF1) erläutert:

> Sie haben, glaube ich, ein *Umdenken* der *Leute* allgemein, wenn man das auch weniger greifen kann, […] aber es ist irgendwie so ein Bereich, dass halt die Leute schon einfach *kritischer* das Ganze reflektieren, was geht um sie herum vor. Man will gesunde Produkte haben, das Thema Klimawandel interessiert jeden. […] Und deswegen ist das, glaube ich, ein *schwacher,* schwer quantifizierbarer Punkt, aber nichtsdestotrotz da. (I1_PF1)

Die Befragten aus Investmentbank I1 sind sich nun darin einig, dass die Privatkunden „nachhaltiger" Aktienfonds mit ihrem Investment ein zivilgesellschaftliches Engagement verbinden wollen. Investiert wird nicht nur der Rendite wegen[14], sondern weil über den Anlageprozess kontroverse Unternehmenspraktiken wie beispielsweise Kinderarbeit, mangelnder Gesundheitsschutz der Beschäftigten oder Nichteinhaltung der Mindestlöhne ausgeschlossen bzw. sanktioniert werden sollen. Wie lassen sich nun die Anlageinteressen dieser „nachhaltigen" Privataktionäre charakterisieren?

Aus Sicht der befragten Fondsmanager werden diese Anleger als Personen beschrieben, die sich durch „richtiges Knowhow" auszeichnen, die es „ganz genau wissen wollen". Ein Produktmanager führt dazu aus:

> Also da gibt es viele Leute, die richtiges Knowhow haben, die wissen, wie so ein Fonds funktioniert, was da drin ist, die aber eigentlich vom sozialen Engagement her, vom Denken her, eher vielleicht in die 68er-Kiste reinpassen würden, aber, was ihre Geldanlagen anbelangt,

---

[14] Vergleiche dazu ausführlicher Abschn. 5.3.1.1. und 5.3.1.2.

sehr genau wissen, in was sie da investieren. [...] Es ist immer so die Frage, wenn man ein
Auto kauft, dann will man eigentlich auch nicht wissen, wie das Anti-Blockier-System funk-
tioniert oder der Airbag. Bei einem Fonds ist das teilweise so, dass man quasi in die Deriva-
testrukturen einsteigen will als Kunde und wissen möchte, was da wirklich bis in die fünfte
Nachkommastelle im Fondsmanagement passiert. (C1_PM1)

Hier zeigt sich also die von Stehr (2007, S. 176 ff., 236 ff.) herausgearbeitete „wissensba-
sierte Ökonomie", die für eine „Moralisierung" der Märkte charakteristisch bzw. geradezu
konstitutiv ist. So ist die Fähigkeit der Konsumenten, sich am Markt „reflexiv [...] so zu
verhalten, dass ihr Wohlergehen optimiert wird" (ebd.: S. 236) und sie zu einem „aktiven
Marktteilnehmer" (ebd.: S. 237) werden, freilich in starkem Maße abhängig von ihrem
Wissensstand. In der Folge reklamieren die Konsumenten, bzw. vorliegend: die „nachhaltigen" Privataktionäre, dann vielfach für sich selbst eine Expertise, über die Verteilung
der erwirtschafteten Erträge zu entscheiden. Diese Aufgabe soll dann nicht mehr der nationalen Sozialpolitik überlassen werden, sondern soll in Form des zivilgesellschaftlichen
Engagements von jedem Bürger bzw. Konsumenten selbst erbracht werden (Münch 2008).

Zusammenfassend lässt sich also für die Befragtenaussagen aus der Investmentbank I1,
dem Versicherer I2 sowie der Landesbank I4 festhalten, dass es im Kern instrumentelle
Handlungsmotive sind, die die Auflegung „nachhaltiger" Aktienfonds in den drei Investmenthäusern erklären.

So ist dies zum einen das Erstarken des zivilgesellschaftlichen Engagements nicht nur
aufseiten der Konsumenten, wie dies Bluhm (2008) und Stehr (2007) belegen, sondern
ebenfalls aufseiten der Privatanleger am Kapitalmarkt, die mit ihrem Aktienengagement
ihrer sozialen Verantwortung Rechnung tragen wollen. Die Auflegung „nachhaltiger" Aktienfonds ist dann eine Möglichkeit, diese Anlegererwartung in Form eines neuen The-
menprodukts einzufangen. Zum anderen erklärt sich die Entstehung „nachhaltiger" Ak-
tienprodukte durch einen Wandel der institutionellen Rahmenbedingungen, die seit 2001
eine gesetzliche Berichtspflicht für Pensionskassen vorsieht. Hier sind „nachhaltige" Anlageprodukte im Wettbewerbsvorteil gegenüber anderen, nicht-nachhaltigen Anlageformen.
In beiden Fällen müssen wir nun damit rechnen, dass das, was sprachlich in den Aussagen
der Befragten bereits angelegt ist – „der Reputationspunkt" – schon einen Ausblick auf die
tatsächliche Bewertungspraxis gibt, bei der kaum mit einer Anpassung zu rechnen ist. Aus
Sicht der oben genannten Befragten handelt es sich bei „nachhaltigen" Anlageprodukten
also um ein neues Investmenttrendthema, das sich in seiner Konzeption von anderen The-
menprodukten wie beispielsweise „Emerging Markets"-Fonds oder Biotechnologiefonds
kaum unterscheidet.

5.2.2   „Nachhaltigkeit" jenseits eines Investmentleitbilds

Im vergangenen Abschnitt haben wir auf zwei Elemente in den Begründungsordnungen
der Befragten aus Investmentbank I1, I2 und I4 abgestellt: den instrumentellen Charakter
ihrer Handlungsmotive und das fehlende Distinktionsinteresse „nachhaltiger" Analysten

und Fondsmanager gegenüber der ausschließlich nach fundamentalen Kennzahlen ope-
rierenden, „konventionellen" Unternehmensbewertung. Dies ließ darauf schließen, dass
das Nachhaltigkeitsthema vor allem auf einer kommunikativen (Marketing-)Ebene zu verorten ist und weniger in der tatsächlichen Bewertungspraxis. Dieser Befund schließt sich
an die in der Literatur diskutierte Position an, dass es sich bei „nachhaltigen" Anlageprodukten lediglich um ein neues Investmentleitbild handelt (Hiß 2007, 2011).

Neben dieser Leitbildorientierung finden sich bei den von uns Befragten nun allerdings
ebenfalls Hinweise, die gerade das Interesse der befragten Analysten und Fondsmanager
an einer *Umsetzung* „nachhaltiger" Bewertungskriterien in der Bewertungspraxis belegen
und so in der Tat auf den ersten Blick eine „Moralisierung" der (Kapital-)Märkte erwarten
lassen (Stehr 2007).

Ausgangspunkt der nun folgenden Analyse ist, dass sich keine der Aussagen der Befragten aus Investmentbank I6, I7 und I8[15] lediglich einer Orientierung an einem neuen Investmenttrend zuschreiben lassen, wie wir dies im vergangenen Abschnitt kennen gelernt
haben. Vielmehr sehen die befragten Fondsmanager und Analysten gerade in der *Anpassung* der Bewertungspraxis einen Wettbewerbsvorteil gegenüber jenen Anlageformen, die
nicht nach „nachhaltigen" Kriterien investieren. Wir möchten nun im Folgenden zunächst
die Vermutung belegen, dass die genannten Befragten in ihrer Begründungsordnung zur
Auflegung „nachhaltiger" Aktienfonds auf instrumentelle Handlungsmotive rekurrieren.
Diese instrumentellen Handlungsmotive sollen dann vor der oben aufgespannten Inter-
pretationsfolie des Verhältnisses von „Wirtschaft" und „Moral" näher systematisiert werden.

So lassen sich einerseits Aussagen finden, die mit „nachhaltigen" Anlagestrategien ganz
in neoklassischer Manier eine *Vermeidung von Kosten* verbinden und genau darin die (gesamtwirtschaftliche) „Nachhaltigkeit" des Ansatzes begründet sehen (I1_PF2; I2_PF1).
„Moral" wäre dann mit „Ökonomie" gleichzusetzen. Eindrücklich sind hier die Befunde
zum Abbau von Personal bzw. Lohnkostensenkungen, die genau deshalb als „nachhaltig" wahrgenommen werden, da sie nicht nur das Überleben des Gesamtunternehmens
sichern, sondern teilweise sogar noch Arbeitsplätze an einem anderen Standort schaffen.

Eine zweite Schattierung des instrumentellen Handlungsmotivs findet sich bei jenen
Fondsmanagern und Analysten, die mit „nachhaltigen" Anlagestrategien die Erwartung
verbinden, das Investitionsrisiko zu senken. Dies deshalb, da zusätzliche, am Kapitalmarkt
als performancerelevant erachtete, nicht-finanzielle Bewertungskriterien in die Analyse
einfließen und somit die *Unsicherheit* der Anlageentscheidung verringern können. „Nachhaltige" Bewertungskriterien haben dann die *Funktion*, wirtschaftliches Handeln respektive Investitionsentscheidungen zu rahmen und Risiken zu minimieren. Gemäß der Annahme der NIÖ hätten wir hier also eine Begründungsordnung vorliegen, die „Moral" als
eine funktionale Voraussetzung für wirtschaftliches Handeln begreift.

---

[15] Bei den genannten Befragten findet sich diese Systematisierung in „Reinform". Sie findet sich allerdings ebenfalls – wir werden darauf jeweils verweisen – bei den oben bereits zitierten Fondsmanagern und Analysten.

5.2.2.1   „Nachhaltigkeit ist ja jetzt nichts Ideologisches"

Wenn die Befragten das Thema „nachhaltiges" Investment mit der Erwartung verbinden, dass vermittels „nachhaltiger" Unternehmensstrategien in den investierten Unternehmen Kosten vermieden werden können, dann haben wir es hier ganz offensichtlich mit einem Nachhaltigkeitsverständnis zu tun, das zwischen „Ökonomie" und „Moral" keinen Widerspruch sieht. Voraussetzung für diese Gleichsetzung ist ein neoklassisches Markt- bzw. Akteursverständnis, das einen gleichberechtigten Marktzugang atomistischer Akteure unterstellt und so die für kapitalistische Ökonomien konstitutive Machtasymmetrie zwischen Kapitaleigentümern und Nicht-Eigentümern ausblenden kann. Es muss dann nicht in Rechnung gestellt werden, dass die „Transaktionskosten" aufseiten der Beschäftigten eben gerade nicht vergleichbar sind mit jenen des Unternehmers, wie Münch (2008, S. 179 ff.) am Beispiel der unterschiedlichen Entscheidungsfreiheiten im Falle von Standortverlagerungen belegt. Aus Sicht der Lehre komparativer Kostenvorteile hingegen kann unterstellt werden, dass mit einer Steigerung des gesamtwirtschaftlichen Wohlstandes gleichzeitig eine Steigerung des individuellen Wohlstandes einhergeht.

Nun sind die Einwände gegen ein neoklassisches Markt- und Akteursverständnis bereits mehrfach angesprochen und im Anschluss an Deutschmann (2002, S. 96 ff.) aufgezeigt worden[16], dass die Wahlfreiheiten zwischen Kapitaleigentümern und Nicht-Eigentümern ausgesprochen ungleich verteilt sind. Während nämlich der Eigentümer über Standorte, Zeitpunkte der Investition, Kooperationspartner sowie Branchen frei entscheiden kann, stehen diese Möglichkeiten dem Beschäftigten nicht zur Verfügung, da er in der Regel kaum warten und wählen kann, sondern von dem unmittelbaren Verkauf seiner ganz spezifischen Ware abhängig ist. Wenn also nun, so die von Münch (2008) zu Recht formulierte Kritik an der „Moral der Ökonomie" (Homann 2008, zit. nach Münch 2008, S. 180) jüngst erneut eine Gleichsetzung von „Moral" und „Ökonomie" konzediert, so handelt es sich hierbei gerade nicht um etwas universal Gegebenes, sondern vielmehr um das Ergebnis einer gesellschaftlichen Konstruktion. Münch (2008) sieht nun im Kern zwei Bedingungen als relevant für diesen gesellschaftlichen Wandel an. Zum einen sind dies Veränderungen in den ökonomischen Rahmenbedingungen selbst, die die Transaktionskosten einer Produktionsverlagerung absenken: So steigt das Qualifikationsniveau der Beschäftigten in den Schwellenländern kontinuierlich an und die Kosten für Transport- und Kommunikation sinken (ebd.: S. 181).[17] Dies allein, so Münch (2008), hätte aber noch nicht dazu geführt, dass Standortverlagerungen zunehmend als gesellschaftlich legitim gelten. Münch sieht hier daher zum zweiten einen Wandel der moralischen Realität am Werk, die der Moral des *nationalen* Wohlfahrtsstaats und der *nationalen* Sozialpartnerschaft die Grundlage

---

[16] Vergleiche dazu auch Abschn. 3.3.1.

[17] Umgekehrt heißt dies dann aber auch, dass sich der Interessenpluralismus des „deutschen Modells" nicht nur normativ mit den ideellen Grundfesten der „industriellen Demokratie" erklären lässt, sondern diese den (damaligen) Qualifikationsvorsprung und die Innovationstätigkeit der deutschen Industrie gegenüber potentiellen Standorten im Ausland erst ermöglicht hat. Streeck (2008) spricht daher auch von „Fairness als Bedingung für Effizienz" (ebd.: S. 172).

entzieht. Dieses neue „transnationale Feld der moralischen Konstruktion" (ebd.: S. 172) sieht nämlich in der starken Binnenmoral respektive der schwachen Außenmoral der Sozialpolitik zu Zeiten des „deutschen Modells" nicht mehr einen Schutz der Arbeitnehmer vor den ungezügelten Kräften des (globalen) Marktes, sondern vielmehr eine partikularistische Bevorzugung des Eigenen vor dem Fremden. Gefordert wird daher eine Moral, die nicht mehr an nationalen Grenzen Halt macht. Wenn Gerechtigkeitsvorstellungen aber zunehmend auf einem moralischen Individualismus fußen (ebd.: S. 172; vgl. dazu auch Dubet 2008), dann erscheint es als moralisch unangemessen, dem Fremden die Arbeit zu verweigern, nur um sie für den Eigenen zu sichern. Es ist umgekehrt vielmehr geboten, Standortverlagerungen vorzunehmen und so die *weltweite* Schaffung von neuen Arbeitsplätzen zu gewährleisten.

Diesen normativen Wandel und die damit verbundene Gleichsetzung von „Ökonomie" und „Moral" treffen wir bei den von uns befragten Nachhaltigkeitsanalysten zwar lediglich bei einem Analysten an, hier allerdings in „Reinform" (I1_PF2). Mehrfach verweist er darauf, dass das Interesse „nachhaltiger" Anlageformen an Fragen des Personals nicht dazu führen dürfe, gegen die Interessen der Kapitaleigentümer zu laufen. Wenn also Personalkostensenkungen in Form von Personalabbau oder Standortverlagerungen mit Blick auf die *gesamtwirtschaftliche* Rationalität als opportun erscheinen, dann gilt dies seiner Ansicht zufolge gerade deshalb als „nachhaltig", da so das Überleben bzw. das Wachstum des Unternehmens gesichert werden kann. Folglich sieht er gerade in der Vermeidung von Kosten bzw. der Steigerung der Rentabilität gemäß der Lehre komparativer Kostenvorteile den (gesamtwirtschaftlichen) Effekt einer „nachhaltigen" Unternehmensstrategie und setzt damit „Moral" mit „Ökonomie" gleich. Er fasst sein Verständnis von „nachhaltigen" Unternehmensstrategien wie folgt zusammen:

> Das ist halt die Frage, inwieweit das nachhaltig ist oder nicht. Ist es nachhaltiger einen Arbeitsplatz in Deutschland zu haben als in China? Das sind ja ethische Grundsatzfragen, die dann auch sehr schwer zu klären sind. Also zum Beispiel das explizite Thema cost cutting. Wenn das Personal sinnvoll abgebaut oder sozial abgebaut wird, ist ein Arbeitsplatz in Deutschland [wohlgemerkt: der abgebaute Arbeitsplatz, Anmerkung EMW.] nachhaltiger als ein Arbeitsplatz in China. Das sind dann halt so Fragen, die man sich generell dann stellen muss. (I1_PF2)

5.2.2.2 „Also aus der Nachhaltigkeitsanalyse Wachstumsperspektiven abzuschätzen [...] und so versuchen wir einen Wettbewerbsvorteil zu haben"

Wenn die Zielsetzung „nachhaltiger" Bewertungskriterien nun mit der *Funktion* begründet wird, sachliche, zeitliche und soziale Unsicherheiten im Investmentprozess zu reduzieren, dann geschieht dies im Kern unter Berufung auf zwei Themenbündel bzw. Fragestellungen. Dies sind erstens Unsicherheiten im Unternehmensbewertungsprozess selbst: Weder Finanzkennzahlen (Gewinn, Cashflow usw.) des zu bewertenden Unternehmens noch unternehmensspezifische Risiken (z. B. Geschäftsrisiken, Korruptionsskandale) können „objektiv" in das Bewertungsmodell eingespeist werden, sondern müssen vorab *interpretiert* werden. Dies begründet sich zum einen in dem bereits benannten Problem der Informationsasymmetrie zwischen Unternehmens- und Kapitalmarktvertretern. Zum anderen – und entscheidender – begründet es sich darin, dass Zahlen alleine noch keine Sprache sprechen, sondern immer erst in Relation zu Vergleichsgruppen gesetzt werden müssen, damit eine Investitionsentscheidung getroffen werden kann. Hier bedarf es dann einer „Rahmung" (Beunza und Garud 2007; Faust et al. 2010, S. 55 ff.), die aus Sicht der befragten Analysten „nachhaltigen" Bewertungskriterien zukommen kann. Zum zweiten interessieren am Kapitalmarkt immer auch neue Investmentthemen (z. B. Investitionen in Schwellenländer oder das Problem der alternden Bevölkerung), die zukünftige Anlage-möglichkeiten eröffnen. Hier besteht das Problem der Unsicherheit dann darin zu entscheiden, *welche* Investmentthemen in Zukunft ein Trend werden könnten. Aus Sicht der Befragten können „nachhaltige" Bewertungskriterien auch hier als „Themenfinder" für neue Investmentideen dienen.

Beginnen wir mit den Unsicherheiten im Bewertungsprozess selbst, die für die finanzielle Unternehmensbewertung (DCF-Analyse) in der Literatur bereits eindrücklich herausgearbeitet wurden (Faust et al. 2010, S. 55 ff.). So ist aus Sicht der von Faust und Bahnmüller befragten Analysten und Fondsmanager die Unternehmensbewertung keinesfalls als ein bloßer Rechenprozess zu verstehen, da sich dieser durch etliche Bewertungsunsicherheiten auszeichnet (z. B. Prognose des zukünftigen Cashflows, der Eigenkapitalkosten oder des unternehmensspezifischen Risikos). Diese Unsicherheiten führen dazu, dass das zu bewertende Unternehmen mit Unternehmen derselben Branche verglichen wird (peer-group-Vergleich), Finanzkennzahlen also nicht absolut, sondern relativ interessieren. Beunza und Garud (2007) illustrieren diesen Rahmungsprozess am Beispiel der Unternehmensbewertung des Unternehmens amazon und stellen fest, dass die Finanzkennzahlen des Unternehmens am Kapitalmarkt nicht als „objektive" Information wahrgenommen werden, sondern vor dem Hintergrund eines „calculative frame" (ebd.: S. 26) *interpretiert* werden: Je nachdem, ob der zuständige Analyst das Unternehmen der IT-Branche oder dem Buchhandel zuordnet, gelten erstens unterschiedliche Kennzahlen als bewertungsrelevant (z. B. Umsatz versus Gewinn) und zweitens wird *dieselbe* Kennzahl *unterschiedlich* interpretiert. Wird amazon vom Analysten nämlich der IT-Branche zugeordnet, so werden dessen fehlende Gewinne (zum Zeitpunkt der Untersuchung von Beunza und Garud) nicht negativ bewertet, sondern gerade als ein Indikator für die Zukunftsfähigkeit des Unternehmens, in der Annahme, dass die Erträge reinvestiert werden. Das Kursziel von amazon wird dementsprechend angehoben. Wird amazon hingegen dem Buchhandel zugeordnet, so sind fehlende Gewinne ein Indikator für die fehlende Zukunftsfähigkeit des Unternehmens und das Kursziel wird abgesenkt (ebd.: S. 24).

Diesen Prozess der „Rahmung" der zu bewertenden Finanzkennzahlen bzw. der Unternehmensrisiken findet sich nun auch bei den von uns befragten Analysten unter Bezugnahme auf „nachhaltige" Bewertungsthemen. Diese spielen zum einen bei der Schätzung des *zukünftigen Cashflows* herein, wenn Nachhaltigkeitsanalysten zu einer anderen Prognose des zukünftigen Unternehmenswachstums kommen als konventionelle Finanzanalysten, da ihr Bewertungsprozess von Nachhaltigkeitskriterien „gerahmt" wird. Ein befragtes Analystenteam aus Investmentbank I6 illustriert diesen Rahmungsprozess am Beispiel eines Unternehmens, das Auffahrrampen für Rollstühle herstellt. So klassifizieren sie dieses infolge ihrer Perspektive als Nachhaltigkeitsanalysten und ihrer Zuständigkeit für das Investmentthema „demographischer Wandel" als ein Wachstumsunternehmen („growth")[18], während konventionelle Finanzanalysten hierin lediglich ein unspezialisiertes Bauunternehmen sehen. Die nun folgende, etwas längere Interviewsequenz spiegelt die Diskussion der beiden Analysten um das betreffende Bauunternehmen wider:

> I6_PF1: Also die SRI-Analyse hat zur Folge, dass ich einen Bereich sehr gut verstehe, was sind die Wachstumstreiber in diesem Bereich und so weiter. Und wir denken halt, dass diese Nachhaltigkeitsthemen Wachstumstreiber sind. Und dann muss ich das eben *unmittelbar* in Finanzmodelle umwandeln, um zu wissen, was ich kaufen will und was ich nicht kaufen will. Wenn ich zum Beispiel sage, dieses Rollstuhl zugängliche Gebäude, ich meine, das ist jetzt nicht so technologisch kompliziert, dass es da so viele spezialisierte Unternehmen geben müsste. Aber wenn man dieses jetzt hätte am Rollstuhl, dann muss ich von der Nachhaltigkeit her abschätzen können, wie groß ist wirklich in Zukunft die Nachfrage. Und das sind ja handfeste Zahlen.
> I6_A1: Zum Beispiel diese Gesetze gibt es schon in England, aber in Amerika noch nicht. […] Und wenn dann in Amerika das Gesetz kommt, jedes öffentliche Gebäude braucht eine Rampe, einen Lift, dann ist diese Firma perfekt positioniert, davon zu profitieren. Und dann schaue ich mir genau an, wie sind die positioniert, gibt es jetzt Gesetze, die das bringen – und dann kann man da investieren. Das ist so die Idee.
> I6_PF1: Also aus der Nachhaltigkeitsanalyse Wachstumsperspektiven abzuschätzen, und die müssen sich dann unmittelbar in den Zukunftsaussichten der Unternehmen widerspiegeln. Und so versuchen wir einen Wettbewerbsvorteil zu haben, um damit die richtigen Stocks zu finden. […] [Und] es ist natürlich auch wichtig, wenn wir von der SRI-Analyse kommen, ist es natürlich auch so, dass wir das Unternehmen aus einer anderen Perspektive sehen als Mainstreamanalysten, und deswegen kommen wir auf einen anderen Wachstumsschluss, und damit auf ein anderes Zukunftsszenario für das Unternehmen.

Diese „Rahmung" der Analyse durch Nachhaltigkeitsthemen wie hier im Fall des Themas „demographischer Wandel" findet sich nun zweitens bei der Bewertung des *unternehmensspezifischen Risikos* (beta)[19]. So gelten Informationsasymmetrien zuungunsten des Kapitalmarktes nämlich nicht grundsätzlich als problematisch – dies wird vielmehr von den Befragten als Strukturproblem im Unternehmensbewertungsprozess akzeptiert –, sondern

---

[18] Auffällig ist, dass vier der analysierten Aktienfonds nach dem Anlagestil „growth" investieren (siehe Anlage 2), allerdings nur im Fall von Investmentbank I6 „nachhaltige" Bewertungskriterien als Begründung für die Wachstumsstrategie ins Feld geführt werden. Das heißt, aus der zugrunde liegende Anlagestrategie kann noch nicht kausal auf die tatsächliche Investmentpraxis geschlossen werden.

[19] Zur Erinnerung: Das unternehmensspezifische Risiko gibt Auskunft über das Investitionsrisiko des betreffenden Unternehmens im Vergleich zum Markt. Eingang finden hier unterschiedliche Faktoren wie beispielsweise die Finanzierungsstruktur des Unternehmens, die Liquidität der Aktie, aber auch Fragen der Transparenz und damit der Unternehmensstruktur (Stichwort: Konglomeratsabschlag) (vgl. Abschn. 2.3).

müssen vielmehr als Unternehmensrisiko erst sozial konstruiert werden. Aus Sicht der Analysten besteht dann die Unsicherheit darin, ex ante entscheiden zu müssen, welche Informationsasymmetrien *in Zukunft* am Kapitalmarkt als Unternehmensrisiko definiert werden könnten und so bewertungsrelevant werden. „Nachhaltige" Bewertungskriterien können hier eine orientierende Funktion übernehmen. Am Beispiel des Klimawandels sowie der Korruptionsaffäre bei Siemens schildert ein befragter Analyst, dass sich Unternehmensrisiken aus Sicht des Kapitalmarkts nie absolut definieren lassen, sondern immer historisch und sozial spezifisch sind.[20]

> Und manchmal ist es auch so, dass einfach nur temporär bestimmte Faktoren im Vordergrund stehen, wie jetzt zum Beispiel Klimawandel. Das war natürlich vor einigen Jahren, gerade für die Versorger, auch schon hochrelevant, es hat nur niemanden interessiert und hatte daher auch keinen Einfluss auf den Aktienmarkt. Jetzt, ein großer Hype im Frühjahr, alle Welt spricht darüber in den Medien, und dann steht es im Vordergrund – und *dann interessiert nur noch dieser* Bereich. Alles andere ist uninteressant. Oder: Korruption, wenn man vorher gesagt hätte: Siemens, Vorsicht, bei uns im Rating gibt es schon Hinweise darauf, dass da was nicht... – war jetzt nicht der Fall, aber könnte ja so gewesen sein – dass da etwas im Argen liegt. Das hätte niemanden interessiert. Auf Deutsch gesagt: kein Schwein hätte sich dafür interessiert. Aber in dem Moment, wo dieser eine Fall virulent wird und in aller Munde ist, dann plötzlich interessiert sich jeder nur für diesen Bereich. Für alles andere nicht. Und dann muss man eben liefern. (C2_A1)

Damit ist indirekt bereits angesprochen, dass diese „Rahmung" umgekehrt zur Folge hat, dass im Bewertungsprozess unweigerlich „blinde Flecken" entstehen. So galten beispielsweise zum Zeitpunkt der Befragung infolge des Korruptionsskandals bei Siemens „Corporate Governance"-Risiken als ein zentrales Unternehmensrisiko, was dazu geführt hat, wie ein weiterer Fondsmanager (I4_PF1) kritisiert, dass andere, positive Unternehmensinformationen im Bewertungsprozess intuitiv geringer gewichtet bzw. sogar ausgeblendet wurden:

> Siemens hat *super* Zahlen vorgelegt, der Neue bei Siemens räumt da wirklich auf. Aber es hat keinen Menschen interessiert, nicht wirklich. Die Presse hat in der Berichterstattung hauptsächlich interessiert: Schmiergeld-Affäre. (I4_PF1)

Nachhaltigen Bewertungskriterien wird somit also aus Sicht der befragten Analysten eine orientierende Funktion zugeschrieben, um Unsicherheiten im Bewertungsprozess zu minimieren. Freilich birgt die Orientierung an bestehenden Investmentleitbildern nun das in der soziologischen Diskussion um Managementleitbilder analytisch und empirisch gut dokumentierte Problem, dass sogenannte „lock in"-Situationen entstehen können, da jedem Leitbild unweigerlich „blinde Flecken" innewohnen. Diese können allerdings in der

---

[20] Wir kommen an dieser Stelle nicht auf alle, aus Sicht der Befragten relevanten Unternehmensrisiken zu sprechen. Als problematisch wird u. a. ebenfalls wahrgenommen: das Problem der Kinderarbeit sowie die fehlende Berücksichtigung der EU-Textilrichtlinie (I4_PF1) oder Qualitätsprobleme bei ausgelagerten Unternehmensteilen (I2_PF1).

Entscheidungssituation nicht reflektiert werden; genau hierin liegt ja ihre unsicherheits-reduzierende „Wirkung" (Deutschmann 1997; Meyer und Rowan 1977).[21] Das heißt, aus Sicht der befragten Analysten ist immer auch relevant, in welcher Phase sich ein Investmentleitbild befindet und wie erfolgreich eine Abweichung vom Konsens und damit die Etablierung neuer Investmentthemen sein könnte.

Damit kommen wir zweitens auf den Wandel von Investmentthemen und die Suche nach *zukünftigen Investmenttrends* zu sprechen.[22] Gerade in der Abweichung vom Konsensus und nicht in der Mimesis, so illustriert das Analystenteam aus Investmentbank I6 am Beispiel der Photovoltaikindustrie, besteht die Möglichkeit erfolgreichen Investierens:

> I6_A1: Wir haben natürlich auch einen Konsensus, wo wir uns vergleichen können. Es gibt ja die ganzen Investment-Bank-Analysten, die analysieren ja die Firmen genau wie wir. […] Und wenn es eine Firma gibt, die von fünf Analysten abgedeckt wird, dann baut sich ein gewisser Konsensus auf. Wie wird die Firma wachsen, was sind die Risiken, was sind die Möglichkeiten und so. Und wir können dann sagen: Wir kennen diesen Markt vielleicht besser, (I6_PF1) kennt vielleicht die spanische Photovoltaikindustrie besser als der Konsensus, und meint aber, der Markt wächst *nicht*. Und sagt dann, obwohl die alle ihre Targetpreise hier oben haben: nein, ich habe das Gefühl, das fällt in den Ofen, ich kaufe diese Titel nicht! Und irgendwann, wenn das stimmt, dann werden die Aktienpreise auch fallen. […]
> I6_PF1: Was sind erfolgreiche Investoren? Erfolgreiche Investoren sind die, die heute das denken, was die anderen morgen denken. Man muss immer einen Schritt näher am Ball sein. […] Und die Hypothese ist, die Hoffnung ist, dass die anderen das auch machen – das *morgen* machen. Und wir waren die ersten, und dann verdienen wir da das Geld. Das ist die Story.

Nun können wir zwar mit unserem Material nicht den Institutionalisierungs- bzw. Legitimierungsprozess eines neuen Investmenttrends am Kapitalmarkt empirisch veranschaulichen, wohl aber die subjektiven Suchstrategien der befragten Analysten zur Verortung eines Investmenttrends im Themenzyklus sowie die Bestrebungen zur Etablierung von neuen Investmenttrends. Die beiden Pole im Spektrum der Befragtenaussagen bilden die Analystenteams aus der Universalbank C2 einerseits und der Investmentbank I8 andererseits: Während sich erstere durch ein eher intuitives Vorgehen auszeichnen und die Be-

---

[21] Wir lassen hier die in der Theoriedebatte um den Neo-Institutionalismus so zentrale Frage unberücksichtigt, ob Meyer und Rowan (1977) als den Gründervätern des Neo-Institutionalismus ihrem Argument einen kontingenztheoretischen, also entscheidungstheoretischen Zuschnitt verliehen haben oder vielmehr konstitutionstheoretisch argumentieren, also die Annahme zugrunde legen, dass Unternehmen infolge von Pfadabhängigkeiten gar nicht anders *können* als Leitbildern zu folgen, da diese als selbstverständlich gelten und so strategisch gar nicht verfügbar sind (vgl. zu dieser Unterscheidung Türk 2000, S. 132 ff.). Entscheidend ist für uns an dieser Stelle, dass sich die befragten Analysten lediglich *funktional* auf die genannten Investmentleitbilder beziehen.

[22] Damit zeigt sich erneut (vgl. Abschn. 5.1), dass das Erfolgskriterium „neue Ideen" für die Beurteilung der Analystenarbeit nicht nur für die sell-side-Analyse gilt (Faust et al. 2010, S. 48 ff.) – also für jene Analysten, die dem Wertpapier*vertrieb* zugeordnet sind und dementsprechend neue Ideen generieren *müssen*, um den Wertpapierumsatz zu steigern –, sondern offensichtlich auch für die von uns befragten buy-side-Analysten, deren Erfolgsbeurteilung unabhängig vom Wertpapierumsatz ist. Ob sich hierin ein Aspekt des professionellen Selbstverständnisses von Analysten offenbart, können wir aber auf Basis unseres Materials nicht beurteilen.

fragtenaussagen von Begriffen wie „Gefühl", „Gespür" oder einem „chaotischen Prozess" (C2_A1) durchzogen sind, versuchen letztere diesen Prozess stark zu formalisieren, indem sie vermittels eines „Themenradars" (I8_A1) die aktuelle Phase im Themenzyklus eindeutig zu erkennen versuchen. Beginnen wir mit dem Themenradar aus Investmentbank I8, der zwischen drei verschiedenen Phasen unterscheidet – der Entstehungs-, der Reife- und der Etablierungsphase – und bestrebt ist, die Reifephase eines Investmentthemas zu erkennen (Material I8/1, I8/2, I8/3). Während nämlich in der Entstehungsphase eines Investmentthemas – zum Zeitpunkt der Befragung war das beispielsweise die Nanotechnologie – die Risiken eines Investments noch zu hoch sind und es in der Etablierungsphase „keine Überraschungen mehr gibt" (I8_A1), da es bereits eindeutige Gesetzgebungen gibt und von „konventionellen Analysten eingepriced" (I8_A1) ist, zeichnet sich die Reifephase gerade dadurch aus, dass es hier

> noch *große* Spielräume gibt, wo die Regulierungsmechanismen gerade erst so anfangen zu greifen und weiter entwickelt werden, [...] da ist der Markt noch ineffizient. [...] Und unser Team ist eigentlich darauf spezialisiert, *genau* diese Phase *besser* zu verstehen als der Markt und diese Marktineffizienzen, sage ich mal, zu exploiten. (I8_A1)

Sowohl in den Aussagen des Befragten als auch in einer Werbebroschüre (Material I8/1) der Investmentbank wird nun der Anschein erweckt, dass sich diese Reifephase eines Investmentthemas vermittels des „Themenradars" eindeutig identifizieren lässt. Operiert wird hier mit Indikatoren des „wissenschaftlichen Konsensus", „hoher Medienpräsenz", „absehbaren Regulierungsmechanismen", „Möglichkeiten zur Identifikation von Gewinner- und Verliererunternehmen" und – damit zusammenhängend – deren „Fehlbewertung von Mainstreamanalysten" (ebd.: S. 6). Mithilfe dieser Indikatoren soll es dann möglich sein, ein bestimmtes Investmentthema dem Themenzyklus formal zuzuordnen. Der befragte Analyst erklärt für den Indikator „wissenschaftlicher Konsens", dass

> also bei Wissenschaftlichem, sage ich mal, inwieweit Wissenschaften sich damit *befassen*, das kann man *einfacher* quantifizieren auch, das kann man, da gibt es Datenbanken, wo man schauen kann, wie oft wird irgendwie in der Wissenschaftswelt etwas publiziert mit dem Wort, wo drin steht: so kann man das machen. (I8_A1)

Obgleich auch hier nun im Nachgang eingeräumt wird, dass die Bewertungs*praxis* selten in der geschilderten Form abläuft und vielmehr ebenfalls qualitative Einschätzungen von wissenschaftlichen Beratungsgremien und Beratungsnetzwerken (u. a. NGOs, Unternehmensberater) Eingang finden, ist das vom Befragten geschilderte Selbstverständnis doch ein gänzlich anderes als jenes des Analystenteams aus der Universalbank C2. Die hier geschilderte Vorgehensweise ähnelt vielmehr dem von Faust und Bahnmüller (2010) bereits herausgestellten Dilemma zwischen dem Wettbewerb um neue Ideen einerseits und der Notwendigkeit zur Kooperation andererseits, um den Institutionalisierungsgrad neuer Ideen am Markt „anzutesten". So gelten bankinterne Gespräche mit Kollegen und die Orientierung an „Meinungsführern" als Foren des Austauschs, aber auch Investorenkonferenzen und damit die Öffnung gegenüber potentiell konkurrierenden Anlegerhäusern

(Faust et al. 2010, S. 52). Wie es um dieses Verhältnis zwischen Kooperation und Wettbewerb nun in der Praxis bestellt ist, können wir zwar nicht mithilfe von Interviewpassagen belegen, wohl aber zumindest Eindrücke von einer Investorenkonferenz schildern, die dafür sprechen, dass es sich hierbei nicht lediglich um Marktbeziehungen nach neoklassischem Prinzip handelt. Vielmehr ist hier der Eindruck entstanden, dass die Entwicklung neuer Investmentideen bei den teilnehmenden Investoren als eine Art Kollektivgüterproblem verstanden wird, von dem alle gleichermaßen betroffen sind und demzufolge opportunistisches Verhalten nicht angemessen erscheint. Zumindest wird dem von uns befragten Analysten (C2_A1) eine Geradlinigkeit und Loyalität attestiert, die es umgekehrt den anderen Teilnehmern verbietet, das von ihm bzw. seinem Team auf der Konferenz vorgestellte Investmentthema „Alternde Belegschaft" selbst zu vermarkten. Wir schließen diesen Abschnitt mit einer Interviewpassage der beiden Analysten aus der Universalbank C2, in dem sie den „chaotischen Prozess" der Ideengenerierung schildern:

> C2_A1: Wie entwickeln wir so was? Es kommt einfach spontan über uns! Sozusagen. (lachen)
> C2_A2: Ich glaube, man kriegt auch ein bisschen ein Gefühl dafür, wenn man sich mit Leuten unterhält, wenn man sich bestimmte Websites anschaut oder so was. Es ist eine Gefühlssache irgendwie.
> C2_A1: Es gibt keinen systematischen Prozess, es ist ein chaotischer Prozess. […] Man kriegt auch Anstöße auf Konferenzen, das ist inzwischen ein Riesennetzwerk, global, was sich da gebildet hat. Man merkt einfach, welche Themen sind von Interesse oder was könnte auf Interesse stoßen, und dann verfolgt man das weiter.

5.3 Prüfvariable II: „Nachhaltigkeit" und „organisatinales Lernen"

In kapitalmarktorientierten Unternehmen werden die organisationalen Voraussetzungen für Prozesse „organisationalen Lernens" infolge der zunehmenden Vermarktlichung in der Arbeitsorganisation untergraben. Gerade weil dadurch die betrieblichen Sozialbeziehungen auf ihren bloßen Tauschcharakter reduziert werden, hält sich die Bereitschaft der Beschäftigten in Grenzen, ihr „kreatives Potential" zu entfalten und in den Dienst des Unternehmens zu stellen (vgl. Abschn. 3.3).

Wenn „nachhaltige" Finanzinvestoren nun mit ihrer Anlage den Interessen *aller* Stakeholder Rechnung tragen und den kurzfristigen Verzinsungsinteressen „konventioneller" Investoren kritisch entgegen treten wollen, so wäre zunächst zu erwarten, dass „nachhaltige" Investoren ein positiveres Klima für betriebliche Lernprozesse schaffen. So interessieren aus Sicht „nachhaltiger" Investoren beispielsweise Kritierien wie die finanzielle Ausstattung der Forschungs- und Entwicklungsabteilung, Motivations- und Entlohnungsfragen der Beschäftigten als auch die Ausgestaltung der betrieblichen Arbeitsorganisation (s. u.). Damit soll der kurzfristigen Renditeorientierung „konventioneller" Anleger ganz dezidiert entgegen getreten werden. Dies belegen nicht nur die im Folgenden zu diskutierenden empirischen Befunde aus den Gesprächen mit den Nachhaltigkeitsanalysten und -fondsmanagern, sondern auch die in den Werbebroschüren der analysierten Fonds festgehaltenen Anlageziele „nachhaltiger" Investments. Die Rede ist hier von der Notwendigkeit einer „langfristigen Steigerung des Unternehmenswertes" (Material I4) und „Wettbewerbsvorteilen durch Innovation" (ebd.), die die „Motivation und Identifikation der Mitarbeiter" (ebd.) voraussetzen. Gleichzeitig können, so die weitere Argumentation im Fondsprospekt, durch einen hohen Grad an Mitarbeiterzufriedenheit die Kosten für Fehlzeiten und niedrige Produktivität gesenkt werden (ebd.: S. 14). Dieser unmittelbare Kausalzusammenhang zur Unternehmensperformance findet sich ebenfalls in der Argumentation des Fondsprospekts aus Investmentbank I2: Unterstellt wird hier, dass die Performance der investierten Unternehmen gesteigert werden kann, indem „maintaining good employee relationships [and] attracting and retaining the best talent" (Material I2; vgl. dazu auch Material I1; Material I7/1; Material C2/1).

Ganz offensichtlich findet sich also in den Bewertungskriterien „nachhaltiger" Investoren ein Interesse an einer langfristig ausgerichteten Personalpolitik, das sich von der Vorgehensweise „konventioneller" Investoren unterscheidet. Nicht nur, dass hier überhaupt Fragen einer langfristigen Personalpolitik interessieren, sondern ebenfalls, dass sich dieses Interesse „nachhaltiger" Investoren auf (zumindest fast) alle Beschäftigtengruppen erstreckt und nicht nur auf die „Männer an der Spitze" (Faust et al. 2007, S. 4) beschränkt bleibt. Gerade weil also „nachhaltige" Investoren in ihren Bewertungskriterien ganz dezidiert langfristige Personalstrategien einfordern und nicht bloß eine kurzfristige Steigerung des Unternehmenswertes im Blick haben, stellt sich die Frage, ob vermittels „nachhaltiger" Anlagestrategien nicht die gängige Kritik einer Innovationsfeindlichkeit des Kapitalmarktes entkräftet werden kann.

Der nun wohl am häufigsten formulierte Einwand gegen diese Einschätzung ist die Vermutung, dass es sich bei den Anlageerwartungen „nachhaltiger" Investoren lediglich um Lippenbekenntnisse handelt, die in Fondsprospekten kommuniziert werden und auf der „Aktivitätsstrukturebene" nur wenig Anpassungen nach sich ziehen (Hiß 2007, 2011). Ziel dieses neuen Investmentbildes wäre es dann, neue Anlegergruppen zu erschließen bzw. den Erwartungen eines zunehmend kritisch denkenden Anlegerpublikums gerecht zu werden. Wie die Analyse unseres empirischen Materials nun zeigt, finden sich tatsächlich in den untersuchten Nachhaltigkeitsfonds Formen dieser Fassadenpolitik; diese sind m. E. aber bei der Entwicklung „nachhaltiger" Aktienfonds nicht der springende Punkt.

Viel entscheidender erscheint mir, wie wir im Folgenden untersuchen werden, dass bei einem großen Teil der Fonds die Unternehmensbewertung tatsächlich angepasst wird und die Nachhaltigkeitsindikatoren in der Bewertungspraxis Eingang finden. Dies geschieht jedoch *nicht* in dem Interesse an einer Gewährleistung der *organisationalen* Voraussetzungen langfristiger Personalpolitiken. Wie wir sehen werden, interessieren Fragen der betrieblichen Personalpolitik und -organisation nämlich nicht grundsätzlich im Sinne einer zentralen unternehmensstrategischen „Ressource", sondern lediglich unter einer „um-zu"-Bedingung: dem Wissen um die „Performancerelevanz" des Personals. Damit wäre dann das Interesse „nachhaltiger" Investoren an Fragen zur Personalpolitik und -organisation lediglich instrumenteller Natur. Dies hätte dann zur Konsequenz, so die im Folgenden zu diskutierende *These*, dass Nachhaltigkeitsfonds gerade *wegen* ihres (instrumentell be gründeten) Interesses an Fragen der Personalpolitik – und nicht wegen ihres Desinteresses – eine Innovationsfeindlichkeit attestiert werden muss oder sie zumindest ihrem Selbstanspruch, den betrieblichen Innovationsprozess als externer Beobachter zu fördern, nicht gerecht werden können.

Zweierlei müssen wir nun der folgenden Diskussion einschränkend vorausschicken: Zum einen beruht die Annahme, dass eine Instrumentalisierung der betrieblichen Anerkennungsbeziehungen negative Effekte für die Innovationsfähigkeit von Unternehmen hat, zumindest zum Teil auf Plausibilitätsüberlegungen. Zwar sind die Befunde empirisch gut belegt, dass eine Instrumentalisierung[23] der betrieblichen Sozialbeziehungen aufseiten der Beschäftigten zu Motivationseinbußen führen kann und die Bereitschaft der Beschäftigten bzw. Abteilungen untereinander zu kooperieren ebenfalls eher abnimmt („strukturelle Egoismen"); die hieraus resultierenden Konsequenzen für die Innovationsfähigkeit von Unternehmen sind nach derzeitiger Literaturlage allerdings lediglich im Rahmen von Plausibilitätsüberlegungen festgehalten worden.

Zum anderen haben wir mit unserem empirischen Zuschnitt die *Erwartungen* der „nachhaltigen" Investoren erhoben und können folglich keine Aussage darüber treffen, wie und ob diese Erwartungen aufseiten der Unternehmen überhaupt wahrgenommen werden. Wenngleich dies empirisch zweifellos von Interesse wäre, spielt dies für die Fragestellung der Arbeit aber keine Rolle und zwar deshalb, da ja die Erwartungen auf der *Kapitalmarktseite* verglichen werden sollen und wir prüfen wollen, inwiefern sich jene „nachhaltiger" Investoren von jenen „konventioneller" Investoren unterscheiden. Exemplarisch illustrieren wir diese (divergierenden) Erwartungen am Beispiel der Erwartungen zur Innovationsfähigkeit bzw. -bereitschaft der zu investierenden Unternehmen.

Wir werden den nun folgenden Abschnitt wie folgt gliedern: Zunächst werden wir die Formen „nachhaltiger" Unternehmensbewertung in Abgrenzung zur konventionellen Unternehmensbewertung nach dem DCF-Modell darstellen und die Trennschärfe der Nachhaltigkeitsindikatoren überprüfen. Wir konzentrieren uns hier mit Blick auf unsere Fragestellung nach der Innovationsfähigkeit betrieblichen Handelns auf soziale Nachhaltigkeitsindikatoren und lassen die Themenbündel zu ökologischer Nachhaltigkeit außer Acht.[24] Wir werden hier zunächst die Trennschärfe der Indikatoren überprüfen und zwar

---

[23] Wir haben dies exemplarisch gezeigt am Beispiel des Wandels von der „Würdigung" zur „Bewunderung", der Segmentation von Anerkennung nach der strategischen Bedeutsamkeit der betreffenden Beschäftigtengruppe sowie des strategischen Charakters von symbolischer Anerkennung, die nicht bloß eine vergangene Leistung würdigt, sondern die Erwartung zukünftiger Leistungen mit kommuniziert (vgl. Abschn. 3.3.2).

[24] Ebenfalls außer Acht lassen wir sogenannte „best product"-Anlagestrategien, die in Investmentbank I6 und I8 als zusätzliche Anlagestrategie zum Einsatz kommen. Gemeint ist damit eine Anlagestrategie, die in Unternehmen wegen ihrer „nachhaltigen" *Produkte* wie beispielsweise Solaranlagen, Ökostrom oder – bezogen auf die soziale Nachhaltigkeit – Mikrokredite investiert. Dies interessiert an dieser Stelle deshalb nicht, da es uns ja um die Frage geht, ob durch den Kapitalmarkt „sozialnachhaltige" Unternehmens*strategien* initiiert werden können.

dahingehend, ob die Nachhaltigkeitsanalyse lediglich an einer Transparenz der Indikatoren interessiert ist oder an deren konkreter Umsetzung (Abschn. 5.3.1).

Im Anschluss daran werden wir anhand der Begründungsordnungen der befragten Fondsmanager und Analysten die obige *These* prüfen, dass das Interesse „nachhaltiger" Investoren an Fragen der Personalpolitik und -organisation lediglich instrumenteller Natur ist. Dies wäre dann belegt, wenn beispielsweise Formen der betrieblichen Weiterbildung nicht grundsätzlich positiv bewertet werden würden, sondern lediglich dann, wenn es sich um strategisch relevante Beschäftigtengruppen handelt oder in der betreffenden Branche kontinuierliche Weiterbildungsmaßnahmen wettbewerbsrelevant sind. Entgegen des selbst formulierten Anspruchs „nachhaltiger" Investoren, langfristige Personalstrategien zu fördern und so die Voraussetzungen für „kollektives Lernen" zu schaffen, wäre dann festzuhalten, dass dieses seitens „nachhaltiger" Investoren zumindest nicht positiv befördert wird (Abschn. 5.3.2).

5.3.1   Nachhaltigkeitsanalyse und Portfoliokonstruktion – Bloße Fassade oder „echte" Trennschärfe?

An „nachhaltige" Investoren werden im Kern zwei Kritikpunkte adressiert: Zum einen, dass sie die von ihnen aufgestellten Nachhaltigkeitsindikatoren in der Bewertungspraxis gar nicht ernsthaft kontrollieren *wollen*, es sich hierbei also lediglich um einen „Marketinggag" (Stiftung Warentest 2010, S. 27) handelt, der in der realen Analyse und Portfoliokonstruktion wenig wirkmächtig ist. Aus Sicht des Privatinvestors besteht dann das Problem darin, dass er infolge der Informationsasymmetrie zugunsten seines Anlageberaters (bzw. vermittelter: des zuständigen Fondsmanagers) in seinem Anspruch, nur in „nachhaltige" Unternehmen zu investieren, getäuscht werden kann (Stiftung Warentest 2010). Aber auch selbst wenn, so lautet der zweite Einwand, das Fondsmanagement an einer ernsthaften Umsetzung „nachhaltiger" Bewertungskriterien interessiert wäre, *können* diese in der Bewertungspraxis infolge der Informationsasymmetrie zuungunsten des Kapitalmarktes letztlich gar nicht kontrolliert werden (Beile et al. 2006; Hesse 2007, 2010). Bevor wir diese Kritiklinien aufnehmen, müssen wir zunächst präzisieren, worin sich sowohl der Privatanleger als auch der institutionelle Investor getäuscht sieht bzw. eher: welche Täuschungen er als relevant erachtet. Handelt es sich hierbei – aus Sicht der Privatinvestoren – um die Befürchtung, dass die Ausschlusskriterien (z. B. Waffen-, Tabakhandel oder kontroverse Unternehmenspraktiken) nicht eingehalten werden und die Indikatoren zur Beurteilung „nachhaltiger" Unternehmensstrategien damit wenig trennscharf sind? Analog ließe sich die Befürchtung aus Sicht der institutionellen Investoren formulieren, die eine wenig transparente und vergleichbare Berichterstattung der zu bewertenden Unternehmen befürchten. In beiden Fällen sähe sich der Investor dann in seinem Anspruch getäuscht, einen „Wandel anzustoßen und […] Unternehmen zu verantwortungsbewussteren Corporate Citizens zu machen" (Hiß 2011, S. 651).

Bei beiden Formen der Kritik an „nachhaltigen" Anlageformen gerät m.E. allerdings die viel grundsätzlichere Frage aus dem Blick, ob „nachhaltige" Investoren als *Markt*akteure überhaupt in der Lage sind, langfristige Organisationsstrategien (z. B. Personalentwicklungsmaßnahmen, innovationsförderliche Arbeitsstrukturen oder betriebliche Sozialleistungen) anzustoßen (Deutschmann 2005a; Voswinkel und Wagner 2011), die *jenseits* eines unmittelbaren Vermarktlichungs- bzw. Verwendungsdrucks stehen. Wir haben obenstehend argumentiert, dass auf Märkten langfristige Unternehmensstrategien sowie vergleichsweise geringere Renditeerwartungen unter den Bedingungen des Finanzmarktkapitalismus zwangsweise in ein spieltheoretisches Dilemma führen müssen: Selbst wenn ein einzelner Investor davon überzeugt wäre, dass langfristigere Investitionshorizonte bzw. geringere Investorenrenditen mit Blick auf zukünftige Investitionsmöglichkeiten effizienter wären, gerät er in das klassische Dilemma um Kollektivgüter, nämlich das Kapital der Privatanleger. Gerade weil institutionelle Investoren nicht nur Treiber, sondern auch „Getriebene in einer selbsterzeugten Dynamik" (Deutschmann 2005a, S. 67) sind, stehen sie in Konkurrenz um die Gunst des Anlegerpublikums und sind so dazu „gezwungen", möglichst hohe Renditeversprechen gegenüber den Privatinvestoren abzuliefern (vgl. auch Deutschmann 2008b; Windolf 2008). Bleibt man weiter in der Argumentationslogik der NIÖ, so könnten „nachhaltige" Investoren dieses spieltheoretische Dilemma abmildern, wenn sich ein orientierendes Leitbild etablieren ließe, das zu Effizienzvorteilen für alle führt und damit keine Partei ein Interesse am Trittbrettfahren hätte. Das hieße also, dass eine Absenkung der kommunizierten Renditeerwartungen gegenüber den Unternehmen sowie eine Ausdehnung des Investitionshorizonts möglich wäre, allerdings eben nur dann, wenn sich bei einer kritischen Masse[25] an Investoren die Vorstellung etablieren würde, dass hieraus zukünftig Performancevorteile generiert werden können. Dies wäre beispielsweise dann der Fall, wenn das Personal in bestimmten Branchen knapp werden würde. Kurz: Aus Sicht der („nachhaltigen") Investoren können langfristige Organisationsstrategien immer nur unter einer „um-zu"-Bedingung interessieren. Dann aber werden die betrieblichen Anerkennungsbeziehungen instrumentalisiert und so die Voraussetzungen für innovative Prozesse konterkariert, denn eine Vertrauens- und Kooperationsbereitschaft kann eben gerade *nicht* unter Bedingung gewährt werden. Dasselbe gilt für die Gewährleistung von Kollektivgütern („organizational slack") (vgl. Abschn. 3.3).

Wir werden im Folgenden nun erstens die beiden obigen Kritikpunkte aufgreifen und prüfen, ob die von uns befragten Nachhaltigkeitsinvestoren die von ihnen etablierten Bewertungskriterien überhaupt überprüfen *können* und ob sie diese überprüfen *wollen*. Hier spielt dann auch die Frage nach dem Verhältnis von „nachhaltiger" und „konventioneller" (also ausschließlich finanzorientierter) Unternehmensbewertung herein. Sehen die befragten Investoren hierin einen Widerspruch oder ergänzen sich die beiden Bewertungs-

---

[25] Entscheidend für die Investoren ist nie nur die Frage, so ein befragter Fondsmanager (I1_PF2), „Wie verändert sich die Firma? Die zweite Überlegung ist: Wie, denkt man, ändert sich die Wahrnehmung der anderen *Investoren*? Und dann muss man auch noch mal überlegen, wie könnte das eine mit dem anderen interagieren, welche Punkte sind dazwischen."

formen aus Sicht der Befragten (Abschn. 5.3.1.1)? Zweitens geht es uns um unsere eigene Kritiklinie an dem Anspruch „nachhaltiger" Investoren, über *Märkte* langfristige Organisationsstrategien anstoßen zu wollen. Hier möchten wir die Zielsetzungen der Nachhaltigkeitsinvestoren in den Blick nehmen, die diese mit ihrem Engagement verbinden. Ein erster Indikator[26] für deren Anlageziele sind ihre Erwartungen bezüglich der Performance „nachhaltiger" Aktienfonds (Abschn. 5.3.1.2).[27]

5.3.1.1 Das Problem der Informationsasymmetrie und Zielkonflikte in der Unternehmensbewertung

Wir beginnen mit dem Problem der Informationsasymmetrie im „nachhaltigen" Bewertungsprozess, das wir allerdings nur knapp streifen werden, da dieses kein Spezifikum „nachhaltiger" Analysen ist.

Aus Sicht der Investoren bzw. Analysten, so konzediert Hiß (2011), besteht das Problem, dass die Richtigkeit der von den Unternehmen gemachten Angaben kaum überprüft werden kann (ebd.: S. 660). Nun sind in der Tat „nachhaltige" Analysten im Vergleich zur Informationsbeschaffung „konventioneller" Analysten in dreifacher Hinsicht in einer schlechteren Position: Zum ersten sind die Analystenteams vergleichsweise kleiner und damit jeder einzelne Analyst mit einem größeren Universum an zu bewertenden Unternehmen konfrontiert[28], zum zweiten sind die seitens der Unternehmen zur Verfügung gestellten Informationen – anders als die Finanzberichte – trotz Standardisierungsinitiativen[29] oftmals schlecht vergleichbar und zum dritten fallen die Erwartungen der Nachhal-

---

[26] Auf eine ausführliche Diskussion der Begründungsordnungen „nachhaltiger" Anlagestrategien kommen wir in Abschn. 5.3.2 zu sprechen.

[27] Wir haben festgehalten, dass wir weder aus der Fristigkeit des Anlagehorizonts auf die Fristigkeit von Unternehmensstrategien schließen können noch aus der erwarteten Investorenrendite auf die zu erwirtschaftende Unternehmensrendite und dem damit verbundenen Wandel in der Unternehmensstrategie (Abschn. 3.2). Viel entscheidender im Hinblick auf den Vermarktlichungstrend betrieblicher Strukturen erscheint uns vielmehr die kontinuierliche *Kommunikation* von Fristigkeiten und Renditeerwartungen seitens der Investoren, die die betrieblichen Prozesse „kollektiven Lernens" (Deutschmann 2005a) unterwandern (Abschn. 3.3). Wenn wir hier nun trotzdem einen Vergleich zwischen konventionellen und „nachhaltigen" Anlagehorizonten und erwarteten Investorenrenditen ziehen, dann deshalb, um den „nachhaltigen" Anlageprozess auf seine Trennschärfe zu konventionellen Unternehmensbewertungen zu prüfen.

[28] Wir können hierzu keine systematische Aussage treffen, da auch die konventionellen Analystenteams unterschiedlich stark aufgestellt sind. Daher an dieser Stelle nur der exemplarische Vergleich zwischen einem Automobilanalysten (I5_A1), der etwa 100 Unternehmen analysiert, während ein befragter Nachhaltigkeitsanalyst (I6_A) ungefähr 350 Unternehmen zu analysieren hat.

[29] Dies ist zum einen die „Global Reporting Initiative" (GRI) – einer Vereinigung „nachhaltiger" Investoren –, die eine Standardisierung zentraler Nachhaltigkeitsindikatoren einfordert (Material C2/2; Global Reporting Initiative 2006) sowie die Bemühungen der DVFA – der Vereinigung „konventioneller" Analysten und Fondsmanager – branchenspezifisch standardisierte „key performance indicators" in die Konzernberichterstattung aufzunehmen.

tigkeitsinvestoren infolge ihres vergleichsweise geringen Fondsvolumens in der Kapitalmarktkommunikation weniger ins Gewicht (vgl. Anhang 2).

Gleichwohl handelt es sich bei diesem Problem der Informationsasymmetrie zuungunsten des Kapitalmarktes um ein strukturelles Problem der Unternehmensbewertung durch externe Beobachter, weshalb wir dieses nicht als ein spezifisches Problem der „nachhaltigen" Unternehmensbewertung interpretieren. Auch ein befragter Nachhaltigkeitsanalyst, der vormals als konventioneller Finanzanalyst tätig war, sieht hierin ein grundsätzliches Problem der Unternehmensbewertung. So gibt er auf die Frage, ob man vermittels einer externen Unternehmensanalyse *zukünftige* „Corporate Governance"- Skandale voraussehen kann, zur Antwort.

> Das *kann man nicht*. Das sage ich ganz klar, *das kann man nicht*. Das kann kein Finanzanalyst, das kann keiner, so stark hinter die Kulissen zu gucken, dass man solche Fälle von Fehlbuchungen rausfindet, das ist quasi unmöglich. (I7_A1)

Wir werden auf das Problem der Informationsasymmetrie zwischen Fondsmanagement und Unternehmensvertretern als ein *spezifisches* Problem der Nachhaltigkeitsanalyse daher nicht ausführlicher zu sprechen kommen.

Wie sieht es nun mit der zweiten Kritiklinie an Nachhaltigkeitsfonds aus, also der Frage, ob Nachhaltigkeitsinvestoren überhaupt die von ihnen aufgestellten Bewertungskriterien überprüfen *wollen*? Muss tatsächlich angenommen werden, dass es sich hierbei lediglich um einen „Marketinggag" (Stiftung Warentest 2010) handelt, da sowohl die Ausschlusskriterien als auch die Umsetzung der „nachhaltigen" Unternehmensstrategien aus Sicht der Privatinvestoren kaum kontrollierbar sind?

Nun hat sich zwar jüngst der Verband „nachhaltiger" Investoren (Eurosif 2009) diesem Problem gewidmet und Leitlinien für eine transparente Berichterstattung für Publikumsfonds entwickelt[30]; aus Sicht eines externen Beobachters, der klären möchte, ob das Fondsmanagement die aufgestellten Bewertungskriterien überhaupt überprüfen *will,* ist damit allerdings noch wenig gewonnen.[31]

Wir haben daher die Nachhaltigkeitskriterien, die der Analyse in den von uns untersuchten Fonds zugrunde liegen, danach klassifiziert, ob in der Analyse lediglich eine transparente Berichterstattung eingefordert wird (Strategien auf der Formalstrukturebene) oder ob die Umsetzung des betreffenden Kriteriums eingefordert wird (Strategien auf der Aktivitätsebene) (vgl. Aufstellung in Anhang 3). Wir können festhalten, dass in der Mehrzahl der untersuchten Fälle tatsächlich der *Grad der Umsetzung* eines Kriteriums beurteilt wird und nicht lediglich eine transparente und konsistente Berichterstattung *über* ein Kriterium

---

[30] Das unterzeichnende Investmenthaus verpflichtet sich hierbei – und die Einhaltung dieser Verpflichtung wird wiederrum vom Verband kontrolliert – über die Investmentkriterien, das Bewertungsverfahren sowie die Umsetzungstiefe transparent zu berichten (Eurosif 2009).

[31] Der Vollständigkeit halber hier die Angaben für die von uns untersuchten Fonds: In drei von sechs Investmenthäusern wurde die eurosif-Transparenzleitlinie unterzeichnet (I4, I6, I7).

Tab. 5.1 Indikator zur Beurteilung von Gesundheit und Arbeitssicherheit

Indikator zur Beurteilung von Gesundheit und Arbeitssicherheit	Ratingagentur
Strategien auf der Formalebene	
Bestimmungen zu Gesundheit und Sicherheit (basierend auf den ILO-Arbeitsnormen)	ASSET 4;SAM R1_A1, R2_A1
Strategien auf der Aktivitätsebene	
Anzahl der Arbeitsunfälle/Unfallrate	ASSET 4, INNOVEST, SAM, R1_A1, R2_A1
Anzahl der Krankheitstage	ASSET 4, INNOVEST, R1_A1
Verletzungs- und Krankheitsrate im Vergleich zum Branchendurchschnitt	I7_A1

von Interesse ist. Wir illustrieren dies am Beispiel des Indikators „Gesundheit und Arbeitssicherheit" (Tab. 5.1).

Bereits auf den ersten Blick wird offensichtlich, dass die Strategien auf der Formalstrukturebene nur einen geringen Teil des Nachhaltigkeitsratings ausmachen und die Bewertungskriterien vor allem auf die konkrete Umsetzung der Strategien abzielen. Ein befragter Fondsmanager gibt hierzu folgende Auskunft:

> Ja, ich meine, das ist aber die Frage, wenn Sie alleine Transparenz erreichen wollen, das kann ja auch nicht der Sinn sein. […] Wenn man Transparenz will, ist das eine schöne Sache, aber nur weil etwas transparent ist, ist es deswegen nicht besser oder schlechter. […] Sondern ich muss die Transparenz verlangen, weil das, was transparent gemacht wird, relevant ist – und dann muss ich es auch berücksichtigen. (I2_PF1)

Trotz der offensichtlich trennscharfen Formulierung der „nachhaltigen" Bewertungskriterien lässt sich allerdings auch weiterhin die Kritik aufrechterhalten, dass die Bewertungskriterien in der Praxis nicht zur Anwendung kämen und jene Unternehmen, die gemäß der Nachhaltigkeitsanalyse als nicht-nachhaltig identifiziert werden, nicht aus dem Portfolio ausgeschlossen würden.

Die Überprüfung dieser Kritik ist in der Tat schwierig, da uns zwar zu allen untersuchten Nachhaltigkeitsfonds die Geschäftsberichte vorliegen, sodass uns die Zusammensetzung der Portfolios zum Zeitpunkt der Befragung bekannt ist (exemplarisch für Investmentfonds I4 im Anhang 4 dokumentiert), allerdings wurde uns auch unter Zusicherung von Anonymität in keinem der untersuchten Investmentfonds das zugrunde liegende Nachhaltigkeitsrating zur Verfügung gestellt.[32] Wir können somit nicht überprüfen, ob

---

[32] Dass dieses einem externer Beobachter nicht zur Verfügung gestellt wird, ist wenig überraschend, wenn man weiß, dass dieses das proprietäre Gut eines jeden Fondsmanager ist. Wenn die Stiftung Warentest nun gleichwohl beansprucht, Nachhaltigkeitsfonds zu „überprüfen" (Stiftung Warentest 2010, S. 29 ff.), so tut sie dies lediglich auf einer Formalebene und prüft die *Kriterien* der Nachhaltigkeitsanalyse (z. B. Art und Umfang der Ausschlusskriterien, Transparenz der Kriterien); von einer „Kontrolle" der *Umsetzung* kann daher m. E. nicht die Rede sein.

und wenn ja, wie viele nicht-nachhaltige Unternehmen im betreffenden Fonds enthalten sein könnten.

Wenn es sich folglich als externer Beobachter nicht eindeutig beurteilen lässt, ob das Nachhaltigkeitsrating in der Praxis umgangen werden kann oder nicht, müssen wir das Pferd von hinten aufzäumen und prüfen, ob es aus Sicht der befragten Analysten und Fondsmanager überhaupt *von Nutzen ist*, das Nachhaltigkeitsrating zu umgehen.

Wir haben daher zum einen die Analysten und Fondsmanager danach befragt, ob und wenn ja, worin ihrer Ansicht nach Zielkonflikte zwischen „nachhaltigem" und finanziellem Rating liegen. Unterstellt wird bei dieser Frage, dass wahrgenommene Zielkonflikte die Investoren dazu veranlassen könnten, das Nachhaltigkeitsrating zu umgehen, um Performanceeinbußen nicht in Kauf nehmen zu müssen. Zum zweiten haben wir die „best-in-class"-Methode, die der Portfolioanalyse zugrunde liegt, genauer in den Blick genommen.

Beginnen wir mit den Einschätzungen der Befragten zu möglichen Zielkonflikten in der Nachhaltigkeitsanalyse. Ein befragter Analyst illustriert einen möglichen Zielkonflikt am Beispiel der Kurswertsteigerung bei angekündigter bzw. durchgeführter Personalentlassungsmaßnahme, die gemeinhin als *der* Beleg für die Kurzfristorientierung des Kapitalmarktes gilt. Der Zielkonflikt aus Sicht „nachhaltiger" Investoren bestünde dann darin, dass infolge des schlechten Nachhaltigkeitsratings (Kriterium: Anzahl der Entlassungen) die Unternehmensanteile verkauft werden müssten und so von der Kurswertsteigerung nicht profitiert werden könnte. Gerade weil aber nun der Ausstieg, wie der Befragte erklärt, zum einen „interessewahrend" erfolgt[33] – das heißt, die kurzfristige Kurswertsteigerung noch mitgenommen wird – und zum zweiten genügend alternative Anlagemöglichkeiten bestehen, ergibt sich aus Sicht des Befragten hier gar kein Zielkonflikt zwischen „nachhaltigen" Bewertungskriterien einerseits und der Finanzperformance andererseits:

> Es gibt zum Beispiel den Fall, der typische Fall sind Entlassungen, wenn jetzt Massenentlassungen sind. Dann ist es eigentlich in der Regel so, dass der Aktienkurs hoch geht. Da kann es halt sein, dass wir hier sagen: nicht mehr investieren, nicht mehr investierbar, und gleichzeitig geht der Aktienkurs hoch. […] Wir sagen aber auch, dass man noch eine gewisse Übergangsfrist hat. […] Man hat dann auch ein paar Wochen Zeit, um es dann für den Anleger vernünftig zu verkaufen […] und das muss man akzeptieren. Aber es gibt noch andere Unternehmen, die wir kaufen können. Es gibt immer eine Alternative. (I7_A1)

Dies heißt dann aber auch, dass es aus Sicht der befragten Nachhaltigkeitsinvestoren gar keinen Anlass gibt, die „nachhaltigen" Anlagekriterien zu umgehen, da mit Blick auf die Finanzperformance des betreffenden Titels keine Einbußen hinzunehmen sind.

Zum zweiten haben wir nun für die Klärung der Frage nach der tatsächlichen Umsetzung des Nachhaltigkeitsratings die Portfoliokonstruktion und die hier zugrunde liegende „best-in-class"-Methode genauer in den Blick genommen. An welcher Stelle im Bewer-

---

[33] Gerade bei Unternehmen mit einer geringen Marktkapitalisierung (als Richtgröße wird eine Marktkapitalisierung von 500 Mio. genannt, I2_PF1) kann die Exit-Strategie gar nicht kurzfristig gewählt werden, ohne damit nicht selbst kursbeeinflussend zu wirken (vgl. I2_PF1; Faust et al. 2010, S. 16 ff.).

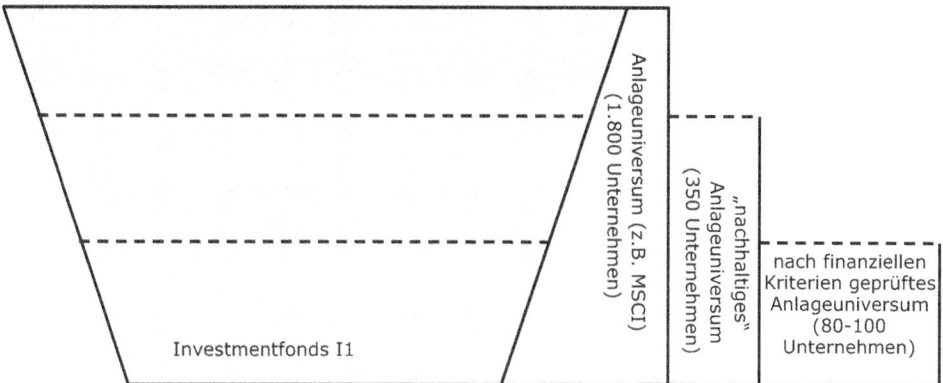

Abb. 5.2 Der Anlageprozess „nachhaltiger" Aktienfonds

tungsprozess spielen die „nachhaltigen" Bewertungskriterien herein und wo steht zu befürchten, dass diese umgangen werden?

Die Auswahl der zu investierenden Unternehmen erfolgt in allen untersuchten Fonds mit Hilfe des „best-in-class"-Ansatzes (SAM 2009, S. 6; Schäfer 2005). Dieser sieht vor, dass die Unternehmen aus dem kompletten Anlageuniversum (z. B. MSCI) innerhalb ihrer Branche gemäß sozialer und ökologischer Kriterien gerankt werden (für eine Übersicht der Kriterien, siehe Anhang 3) und pro Branche die jeweils besten 20 % in das „nachhaltige" Anlageuniversum aufgenommen werden (Abb. 5.2).

Wir veranschaulichen diese Methode an einem fiktiven Beispiel (Abb. 5.3): In dem Index MSCI seien in der Branche „Informationstechnologie" zum Stichtag 24.12.2012 zehn Unternehmen (U_1–U_{10}) enthalten, die gemäß ihrer Marktkapitalisierung gerankt sind. Dem „best-in-class"-Ansatz zufolge werden die zehn Unternehmen nun in der Reihenfolge ihrer Nachhaltigkeitsbewertung in ein neues Ranking gebracht. Wenn also gemäß des „best-in-class"-Ansatzes die jeweils besten 20 % einer Branche in das „nachhaltige" Anlageuniversum aufgenommen werden, dann sind das in vorliegendem Beispiel zwei Unternehmen (Unternehmen U_9 und U_4), die restlichen acht Unternehmen fallen heraus.

Wir überprüfen dieses, an einem fiktiven Beispiel illustrierte Verfahren für einen *realen* Nachhaltigkeitsindex, nämlich dem „DJSI STOXX". Dieser wurde von der Nachhaltigkeitsratingagentur SAM im Jahre 1999 auf Basis des Dow Jones-Indexes (DJ STOXX) entwickelt, um Investoren eine transparentere Identifikation „nachhaltiger" Unternehmen zu gewährleisten (SAM 2010, S. 17). Gemäß des „best-in-class"-Ansatzes wird die soziale und ökologische Nachhaltigkeit der Unternehmen innerhalb ihrer Branche geratet und die Unternehmen gemäß ihrer Nachhaltigkeitsbewertung gerankt. Wir haben nun zum Stichtag 05.11.2009 alle Unternehmen, die im DJ STOXX gelistet sind (600 Unternehmen)

Unternehmen in der IT-Branche (MSCI)	Rangfolge der Unternehmen gemäß der Marktkapitalisierung
Unternehmen U_1	1
Unternehmen U_2	2
Unternehmen U_3	3
Unternehmen U_4	4
Unternehmen U_5	5
Unternehmen U_6	6
Unternehmen U_7	7
Unternehmen U_8	8
Unternehmen U_9	9
Unternehmen U_{10}	10

Rangfolge gemäß der Nachhaltigkeitsbewertung	„nachhaltige" Unternehmen in der IT-Branche (MSCI)	
1	Unternehmen U_9	„best-in-class"
2	Unternehmen U_4	
3	*Unternehmen U_1*	
4	*Unternehmen U_3*	*nicht-nachhaltige Unternehmen*
5	*Unternehmen U_2*	
6	*Unternehmen U_{10}*	
7	*Unternehmen U_7*	
8	*Unternehmen U_5*	
9	*Unternehmen U_6*	
10	*Unternehmen U_8*	

Abb. 5.3 Der „Best-in-Class"-Ansatz im „nachhaltigen" Anlageprozess

gemäß ihrer Branchenzuordnung aufgelistet (Spalte 1) und dasselbe für die „nachhaltigen" Unternehmen des DJSI STOXX (154 Unternehmen) unternommen (Spalte 2) (Tab. 5.2).[34]

Entscheidend ist hier nun der Vergleich zwischen den beiden Spalten (2) und (3): Während in Spalte (2) die *tatsächliche* Anzahl der im Nachhaltigkeitsindex DJSI STOXX vertretenen Unternehmen dargestellt ist, bildet Spalte (3) die rein rechnerische Anzahl der Unternehmen ab, die im Nachhaltigkeitsindex DJSI STOXX enthalten *sein dürften*, wenn die „best-in-class"-Methode tatsächlich in Reinform zu Anwendung *käme*. Gemäß dieser dürften ja dann nur die besten 20 % der Unternehmen in den Nachhaltigkeitsindex aufgenommen werden, was beispielsweise für die Energieindustrie hieße, dass hier lediglich acht Unternehmen vertreten sein dürften und nicht wie tatsächlich 10 Unternehmen. Über alle Branchen hinweg macht der Vergleich zwischen der tatsächlichen Anzahl (Spalte 2) und der rein-rechnerisch möglichen Anzahl der investierten Unternehmen (Spalte 3) deutlich, dass in allen Branchen die tatsächliche Anzahl der investierten Unternehmen im DJSI STOXX (2) von jener, die gemäß des „best-in-class"-Ansatzes investiert sein dürften (3), abweicht. Wie erklärt sich nun diese Abweichung? Muss hieraus die Schlussfolgerung gezogen werden, dass das Nachhaltigkeitsrating umgangen wird und auch nicht-nachhaltige Unternehmen ins Portfolio aufgenommen werden?

---

[34] Die Daten für diese Auflistung stammen zum einen aus der öffentlich zugänglichen Indexzusammensetzung des DJSI STOXX, die Auskunft über die investierten Unternehmen gibt (SAM 2010, S. 98 ff.), und zum anderen wurde uns die mittlerweile nicht mehr öffentlich zugängliche Zusammensetzung des DJ STOXX zum obigen Stichtag (05.11.2009) freundlicherweise vom Indexanbieter STOXX zur Verfügung gestellt.

Tab. 5.2 Der „Best-in-Class"-Ansatz im Vergleich von DJ STOXX und DJSI STOXX

Branche	DJ STOXX (1)	DJSI STOXX (2)	*DJSI STOXX errechnet (3)*[a]
Energieindustrie (Öl, Gas)	39	10	*8*
Grundstoffindustrie (Chemie, Metall, Papier)	49	11	*10*
Industriegüter (Anlagegüter, Verkehr)	119	27	*24*
Nicht-zyklische Konsumgüter (Nahrungsmittel, Haushaltsprodukte)	67	22	*13*
Gesundheitswesen (Pharmaindustrie, Biotechnologie)	36	9	*7*
Zyklische Konsumgüter (Automobilbranche, Elektronik, Kleidung, Einzelhandel)	72	23	*14*
Telekommunikationsindustrie	20	5	*4*
Versorgerindustrie	31	10	*6*
Finanzindustrie	143	33	*29*
Informationstechnologie	24	4	*5*
Anzahl der Unternehmen	600	154	*120*

[a] Rechnerische Werte, die auf ganze Zahlen gerundet wurden

Wir haben bereits argumentiert, dass wir hierauf als externer Beobachter keine eindeutig überprüfbare Antwort geben können, wohl aber die Frage klären können, ob es aus Sicht der befragten Investoren überhaupt *von Interesse ist*, die Nachhaltigkeitskriterien zu umgehen. Wie wir sehen werden, ist dies nicht der Fall, da die Nachhaltigkeits- mit der Finanzanalyse verknüpft wird und in der Einschätzung der Befragten gerade hierin der Wettbewerbsvorteil gegenüber „konventionellen" Investoren liegt. An welcher Stelle spielen nun finanzielle Kriterien in die Nachhaltigkeitsanalyse herein? Dies erfolgt zum einen im Rahmen der branchenspezifischen Gewichtung der Nachhaltigkeitskriterien und zum anderen bei der finanziellen Anpassung der „best-in-class"-Methode.

Beginnen wir mit der branchenspezifischen Gewichtung der Indikatoren, die wir exemplarisch am Vorgehen der Nachhaltigkeitsratingagentur SAM illustrieren (SAM 2010, S. 38 ff.; Abb. 5.4). Wir haben hierzu zwei Branchen ausgewählt, die mit Blick auf ihre gesamtgesellschaftlichen Risiken ganz offensichtlich höhere ökologische als soziale Risiken bergen: die Luftverkehrs- und Verteidigungsbranche (aerospace und defence) einerseits sowie die Automobilbranche („automobiles") andererseits.[35] Auffällig ist nun, dass in der branchenspezifischen Gewichtung der Indikatoren gerade nicht die Bewertungskriterien „ökologischer" Nachhaltigkeit hoch gewichtet werden, sondern jene „sozialer" Nachhaltigkeit und zwar deshalb, da diese mit Blick auf die *finanziellen* Risiken der zu bewertenden Unternehmen entscheidender sind (Material I7/1). So werden hier ganz analog zum konventionellen Portfoliomanagement Performanceanalysen durchgeführt, die die branchenspezifische Gewichtung der Indikatoren so festlegen, dass eine bessere Finanzperformance

---

[35] Für eine Übersicht über alle Branchen, siehe Anhang 5.

Dimension Branche	Economic	Environmental	Social
Aerospace & Defense	33,6%	22,4%	44,0%
…			
Automobiles	26,2%	34,4%	39,4%

Abb. 5.4 Branchenspezifische Gewichtung der „sozialen" Nachhaltigkeitsindikatoren der Ratingagentur SAM

als auf dem Gesamtmarkt erzielt werden kann (von Arx und Ziegler 2008; Edmans 2011; Kempf und Osthoff 2006; Orlitzky et al. 2003). Diese ergibt für die beiden Branchen, dass die ökologischen Risiken im Vergleich zu den gesellschaftlichen Risiken mit Blick auf die Unternehmensperformance eine nur untergeordnete Rolle spielen, da beispielsweise in der Luftverkehrs- und Waffenindustrie mit Reputationsproblemen gerechnet werden muss (Material I7/1; Material I7/2). Dies heißt dann aber auch, dass man sich gerade aus der *Messung* und damit der *Umsetzung* eines Nachhaltigkeitsindikators einen Performancevorsprung gegenüber konventionellen Bewertungsverfahren erwartet.

Zum zweiten spielen die Finanzkriterien dann in die Portfoliokonstruktion herein, wenn der „best-in-class"-Ansatz nach finanziellen Bewertungskriterien wie die Branchen-, Länder- und Größendiversifikation eines Portfolios angepasst wird (SAM 2009, S. 6). So definiert sich das Risiko einer Anlage im Kern aus drei Risikodimensionen: dem Risiko aus der Größe des Unternehmens, dem Länderrisiko sowie dem Branchenrisiko (Günther 2006, S. 179). Verschiebt sich diese Diversifikation eines Portfolios infolge des „best-in-class"-Ansatzes, so muss diese mit Blick auf das Risikoprofil des Investments wieder hergestellt werden. Dazu werden nach dem ersten Schritt der Nachhaltigkeitsanalyse gemäß der oben dargestellten „best-in-class"-Methode in einem zweiten Analyseschritt – der fundamentalen Unternehmensbewertung nach dem DCF-Modell[36] – jene „nachhaltigen" Unternehmen herausgefiltert, die gleichzeitig nach finanziellen Kriterien interessant sind. Das heißt also, dass auch hier das Nachhaltigkeitsrating nicht umgangen wird, sondern vielmehr um eine Finanzanalyse ergänzt wird.[37]

Wir fassen aus dem vergangenen Abschnitt zusammen: Zum einen ist bezüglich der Frage, ob Nachhaltigkeitsinvestoren die von ihnen etablierten Bewertungskriterien überhaupt überprüfen *können*, festzuhalten, dass sie zwar im Vergleich zur konventionellen Unternehmensanalyse stärker mit dem Problem der Informationsasymmetrie konfrontiert sind, sich dies aber in struktureller Hinsicht nicht vom grundsätzlichen Bewertungsproblem durch externe Kapitalmarktakteure unterscheidet. Empirisch interessanter war daher zweitens die Frage, ob Nachhaltigkeitsinvestoren die von ihnen aufgestellten Indikatoren

---

[36] Vergleiche dazu Abschn. 2.3.

[37] Bis auf zwei Analystenteams wird die Nachhaltigkeitsanalyse von der Finanzanalyse auf die hier dargestellte Art und Weise unterschieden. Bei den anderen beiden Teams „rahmt" die Nachhaltigkeitsanalyse tatsächlich die Interpretation der Finanzdaten (vgl. Abschn. 5.2.2.2).

überhaupt überprüfen *wollen* oder ob sie sich hierbei lediglich eines neuen Investment-leitbildes bedienen, um neue Kundengruppen zu erschließen. Hier haben wir zunächst herausgestellt, dass in den analysierten Nachhaltigkeitsfonds zumindest nicht lediglich die Transparenz von Nachhaltigkeitsindikatoren interessiert, sondern deren konkrete Um-setzung. Freilich – darauf mussten wir einschränkend verweisen – kann dies noch kein letztlich gültiger Beleg dafür sein, dass in der Bewertungspraxis nicht trotzdem das Nach-haltigkeitsrating umgangen wird. Wir haben daher umgekehrt gefragt, welchen möglichen *Nutzen* die befragten Investoren überhaupt aus einer Nichtbeachtung der Nachhaltigkeits-analyse hätten. Wir mussten hier feststellen, dass sich aus Sicht der Befragten zum einen gar keine Zielkonflikte zwischen „nachhaltiger" und finanzieller Unternehmensbewertung ergeben und es so auch gar keinen Anlass gibt, erstere zu umgehen. Zum anderen konnten wir mit Blick auf die Portfoliokonstruktion festhalten, dass diese zwar durch finanzielle Risikokriterien ergänzt wird, dadurch die Nachhaltigkeitsanalyse aber nicht ausgehebelt wird. Dies geschieht deshalb nicht, da man sich gerade aus der *Umsetzung* der Nachhal-tigkeitsanalyse einen Performancevorsprung gegenüber jenen Fonds erwartet, die aus-schließlich auf einer Finanzanalyse basieren.

5.3.1.2   Die Performance „nachhaltiger" Aktienfonds

Jenseits der oben diskutierten Frage, ob Nachhaltigkeitsinvestoren die von ihnen etablier-ten Bewertungskriterien in der Praxis überprüfen können und wollen, stellt sich unseres Erachtens die viel grundsätzlichere Frage, ob Nachhaltigkeitsinvestoren in ihrer Rolle als externe *Markt*akteure überhaupt in der Lage sind, langfristige Unternehmensstrategien wie die vorliegend interessierenden „kollektiven Lernprozesse" anzustoßen. Unsere Aus-gangs*these* lautet hier, dass es gerade deren instrumenteller Zugriff auf Fragen der lang-fristigen Personalpolitik bzw. -organisation ist, die ihr Anlageziel, die Motivations- und Identifikationsbereitschaft der Beschäftigten anzuerkennen, zwangsläufig konterkarieren muss. Denn: Anerkennung kann *nicht* unter *Bedingung* erfolgen, die sich in der zunehmen-den Performancerelevanz des Personals begründet (Voswinkel und Wagner 2011). Bevor wir nun ausführlicher auf die Begründungsordnungen der Befragten zu sprechen kommen (Abschn. 5.3.2), wollen wir als einen ersten Indikator für ihre Investmenterwartungen ihre Erwartungen zur Performance „nachhaltiger" Aktienfonds in den Blick nehmen.

Wenn wir uns nachfolgend nun der Performance „nachhaltiger" Aktienfonds zuwen-den, so nicht deshalb, weil wir uns hieraus Rückschlüsse für die Innovationsfähigkeit der investierten Unternehmen erwarten würden[38], sondern weil wir auf diese Weise zumindest indirekt die Erwartungen der Kunden der von uns befragten Fondsmanager einfangen können. Diese Erwartungen der Privatanleger gelten in der industriesoziologischen Debat-te nämlich als die zentrale Erklärungsvariable für die Begründung des Renditedrucks der

---

[38] Hier eine Kausalrelation aufzustellen, wäre – neben den beiden oben benannten Gründen – auch deshalb schwierig, da das Investitionsvolumen „nachhaltiger" Aktienfonds gemessen am Grund-kapital der investierten Unternehmen viel zu gering ist, um über eine Exit-Androhung im Unter-nehmen der Option „Voice" Gehör zu verschaffen.

Fondsmanager gegenüber den investierten Unternehmen (Deutschmann 2005a, S. 67 ff.; Windolf 2008). Gerade weil, so wird argumentiert, Investmentgesellschaften selbst den „Gesetzen des Marktes" (Deutschmann 2005a, S. 67) unterworfen sind, stehen sie in Konkurrenz um die Gunst des Anlegerpublikums und werden so ihrerseits zu „Getriebenen in einer selbsterzeugten Dynamik" (ebd.; vgl. auch Windolf 2008, S. 517 ff.; Neckel 2011).

Nun ist diese Erklärung unter Rückgriff auf die Strukturvariable der Kundenerwartungen nicht verkehrt. Zu Recht zeigen die Autoren auf, dass mit der Ausweitung des Aktieninvestments in breite Bevölkerungsschichten hinein (wie beispielsweise mit der Telekom-„Volksaktie") tatsächlich einem Teil der Privatanleger eine „Gier" (Deutschmann 2008b, S. 12) attestiert werden muss, die in die Vorstellung eines „‚Naturrechts' auf Rendite" (ebd.: S. 13) mündet. In der Folge sieht sich das Fondsmanagement dann dazu genötigt, möglichst hohe Renditen zu erwirtschaften. Nur: Für „nachhaltige" Privatinvestoren als auch institutionelle Investoren wie Kirchen oder Stiftungen[39], die in die Fonds der von uns befragten Fondsmanager investiert sind, ist die Fondsperformance zwar nicht irrelevant, wird aber in der Mehrzahl der Fälle als vernachlässigbar interpretiert[40]. Und wenn zusätzlich gewährleistet werden kann, dass die Ausschlusskriterien (v. a. Öl- und Waffenindustrie) eingehalten werden, kann sogar eine Underperformance in Kauf genommen werden. Gerade weil aber nun die tatsächliche Performance von Nachhaltigkeitsfonds im Allgemeinen sowie jene der von uns analysierten Nachhaltigkeitsfonds im Besonderen gegenüber konventionellen Benchmarks wie beispielsweise dem MSCI oder dem DJ STOXX nicht schlechter ist (s. u.), entsteht ein Erklärungsbedarf für die Renditeerwartung der befragten Fondsmanager. Bevor wir auf diese (Selbst-)Erwartung der Fondsmanager zu sprechen kommen, werden wir zunächst auf die Performanceentwicklung von Nachhaltigkeitsfonds sowie auf die Kundenerwartungen aus Sicht des Fondsmanagements zu sprechen kommen.

Dass nun Nachhaltigkeitsfonds gegenüber konventionellen Indizes wie beispielsweise dem MSCI oder dem DJ STOXX „outperformen" können, also eine bessere Kurswertentwicklung aufweisen, haben wir obenstehend indirekt mit Blick auf die branchenspezifische Gewichtung der Nachhaltigkeitsindikatoren bereits belegt (Edmans 2011; Ziegler et al. 2007).[41] Eine Outperformance gegenüber dem zugrunde liegenden Index lässt sich

---

[39] Gemäß der konventionellen Unterscheidung zwischen Privatkunden und institutionellen Kunden ist es mit Blick auf die Übersicht über die analysierten Fonds (siehe Anhang 2) irritierend, wenn wir hier von institutionellen Investoren sprechen, wir aber nur Publikumsfonds untersucht haben. Diese Trennlinie zwischen den beiden Kundengruppen kann mittlerweile aber nicht mehr so strikt gezogen werden, da auch institutionelle Kunden vermehrt in Retailfonds investieren und zwar deshalb, da diese infolge der täglichen Kurswertbestimmung leichter zu bilanzieren sind (vgl. I1_PF1; I4_PF1).

[40] Wenn wir hier von den Erwartungen der Kunden sprechen, dann beziehen wir uns auf die Erwartungserwartungen der Fondsmanager bzw. auf empirische Befunde aus der Literatur.

[41] Allerdings wird sowohl von den von uns befragten Fondsmanagern als auch in den zitierten Studien kritisiert, dass es grundsätzlich – und bei Nachhaltigkeitsfonds im Speziellen – methodisch schwierig ist, eindeutige Korrelationen zwischen der Outperformance eines Fonds und bestimmten

gemäß der Portfoliotheorie dann erzielen, wenn jene Aktien im Fonds gegenüber dem Index stärker gewichtet werden, die derzeit am Kapitalmarkt unterbewertet sind und somit Wachstumspotential aufweisen. Diese Unternehmen „herauszufiltern", ist Aufgabe des aktiven Fondsmanagements gegenüber dem passiven Abbilden eines Indexes. Für *ökologisch-nachhaltige* Unternehmen belegen dies die Autoren Ziegler, Schröder und Rennings (2007) für Unternehmen des MSCI im Zeitraum 1996 bis 2001, indem sie zeigen, dass diese über alle Branchen hinweg eine Outperformance gegenüber der Benchmark MSCI aufweisen und zwar deshalb, da ihre Umweltrisiken, die beispielsweise infolge hoher Kosten für CO_2-Emissionen oder potentiellen Reputationsschäden entstehen können, im Vergleich zu nicht-nachhaltigen Unternehmen gering sind (ebd.: S. 665 ff.). Der Beleg für die Outperformance *sozial-nachhaltiger* Unternehmen ist nun freilich aus zweierlei Gründen schwieriger zu erbringen: Zum einen lässt sich der Einfluss qualitativer Faktoren wie beispielsweise die Qualität der Personalpolitik auf die Unternehmensperformance und damit vermittelt auf die Kurswertentwicklung nur schwerlich quantifizieren und zum anderen liegen ja gerade hierin die potentiellen Widersprüche mit den fundamentalen Finanzinteressen. Eine Meta-Analyse von Orlitzky, Schmidt und Rynes (2003), die die Ergebnisse von 52 Studien zur Performance von Nachhaltigkeitsfonds auswerten, kommen zu dem Ergebnis, dass der Einbezug sozialer Nachhaltigkeitskriterien in keiner der analysierten Studien mit einem Performanceverlust quittiert wurde. Und nicht nur das: In Abhängigkeit der Branche konnte sogar eine Outperformance der Fonds ausgewiesen werden (ebd.: S. 415 ff.; vgl. auch von Arx und Ziegler 2008; Edmans 2011). Wie sieht es nun mit der Performance der von uns untersuchten Nachhaltigkeitsfonds aus?

Nun wäre es ja naheliegend, die zu analysierenden Nachhaltigkeitsfonds vergleichbaren, nicht-nachhaltigen Aktienfonds gegenüberzustellen. Auf diese Weise ließen sich allerdings kaum methodisch saubere Ergebnisse erzielen und zwar deshalb nicht, da sich sowohl „konventionelle" als auch „nachhaltige" Fonds in einer Vielzahl an Kriterien (Anlagehorizont, Anlagestil, Anlageklasse, Länderschwerpunkt, Kundengruppe, usw.) unterscheiden (Material I7/1). Aber auch selbst wenn es gelänge, alle statistisch relevanten Kriterien der Fondskonstruktion konstant zu halten, würde man die Individualität des Fondsmanagers, die gerade in der *Abweichung* von diesen Konstanten liegt, überdecken. Der hieraus generierte Performancevergleich wäre daher wenig aussagekräftig. Ein hierzu

---

Fondseigenschaften (z. B. Anlagestil, regionaler Anlageschwerpunkt) zu ermitteln, da sich Scheinkorrelationen einschleichen können. Für den vorliegend interessierenden Fall der „nachhaltigen" Aktienfonds sind es die „size effects", die die Performanceanalyse verzerren: So galten zum Zeitpunkt der Befragung kleinere Unternehmen (small caps) als performancestark und gleichzeitig investieren Nachhaltigkeitsfonds vor allem in kleinere Unternehmen; eine eindeutige Kausalursache ist somit nur schwerlich methodisch sauber zu begründen. So fasst ein befragter Fondsmanager zusammen: „Meine Aussage ist nicht: Nachhaltigkeit performt besser oder schlechter. Sondern die Aussage ist: man muss ein bisschen vorsichtig sein, denn es ist nicht alles Apfel gleich Apfel." (I2_PF1). Allerdings investieren alle von uns untersuchten „nachhaltigen" Aktienfonds in „large cap"-Unternehmen (siehe Aufstellung über die Fonds, Anhang 2), sodass wir zumindest für deren Performance dieses Methodenproblem nicht in Rechnung stellen müssen.

befragter Fondsmanager erklärt, dass aus Sicht des Fondsmanagements das Kernproblem professioneller Fondsratingagenturen wie Morningstar, Standard & Poor's oder Moody's darin besteht, dass zwar die Performance eines Fonds im Vergleich zur Benchmark bzw. anderen Fonds geratet werden kann, allerdings kaum Aussagen über die *Ursache* einer Out- bzw. Underperformance getroffen werden können.[42] Dies deshalb nicht, da sowohl die Vergleichsgruppen (peer groups), mit denen ein Fonds bzw. ein Aktienunternehmen verglichen wird, inhomogen sind als auch die Messindikatoren (z. B. Länderklasse, Anlagestil eines Fonds) je nach Ratingagentur unterschiedlich klassifiziert sein können[43] und daher eindeutige Kausalzuschreibungen nur schwerlich möglich sind. So gibt der obige Fondsmanager zu Protokoll:

> Die definierten Peergroups sind, sagen wir mal, zweifelhaft, weil die drei großen Ratinggesellschaften, die das sich angucken auch unterschiedliche Ansätze haben, wie sie das quasi berücksichtigen und von Gesellschaft zu Gesellschaft ist die Peergroup irgendwie ganz verschieden. (I1_PF1)

Und ein befragter Produktmanager ergänzt, dass diese unterschiedlichen Vorgehensweisen im Ratingverfahren zu gänzlich unterschiedlichen Bewertungen der Fondsperformance führen können:

> Wir sehen es an den *Fonds*-Ratings, [...] die haben aber *vollkommen* unterschiedliche Herangehensweisen. Nichtsdestotrotz, jede Fondsgesellschaft nutzt diese Sterne oder die Buchstaben, die es da von A bis D... nutzt es gerne in der Werbung, aber die Herangehensweise ist ganz unterschiedlich, und auch da kann ein Fonds, der beim einen im vorderen Quartil ist, bei den anderen relativ weit hinten sein, weil die einen anderen Zeitbezug haben oder weil der andere Kriterien ansetzt. (C1_PM1)

Da somit kaum ein systematischer Performancevergleich zwischen „nachhaltigen" und nicht-nachhaltigen Fonds möglich ist, haben wir die befragten Fondsmanager um ihre Selbsteinschätzung wie auch ihren Selbstanspruch an die Fondsperformance gebeten. Auffällig ist hierbei nun, dass laut Aussage der Befragten keiner der untersuchten Nachhaltigkeitsfonds gegenüber der Benchmark mit Performanceeinbußen zu rechnen hatte, diese Renditeentwicklung „nachhaltiger" Aktienfonds sich jedoch aber gerade nicht mit dem bloßen Verweis auf den Anlegerdruck der Privatinvestoren bzw. der institutionellen Inves-

---

[42] Für Fondsmanager, die institutionelle Kunden wie Kirchen, Stiftungen oder Versicherungen betreuen, ist die Performanceeinschätzung des eigenen Fonds noch schwieriger. Diese sind in ihrer Beurteilung nicht nur mit der mangelnden Vergleichbarkeit der Benchmark konfrontiert, sondern der Vergleichsmaßstab ist ihnen nicht einmal bekannt. So konkurriert der Fondsmanager hier mit anderen Anlageklassen wie beispielsweise dem Geldmarkt und mit Konkurrenzfonds, deren Zusammensetzung für ihn nicht transparent ist (I1_RM1).

[43] Dies begründet sich darin, dass Ratinganbieter in einem Wettbewerb zueinander stehen und so in ihrer Konzeption der Messindikatoren auf ein Alleinstellungsmerkmal gegenüber Konkurrenzanbietern achten (Postert 2007).

toren wie Kirchen oder Stiftungen erklären lässt.[44] So haben wir obenstehend bereits angedeutet, dass gemäß der Erwartungserwartungen der befragten Fondsmanager die Renditeerwartungen der Kunden zwar nicht irrelevant sind, diese aber in der Mehrzahl der Fälle
nicht an oberster Priorität stehen. So präzisiert ein befragter Produktmanager für die Renditeerwartungen des institutionellen Investors Kirche, dass hier Unternehmensausschlüsse
wie beispielsweise in der Waffenindustrie auch unter Inkaufnahme von Performanceeinbußen akzeptiert werden (I1_RM1; I7_A1) und für die Erwartungen der Privatinvestoren
fasst der Fondsmanager aus Investmentbank I6 pointiert zusammen:

> *Doch*, ich glaube, es gibt grundsätzlich Leute, die dazu bereit sind, Geld zu investieren in
> Fonds, die weniger Performance haben, aber dafür weiß man, die Mitarbeiter [in den inves-
> tierten Unternehmen, EMW.] haben im Schnitt mehr Geld. (I6_PF1)

Nun können wir freilich auf Basis unserer qualitativen Daten keine systematischen Aussagen über die Kundenerwartungen von Nachhaltigkeitsfonds treffen[45]; sie lassen sich allerdings in die in der Literatur auffindbaren empirischen Befunde zu den Anlegererwartun-
gen „nachhaltiger" Anlageformen einreihen. So zeigen die Ergebnisse einer von der Union
Investmentbank beauftragten Studie zum Anlegerverhalten „nachhaltiger" institutioneller
Investoren (2009), dass das Anlagemotiv „bessere Renditeerwartungen" im Vergleich zu
den Motiven „Optimierung des Risikomanagements", „Verbesserung des Images" sowie
„Nachfrage von Versicherten und Mitgliedern" den letzten Rangplatz einnimmt (ebd.:
S. 16). Und für die Anlagemotive von Privatinvestoren zeigten die Autoren Cheah et al.
(2011) im Rahmen einer internationalen Studie zur Sozialstruktur „nachhaltiger" Investoren auf, dass vor allem jüngere weibliche Anleger der Ansicht sind, dass die soziale und
ökologische Nachhaltigkeit mindestens ebenso wichtig ist wie die Performance des Fonds
und jüngere, gut ausbildete Anleger mit höherem Einkommen beiderlei Geschlechts gehen in der Annahme, dass die soziale Nachhaltigkeit von Unternehmen wichtiger ist als
deren Gewinnmaximierung (ebd.: S. 316 ff.). Wir halten an dieser Stelle also fest, dass für
den „nachhaltigen" Aktienmarkt der Anlegerdruck sowohl der Privatinvestoren als auch
der institutionellen Investoren nur bedingt als Erklärungsvariable für die kommunizierten
Renditeerwartungen des Fondsmanagements gegenüber den Unternehmen dienen können.

---

[44] Freilich lässt sich hier nun methodisch einwenden, dass wir mit diesem Design nur die Selbsteinschätzung der Fondsperformance durch die Fondsmanager erhoben haben und diese aber nicht
– aus den oben genannten Gründen der mangelnden Vergleichbarkeit – vermittels eines eigenen
Performancevergleichs überprüft haben. Gerade weil es uns ja aber vorliegend nicht um eine Aussage über die absolute Renditehöhe von Nachhaltigkeitsfonds im Vergleich zu konventionellen Fonds
geht, sondern um die Frage nach dem Wechselverhältnis zwischen Fremderwartung durch die Kunden und Selbsterwartung des Fondsmanagements, erscheint uns dieses Vorgehen als angemessen.

[45] So könnte man neben der hier getroffenen Unterscheidung zwischen Privatinvestoren und institutionellen Investoren noch überprüfen, ob und wenn ja, wie sich die Erwartungen der Kunden von
Privatbanken von jenen der Landesbanken sowie der Genossenschaftsbanken unterscheiden.

Nun werden deshalb „Strukturvariablen" ja nicht obsolet: So orientiert sich beispielsweise die Vergütungsstruktur auch bei den von uns befragten Fondsmanagern an der
erwirtschafteten Performance (Mooslechner und Schürz 2010, S. 79 ff.) und beeinflusst
– wie uns in einem Fall berichtet wird (I8_A1) – bis zu 80% der variablen Vergütungsbestandteile. Dies kann in der Tat zu opportunistischem und kurzfristigem Handeln führen (Honegger et al. 2010). Ebenfalls kann der Anlagestil (value/growth) des betreffenden
Fonds eine Rolle spielen ebenso wie die organisationale Einbindung des Fondsmanagers in
eine Privatbank respektive einer Landesbank oder Genossenschaftsbank, wenn es um die
Frage geht, ob die Investorenrendite kurz- oder langfristig zu erzielen ist.

Wir möchten an dieser Stelle folglich nicht dafür plädieren, Strukturlogiken außer
Acht zu lassen, sondern vielmehr mit Blick auf zukünftige Forschungsarbeiten darauf ver-
weisen, diese durch „Akteursvariablen" zu ergänzen. So wäre es beispielsweise vor dem
Hintergrund der Analyse Höpners zu den Karrieremustern deutscher Topmanager (2003,
S. 123 ff.; vgl. auch Höpner 2004; Faust 2002) möglich, die Ausbildungswege von Fonds-
managern bzw. Analysten zu analysieren und zu prüfen, ob und inwiefern diese einen
Einfluss auf die Finanzorientierung der Beschäftigten haben. So hat Höpner anhand der
Veränderungen in den Karrieremustern deutscher Topmanager ja belegt, dass mit der
Stärkung der finanzwissenschaftlichen Kompetenz des Managements gegenüber technischen und naturwissenschaftlichen Studiengängen die Wahrscheinlichkeit für die Implementierung kapitalmarktorientierter Unternehmensstrategien angestiegen ist. In der Folge
ließe sich ja dann umgekehrt die Hypothese formulieren, dass Fondsmanager umso eher
die realwirtschaftlichen Konsequenzen kurzfristiger Renditeerwartungen erkennen bzw.
kritisieren, wenn sie nicht nur über ein finanzwissenschaftliches Studium, sondern auch
über eine fachwissenschaftliche Ausbildung des von ihnen betreuten Industriezweigs verfügen. Nun war weder die empirische Fragestellung unserer Arbeit auf eine Analyse der
Ausbildungswege der von uns befragten Fondsmanager ausgerichtet, noch lässt die Anzahl
unserer Untersuchungsfälle eine systematische Aussage zu. Es können hier also lediglich
Tendenzen benannt werden. Auffällig ist m. E. aber, dass immerhin die Hälfte der Nachhaltigkeitsfondsmanager bzw. -analysten neben ihrem finanzwissenschaftlichen Studium
über ein fachwissenschaftliches Studium verfügt (I6_PF1: Physik, I7_A1 und I8_PF1: Um-
weltingenieur), dies aber in keinem der Fälle zu einer kritischen Haltung gegenüber der
Renditeerwartung führt. Ganz im Gegenteil argumentiert der Fondsmanager aus Investmentbank I6 – der sich selbst als „100 %-igen Quereinsteiger" bezeichnet, in Klimaphysik
promoviert hat, seine finanzwirtschaftliche Ausbildung erst im Rahmen seiner beruflichen
Tätigkeit in Investmentbank I6 absolviert hat[46], „davor keine Ahnung hatte" und sich vor
seiner Tätigkeit in Investmentbank I6 dem „Klimathema emotional sehr verbunden" sah
–, dass ihm seine fachwissenschaftliche Ausbildung aus seiner jetzigen Sicht primär dazu
diene, einen Informationsvorsprung in der Analyse und somit eine bessere Ausgangs-
position in der Investmententscheidung zu haben. So gibt er zu erkennen, dass sein na-

---

[46] Er hat die in der Investmentbranche übliche Ausbildung zum „Chartered Financial Analyst"
(CFA) absolviert, die ihm neben Finanzwissen die Legitimation in der Finanzbranche sicherstellt.

turwissenschaftliches Fachwissen weniger dazu führt, organisationale Prozesse und v. a. Schwierigkeiten würdigen zu können – er also eine (unternehmerische) Perspektive einnähme, die „Leistung" entlang inhaltlicher Kriterien jenseits des Markterfolgs honoriert und damit auch dem erfolglosen Bemühen in Entwicklungs- und Innovationsprozessen Anerkennung zollt –, sondern vielmehr die Informationsasymmetrie zuungunsten des Kapitalmarktes absenkt. So kommt er nämlich deshalb

> schneller an relevante Informationen, wenn man halt an der richtigen Stelle bohrt. Und dazu braucht es ein gewisses Fachwissen und eine Expertise. […] Und das bringt den Vorteil. (I6_PF1)

Möglich wäre es also, dass der Ausbildungsweg durch die betriebliche Sozialisation in der Investmentbank unbewusst herausgefordert wird und die Performanceerwartung für das Fondsmanagement zu einer „Selbstverständlichkeit" werden lässt. Dieses professionelle Selbstverständnis kommt in den Gesprächen auf mindestens zweierlei Art und Weise zum Ausdruck: zum einen in der Kritik an der zurückhaltenden Performanceerwartung der Kunden und zum anderen in dem Anspruch, die Kunden erst für den Aktienmarkt „erziehen" zu müssen.

So kontrastiert der eben bereits zitierte Fondsmanager aus Investmentbank I6 die fehlende Performanceerwartung seiner Kunden mit seinem Selbstverständnis als Fondsmanager und seinem „Ehrgeiz", Performance zu erbringen:

> Das [die geringere Performanceerwartung, EMW.] kann ich überhaupt nicht nachvollziehen, das ärgert mich auch! […] Die Hypothese ist ja, wir können mit diesem Ansatz mehr Performance generieren als der Schnitt. Das ist die Hypothese. Und das ist auch der Ehrgeiz von uns, mit diesem Themenansatz mehr Performance zu generieren. […] Für mich persönlich ist es ganz klar der Ehrgeiz, mit diesem Ansatz sind wir konkurrenzfähig und wollen besser sein. Und es ist *auch* so. (I6_PF1)

Ganz analog, allerdings nicht so ausdrucksstark, argumentieren die Fondsmanager aus Investmentbank I1 und I4:

> Einer der wichtigsten Sachen, warum wir hier sind, weil wir halt Performance machen sollen. (I1_PF1)
> Als Fondsmanager bin ich in erster Linie dazu beauftragt, eine optimale Performance für meine Investoren einzufahren. (I4_PF1)

Mit Blick auf die „Investorenerziehung" sind es vor allem die Fondsmanager aus Investmentbank I1 und I2, die ein zu großes „Gerechtigkeitsempfinden" bei den Privatanlegern kritisieren und sich von deren, ihrer Ansicht nach sozialpolitisch-konservativen Einstellungen distanzieren. Diese Erziehung der Privatkunden für den Kapitalmarkt ist nun weniger mit Blick auf deren fehlende Professionalität gemeint. So sehen sich Privataktionäre in der Literatur nämlich gerne dem Vorwurf eines „Dilettantismus" (Windolf 2005, S. 40; vgl. auch Deutschmann 2005a, S. 67) ausgesetzt. Vielmehr verbinden die Befragten mit der „Erziehung" der Privataktionäre das Ziel, diese für die auf Finanzmärkten vorherrschenden individuellen Gerechtigkeits- und Leistungsverständnisse zu sensibilisieren. Der Fondsmanager aus Investmentbank I2 bringt dies pointiert zum Ausdruck:

> Da glaube ich halt einfach, wie gesagt, der Deutsche an sich ist ja relativ, hat ja einen gewissen Hang zum Sozialismus. (lachen) Nein, nein das ist auch falsch formuliert. Der Deutsche an sich hat ja im Prinzip eine gewisse soziale Gerechtigkeit, die er gerne hat. (I2_PF1)

Wir können damit festhalten, dass sich die Performanceerwartungen „nachhaltiger" Investoren nicht als eine bloße Fortschreibung der Renditeerwartungen der Privataktionäre lesen lassen, die das Fondsmanagement zu „Getriebenen in einer selbsterzeugten Dynamik" (Deutschmann 2005a) macht. Zwar erklärt sich die Renditeerwartung der Investoren *auch* unter Bezugnahme auf den Anlegerdruck der Privataktionäre, aber eben nicht nur. Wir plädieren daher dafür, in zukünftigen Forschungsarbeiten ebenfalls Variablen in den Blick zu nehmen, die auf der Akteursebene ansetzen wie beispielsweise die Karrieremuster von Fondsmanagern oder deren professionelle Sozialisation in Investmentbanken. Nun lässt sich hier natürlich einwenden, dass dies gerade der analytische Zugriff finanzsoziologischer Arbeiten ist und sich hier bereits etliche Arbeiten finden, die den subjektiven Wissensvorrat von Brokern (Abolafia 1998; Knorr Cetina und Bruegger 2002; Knorr Cetina 2007), Analysten (Beunza und Garud 2007) oder Fondsmanagern (MacKenzie 2005) in den Blick nehmen. Gerade weil hier aber, so haben wir obenstehend eingewendet[47], mit einem Handlungsbegriff operiert wird, der nicht am subjektiven *Sinn*, sondern an einem anthropologisch begründen *Begehren* ansetzt, kann die soziologisch interessierende Frage nach den *sozialen* Konstitutionsbedingungen des subjektiven Wissensvorrats der Finanzmarktakteure m. E. gar nicht gestellt werden. So wäre hier gerade von Interesse, ob und wenn ja, wie die Ausbildungswege das professionelle Selbstverständnis der Fondsmanager prägen und wie dieses durch die spezifische Organisationskultur der Investmentbank überlagert werden kann. Es muss daher einigermaßen überraschen, wenn jüngst Neckel (2011) zwar zu Recht dafür plädiert, die Analyse der „Gier" von Finanzmarktakteuren soziologisch zu wenden und diese nicht nur, wie vielfach in der Debatte um die Ursachen der Finanzmarktkrise geschehen, ideologiekritisch zu interpretieren, er aber dann in seiner eigenen Analyse ein postmodernes Handlungsverständnis zugrunde legt (ebd.: S. 49 ff.). Damit wird m. E. dann aber der Blick auf die Frage verstellt, *warum* und unter *welchen situativen Bedingungen* sich diese „Gier" der Investoren überhaupt als ein gesellschaftlich legitimiertes Prinzip etablieren konnte.

5.3.2 Wandel der Bewertungspraxis bei Stabilität der marktzentrierten Begründungsordnungen

Wir wenden uns nun unserer obigen *These* zu und fragen nach den Begründungsordnungen, die die Befragten bei der Auswahl ihrer Nachhaltigkeitsindikatoren zugrunde legen.

---

[47] Vergleiche dazu Abschn. 4.3.

Wir haben die *These* formuliert, dass das Interesse „nachhaltiger" Investoren an Fragen der Personalpolitik und -organisation lediglich instrumenteller Natur ist und sie so entgegen ihres selbst formulierten Anspruchs, langfristige Personalstrategien zu fördern, die Voraussetzungen für „kollektives Lernen" untergraben. Dies wäre dann belegt, wenn Fragen einer langfristigen Personalpolitik nicht grundsätzlich positiv bewertet werden würden, sondern lediglich dann, wenn es sich beispielsweise um strategisch relevante Beschäftigtengruppen handelt.

Für die nun folgende Auswertung der Nachhaltigkeitsindikatoren liegen uns für alle analysierten Nachhaltigkeitsfonds die Kriterien für das Nachhaltigkeitsrating vor. Dieses Nachhaltigkeitsrating wird bis auf die beiden Investmentbanken I6 und I7 von externen Nachhaltigkeitsratinganbietern durchgeführt, deren finanzielle Unabhängigkeit dadurch gewährleistet ist, dass sie – anders als Ratingagenturen für das Finanzrating (z. B. Morningstar oder Ferries Research) – keine Aufgaben der Vermögensverwaltung übernehmen.[48] In den Investmenthäusern I6 und I7 wird das externe Nachhaltigkeitsrating durch eine eigene Nachhaltigkeitsanalyse der befragten buy-side-Analysten (I6_A1, I7_A1) ergänzt.

Obwohl nun die Nachhaltigkeitsratingagenturen, die das Rating für die von uns befragten Fondsmanager und Analysten liefern, sich sowohl in der Auswahl als auch dem Genauigkeitsgrad der sozialen Nachhaltigkeitskriterien unterscheiden, verzichten wir auf eine Differenzierung zwischen den Ratingagenturen hinsichtlich ihrer „Bewertungsgüte". Dies ist zum einen deshalb wenig sinnvoll, da die befragten Fondsmanager aus Investmenthaus I6, I7 und I8 auf die Ratings von mehreren Nachhaltigkeitsratingagenturen zurückgreifen und zum anderen die Entscheidung für oder gegen eine bestimmte Ratingagentur gar nicht im Ermessensspielraum der von uns Befragten liegt oder diese nach nicht-inhaltlichen Kriterien getroffen wird, wie beispielsweise im Investmenthaus I1. Hier wurde uns im Gespräch die Auswahl der Ratingagentur damit begründet (I1_PF1), dass man sich vor allem *gegen* eine andere Ratingagentur entscheiden wollte, da diese in unmittelbarem Wettbewerb zu Investmenthaus I1 steht. Dann lässt sich folglich aber kein Kausalzusammenhang zwischen der Entscheidung für eine besonders profunde Nachhaltigkeitsanalyse durch einen externen Anbieter einerseits und den hier interessierenden Begründungsordnungen für die Zielsetzungen der Fonds andererseits herstellen. Wir haben daher die Nachhaltigkeitsindikatoren der analysierten Unternehmensbewertungsbögen nach Themenbündeln systematisiert und synoptisch dargestellt.[49]

Bevor wir uns nun auf die mit Blick auf unsere Fragestellung nach der betrieblichen Innovationsfähigkeit relevanten Themenbündel sozialer Nachhaltigkeit konzentrieren

---

[48] Bekannte Nachhaltigkeitsratingagenturen sind oekom, SiRi, sarasin (ist Teil der Investmentgesellschaft sarasin und gilt daher in der Bewertung als nicht unabhängig), innovest und KLD (gehören mittlerweile beide zur RiskMetricsGroup, einem konventionellen Risikoanalysten), SAM (ist Teil der Investmentgesellschaft robeco und gilt daher in der Bewertung ebenfalls als nicht unabhängig) und asset 4.

[49] Für eine Übersicht aller Indikatoren zur Bemessung sozialer Nachhaltigkeit, siehe Anhang 3.

Tab. 5.3 Indikatoren zur Beurteilung verschiedener Formen betrieblicher Sozialleistung

Indikatoren zur Beurteilung verschiedener Formen betrieblicher Sozialleistung	Ratingagentur
Betriebsrente	SAM
Gesundheits- und/oder Unfallschutzversicherung	SAM, INNOVEST
Medizinische Versorgung für Familienmitglieder der Beschäftigten	SAM, R2_A1
Berufsunfähigkeitsversicherungen	SAM
Elternzeit	SAM
Kinderbetreuung	SAM, INNOVEST
Flexible Arbeitszeiten/Arbeitsorte/Work-Life-Balance	ASSET 4, INNOVEST, SAM, R2_A1
Wiedereingliederungsprogramme	SAM
Gehälter und betriebliche Sozialleistungen (social benefit) liegen über den durchschnittlichen Standards im jeweiligen Land	I7_A1

(Abschn. 5.3.2.2), werden wir vorab kurz auf zwei Themenbündel zu sprechen kommen, die in der Debatte um die Erosion kollektiver Formen betrieblicher Anerkennung prominent verhandelt werden: Dies ist zum einen die Erosion der freiwilligen betrieblichen Sozialleistungen (Voswinkel und Wagner 2011) und zum anderen der Wandel in den Industriellen Beziehungen (Bahnmüller 2010; Deutschmann 2002; Faust et al. 2010; Höpner 2003).

5.3.2.1 Nachhaltigkeitsindikatoren zur Beurteilung der „betrieblichen Sozialleistungen" und der „Koalitionsfreiheit"

Beginnen wir mit dem Themenbündel „freiwillige betriebliche Sozialleistungen", das in den Fragebögen der Nachhaltigkeitsanalyse mit den in Tab. 5.3 aufgeführten Indikatoren erfragt wird.

Dass sich nun gerade der („nachhaltige") Kapitalmarkt für freiwillige betriebliche Sozialleistungen interessiert, muss vor dem Hintergrund des gängigen Befundes einer kontinuierlichen Rückläufigkeit kollektiver Formen betrieblicher Anerkennung (Voswinkel und Wagner 2011, S. 8) überraschen. Zwar relativiert Ullenboom (2010) jüngst diesen generellen Befund einer Rückläufigkeit betrieblicher Sozialleistungen im Rahmen einer empirischen Auswertung von 240 Betriebsvereinbarungen. Er präzisiert diesen, indem er zeigt, dass zwar die *Institution* der betrieblichen Sozialleistungen nicht herausgefordert wird, wohl aber ein Wandel in den *Inhalten und Zielsetzungen* der betrieblichen Sozialleistungen hingenommen werden muss (ebd.: S. 100 ff.).[50] Während betriebliche Sozial-

---

[50] Dieser Wandel verliefe dann analog zu dem Befund, den Streeck und Thelen (2005) für den Wandel der Mitbestimmung festhalten: Die Institution der Mitbestimmung bleibt in ihrer formalen Struktur unangetastet, allerdings ändern sich ihre Zielsetzungen („conversion"). Höpner (2003) belegt dies am Beispiel der ausgeprägten „co-management"-Orientierung der Betriebsräte.

leistungen ursprünglich mit dem Ziel etabliert wurden, die Beschäftigten *nicht* nur ihrer *Rolle* als betriebliche Leistungsträger anzuerkennen, sondern als *Person*, die auch außerbetrieblichen Verpflichtungen nachzukommen hat (z. B. als Familienmitglied), muss derzeit eine Verengung der betrieblichen Anerkennung der Beschäftigten auf ihre *Rolle* festgestellt werden (Voswinkel und Wagner 2011, S. 24). So zeigen sich diese gewandelten Zielsetzungen der betrieblichen Sozialleistungen beispielsweise darin, dass eine Rücksichtnahme auf außerbetriebliche Verpflichtungen (z. B. die kurzfristige Freistellung der Beschäftigten zur Betreuung von Angehörigen) nur in bestimmten Fällen erfolgt, nämlich dann, wenn negative Rückwirkungen auf die Leistungsbereitschaft der Beschäftigten erwartet werden müssen. Voswinkel und Wagner (2011) sprechen daher im Anschluss an Kotthoff (2000) von einer „Rücksichtnahme auf *legitime* Leistungsbeeinträchtigungen" (Voswinkel und Wagner 2011, S. 24; Hervorhebung EMW.). Rücksichtnahme meint hier dann also gerade nicht, die Beschäftigten als Person zu begreifen, die jenseits ihres Leistungsbeitrags interessieren, sondern es soll vielmehr geklärt werden, auf *was* Rücksicht genommen werden muss, um die Leistungsfähigkeit des Beschäftigten zu erhalten bzw. wiederherzustellen. Damit werden betriebliche Sozialleistungen als Formen kollektiver Anerkennung mit Blick auf die Aufrechterhaltung der Leistungsfähigkeit der Beschäftigten *instrumentalisiert*.

Empirisch macht Ullenboom (2010) dies beispielsweise an den Maßnahmen zur Förderung eines positiven Betriebsklimas, der Gesundheitsförderung sowie einer auf bestimmte Beschäftigtengruppen fokussierten Personalpolitik bzw. -entwicklung fest (ebd.: S. 13 ff.). Genau diese Verengung der betrieblichen Sozialleistungen auf die Garantierung der betrieblichen Leistungsfähigkeit finden wir ebenfalls in den Bewertungsbögen der Nachhaltigkeitsanalyse. Deutlich wird dies beispielsweise anhand der Erwartung, dass das zu investierende Unternehmen über eine Kindertagesstätte verfügen muss oder flexible Arbeitszeitmodelle installiert hat (für eine Übersicht, siehe Anhang 3). Wenn wir im Folgenden nun trotzdem nicht ausführlicher auf das Interesse „nachhaltiger" Investoren für das Vorhandensein betrieblicher Sozialleistungen eingehen, so deshalb nicht, da die Befragten selbst diese in den Gesprächen nicht eigeninitiativ aufgreifen. Damit bleiben wir bei diesem Themenbündel aber lediglich auf einer formalen Ebene der Bewertungsbögen stehen, die unsere Frage nach dem *warum* eines Nachhaltigkeitsindikators aus Sicht der Befragten nicht beantworten kann.[51]

Nun zum zweiten Themenbündel: die Beurteilung der Koalitionsfreiheit, die im Rahmen der Nachhaltigkeitsanalyse mit folgenden Indikatoren erhoben wird[52] (vgl. Tab. 5.4).

Die jüngere industriesoziologische Forschung hat jüngst für die Erwartungen *konventioneller* Kapitalmarktakteure bereits aufgezeigt, dass sich Kapitaleigentümer für Fragen

---

[51] Hieraus kann aber nicht geschlossen werden, dass freiwillige betriebliche Sozialleistungen in der Bewertungspraxis dann doch keine Rolle spielen. Alle Indikatoren zur Beurteilung der sozialen Nachhaltigkeit werden laut der vorliegenden Nachhaltigkeitsratingbögen gleich stark gewichtet.

[52] Für eine ausführliche Übersicht der Nachhaltigkeitsindikatoren zum Thema „Mitbestimmung" (darunter fallen beispielsweise auch Fragen zur Gesundheits- und Arbeitssicherheit, zur Arbeitszeit, zum Anteil der befristeten Verträge sowie zur Entlohnung) siehe Anhang 3.

Tab 5.4 Indikatoren zur Beurteilung der Koalitionsfreiheit

Indikatoren zur Beurteilung der Koalitionsfreiheit	Ratingagentur
Anteil der Beschäftigten (in %), die von einer unabhängigen Gewerkschaft oder Tarifverträgen erfasst werden (Flächentarifvertrag)	SAM
Vorhandensein einer unternehmensweiten Koalitionsfreiheit	I7_A1
Vorhandensein von größeren Arbeitskämpfen in den letzten drei Jahren (z. B. Streiks)	ASSET 4, SAM, I7_A1
Absprachen und Verhandlungen mit Gewerkschaften über organisationale Veränderungen (z. B. Restrukturierung, Outsourcing)	SAM

der Mitbestimmung weder positiv noch negativ interessieren (Höpner 2003, S. 161; Höpner 2004). Anders als man dies mit Blick auf das der „Shareholder Value"-Orientierung zugrunde liegende Prinzipal-Agenten-Theorem[53] erwarten würde, erteilen Investoren keinen Risikoabschlag für mitbestimmte Unternehmen (Faust et al. 2010, S. 100 ff.; 227 ff.; Höpner 2003; Streeck und Thelen 2005; Stettes 2007; Streeck 2008; Faust 2012). Dies deshalb nicht, da die „Mitbestimmung im wohlverstandenen [Eigen]Interesse der Investoren" (Faust et al. 2010, S. 102) zur Absenkung der Informations- und Kontrollkosten liegt. So können Informationskosten durch die betrieblichen Mitbestimmungsträger im Falle unliebsamer strategischer Entscheidungen wie Personalkostensenkungsprogrammen oder der Lockerung von Tarifverträgen minimiert werden, da deren sozial-integrative Wirkung Reibungsverluste vermeiden helfen kann (ebd.). Zum anderen senkt die Unternehmensmitbestimmung die Kontrollkosten für die „Überwachung" des Managements. Während Mitbestimmungskritiker in der paritätischen Mitbestimmung auf Aufsichtsratsebene eine Einschränkung der unternehmerischen Handlungsspielräume am Kapitalmarkt begründet sehen und daher einen Standortnachteil für deutsche Aktiengesellschaften im Wettbewerb um Anlagekapital befürchten (Stettes 2007)[54], argumentiert die industriesoziolo-

---

[53] Gemäß des Prinzipal-Agenten-Theorems werden „Unternehmen als Ansammlung sicherungsbedürftiger Verträge beschrieben" (Maurer 2008, S. 20). Infolge der Informationsasymmetrie zuungunsten der Eigentümer (Prinzipale) sind nun zuvorderst deren Interessen zu sichern und nicht jene der Agenten in Form der (Unternehmens-)Mitbestimmung.

[54] Die Argumente der Mitbestimmungskritiker berufen sich oftmals auf theoretische Plausibilitätsüberlegungen in der Tradition der Institutionenökonomik, ohne diese empirisch zu überprüfen. So wird beispielsweise befürchtet, dass größere Aufsichtsräte wegen der längeren Entscheidungswege ineffizientere Entscheidungen treffen (widerlegt durch die Studie von Jürgens und Lippert 2012); eine Vergrößerung des Aufsichtsrates infolge der Aufnahme von Arbeitnehmervertretern muss folglich gemäß der Annahmen des Prinzipal-Agenten-Theorems mit Blick auf die „Entscheidungseffizienz" als nachteilig beurteilt werden. Zum zweiten sehen die Kapitaleigentümer in ihrer Position als externe Beobachter in der Unternehmensmitbestimmung die Gefahr einer Koalition zwischen dem Management und der Belegschaft („Koalitionsthese", Streeck 2007), was die Möglichkeit zur Kontrolle durch die Kapitaleigentümer einschränke. In beiden Argumenten blendet die institutionalistische Kritik an der Unternehmensmitbestimmung damit den *Gegenstand* der Kontrolle aus (Vergütungsfragen des Managements versus unternehmensstrategische Entscheidungen, Abschn. 3.1) und beschränkt sich auf Indikatoren der Transaktionskostentheorie wie der Größe des Aufsichtsrats oder der Kontakthäufigkeit der Aufsichtsratsteilnehmer.

gische Forschung auf Basis *empirischer* Befunde, dass die Managerherrschaft gerade durch die Unternehmensmitbestimmung eingeschränkt wird (Streeck 2008). So zeigt Streeck an den Beispielen der Vergütungshöhe, den Spesenprivilegien sowie den Abfindungsregeln des Managements US-amerikanischer Aktiengesellschaften im Vergleich zu jenen deutscher Aktiengesellschaften, dass die uneingeschränkte Unternehmenskontrolle durch die Aktionäre die Managerherrschaft sogar noch vergrößert. Demnach ist die Unternehmensmitbestimmung auf Aufsichtsratsebene als eine Form der „insider"-Kontrolle des Managements durch die Arbeitnehmervertreter durchaus auch im Sinne der Finanzinvestoren; Aktionäre und Arbeitnehmervertreter bilden somit im Kräftedreieck zur Kontrolle des Managements eine Interessenkoalition (Höpner 2003, S. 152).

Dass nun aber Finanzinvestoren die Institutionen der Unternehmensmitbestimmung auf ihre Funktion zur Senkung von Transaktionskosten verengen (können), liegt nun zum einen in ihrer Position als Kapitaleigentümer begründet, zum anderen aber auch in einem Wandel der Mitbestimmung selbst. So unterscheidet Höpner (2003, S. 213 ff.) im Anschluss an die mittlerweile einschlägige Arbeit von Thelen (2003) zwischen zwei Formen des institutionellen Wandels: dem *„institutional layering"* – hier findet eine Veränderung des institutionellen Gefüges statt, indem neue Elemente hinzugenommen werden (z. B. der Wandel im „deutschen Modell" der Unternehmenskontrolle) – und der *„institutional conversion"*, bei der die Institution auf der Formalebene intakt bleibt, aber für neue Zielsetzungen eingesetzt werden kann. Diese Form des Wandels findet sich bei den Mitbestimmungsinstitutionen, die in ihrer formalen Struktur auch zu Zeiten einer zunehmenden Verschiebung der Unternehmenskontrolle zugunsten des Finanzmarktes intakt bleiben. So bleibt die für das deutsche System der Corporate Governance so charakteristische Aufsichtsratsmitbestimmung der Arbeitnehmervertreter unberührt (Faust et al. 2010, S. 10 ff.). Auch die Erosion der Flächentarifverträge geht gerade nicht auf die Einflussnahme der Kapitaleigentümer zurück, sondern vielmehr auf die Flexibilisierungsbestrebungen kleinerer und mittlerer Unternehmen (Bahnmüller 2010; Bahnmüller et al. 2010; Höpner 2003, S. 154 ff.). Ganz im Gegenteil profitieren nämlich gerade Aktiengesellschaften als Großunternehmen von der zentralen Lohnfindung (Hassel und Rehder 2001, zit. nach Höpner 2003, S. 154).

Dieser Wandel der Mitbestimmungsinstitutionen in ihren strategischen *Zielsetzungen* führt zunehmend von der ursprünglichen Klassen- und Konfliktorientierung mit ihrer politischen Grundforderung einer interessenpluralistischen Wirtschaftsverfassung hin zu einer Konsensorientierung der Mitbestimmungsorgane (Höpner 2003, S. 194 ff.). Anhand von mehreren Trends belegt Höpner diesen Wandel der Mitbestimmung (ebd. S. 194 ff.): die Professionalisierung und das Co-Management der Mitbestimmungsträger, deren Effizienzorientierung sowie in der Folge eine Verbetrieblichung des Interessenkonflikts (Hirsch-Kreinsen 2005, S. 152). Wenn Mitbestimmungsträger nun aber einzelwirtschaftlichen Unternehmensinteressen den Vorrang einräumen, dann muss mit einer sinkenden Durchschlagkraft gewerkschaftlicher Ziele auf gesamtgesellschaftlicher Ebene gerechnet werden.

Auch wenn nun Nachhaltigkeitsfonds die Themen der Mitbestimmung in ihrer Unternehmensbewertung berücksichtigten, ist dies gegenüber der Vorgehensweise konventioneller Investoren kein grundsätzlich neuer Befund, da hier – ganz analog – die Institution der Mitbestimmung auf ihre Funktion zur Senkung der Transaktionskosten eingeengt wird. Das heißt dann aber auch, dass das Interesse der „nachhaltigen" Kapitalmarktakteure an Fragen der (Unternehmens-)Mitbestimmung gerade nicht als ein Indiz dafür gewertet werden kann, dass hier eine Annäherung bzw. Rückkehr zum interessenpluralistischen Prinzip zu erwarten ist (Jürgens 2008). Auch wenn sich „nachhaltige" Investoren also für die Interessen *aller* „Stakeholder"[55] interessieren, so geschieht dies vor allem unter einer instrumentellen Perspektive. Das heißt dann aber auch, dass die seitens der Tarifparteien geäußerte Einschätzung, in den „nachhaltigen" Investoren neue Bündnispartner für arbeitspolitische Ziele gefunden zu haben, vermutlich etwas zu vorschnell getroffen wurde. So formuliert der DGB gemeinsam mit seinen Mitgliedsgewerkschaften in einem Positionspapier zur „Nachhaltigen Unternehmensführung" (2009) die Erwartung, dass sich hier die „Chance [biete], gewerkschaftliche Themen wie Gute Arbeit und Teilhabe der Beschäftigten in das Zentrum der Selbstverpflichtung zu rücken" (Feuchte 2009, S. 2; vgl. auch Ulshöfer und Bonnet 2009).[56] Diese Hoffnung der Tarifparteien erscheint mir mit Blick auf den transaktionskostentheoretischen Zugriff auf die betriebliche Interessenvertretung überhöht, der bereits aus theorieimmanenten Gründen die Machtasymmetrie zwischen Kapital und Arbeit übersehen muss. Auch wenn mit dem Interessenpluralismus im „deutschen Modell" *formal* nichts anderes gemeint ist als der Ausgleich der „Stakeholder"-Interessen der Beschäftigten, des Staates und der Aktionäre, dann erfolgt dieser *inhaltlich* aber doch gerade nicht nur mit dem Ziel einer Effizienzsteigerung. So war die „Zielvorstellung der Kontrolle wirtschaftlicher Macht und der Institutionalisierung gewerkschaftlicher Gegenmacht" (Jürgens 2008, S. 107) für die Gestaltung des „deutschen Modells" der Unternehmenskontrolle ja gerade deshalb leitend, weil man um die strukturell bedingte Asymmetrie zwischen Kapital und Arbeit wusste. Diese sollte in Form einer institutionellen Absicherung der Arbeitnehmerseite „neutralisiert" werden. Damit wurden bzw. werden Fragen der Macht, Herrschaft sowie der Verteilungsgerechtigkeit adressiert, die jenseits der individualistischen Konzeption von Stakeholderansätzen liegen, die auch bei einer Ergänzung des Theorieprofils um „soziale Faktoren" auf das Äquivalenzprinzip des Prinzipal-Agenten-Theorems beschränkt bleiben (Bluhm 2008; Jürgens 2008). Die Frage nach möglichen Parallelen zwischen der interessenpluralistischen Unternehmenskontrolle im „deutschen Modell" einerseits und der Unternehmenskontrolle durch „nachhaltige" Kapitalmarktakteure andererseits kann m. E. also schon allein deshalb nicht vernünftig gestellt werden, da sie vor dem Hintergrund gänzlich unterschiedlicher Theorietraditionen steht und so stellt Bluhm (2008) denn auch fest, dass die „Antwort CSR [corporate social

---

[55] Bereits sprachlich bleibt man im Duktus der Prinzipal-Agenten-Debatte.

[56] Ähnliche Hoffnungen werden auf Mitbestimmungsforen kommuniziert, wie beispielsweise dem Mitbestimmungsforum „Zukunftsfähige und nachhaltige Arbeitsgesellschaft durch Mitbestimmung, Partizipation und Teilhabe" (24.06.2009) in Hannover.

responsibility, Nachhaltigkeit, EMW] keine Rückkehr der Wirtschaftselite zu den Kooperationsstrukturen der alten Bundesrepublik" (ebd.: S. 154; Streeck 2006) bedeutet.[57]

5.3.2.2   Nachhaltigkeitsindikatoren zur Beurteilung der Personalpolitik

> Und genau an *der* Stelle braucht man superqualifizierte Leute, die entsprechend motiviert sind, […] so eine Winning Culture. (I1_PF1)

Wenn jüngst die Tarifparteien in zwei großen Branchen (M & E-Industrie und Öffentlicher Dienst) das Anrecht der Beschäftigten auf betriebliche Weiterbildung tarifvertraglich verankert haben (Bahnmüller und Hoppe 2012), unterscheidet sich dies auf der Formalebene zunächst kaum von den Zielen „nachhaltiger" Kapitalmarktakteure, die in der kontinuierlichen Weiterqualifizierung der Beschäftigten ebenfalls die entscheidende Ressource im Wettbewerb um Standortvorteile sehen (Material C2/1; Material I7/1).

Gleichwohl stehen die jeweils mit den betrieblichen Qualifizierungsmaßnahmen verbundenen Erwartungen bzw. Zielsetzungen unter unterschiedlichem Vorzeichen. Dies ist zum einen die Möglichkeit zur Kontrollierbarkeit und Transparenz des Umsetzungsgrads sowie der Umsetzungstiefe der Personalentwicklungsmaßnahmen. Hier sind die Kapitalmarktakteure infolge ihrer Position als externe Beobachter stärker mit dem Problem der Informationsasymmetrie konfrontiert als die betrieblichen Interessenvertreter. Dieses Problem der Informationsasymmetrie und die damit verbundene Chance zur Durchsetzung und Kontrollierbarkeit innovativer Arbeitspolitiken werden wir an dieser Stelle allerdings vernachlässigen und uns zweitens vor allem den mit den Qualifizierungsmaßnahmen verbundenen Zielsetzungen zuwenden. Dass sich diese unterscheiden, zeigt sich bereits an der Ausgestaltung der institutionellen Rahmung: *tarifvertragliche* Verpflichtungen auf der einen Seite und *freiwillige* Leistungen der Unternehmen auf der anderen Seite.

Wir haben obenstehend nun im Anschluss an Deutschmann (2002) argumentiert, dass die „Überwindung" des Transformationsproblems als der entscheidenden Voraussetzung für Innovationsprozesse reziproker Vertrauensbeziehungen zwischen den Beschäftigten sowie zwischen Beschäftigten und Vorgesetzten bedarf. Diese Vertrauensbeziehungen können auf *Märkten* gerade deshalb nicht entstehen, da Marktbeziehungen *nie zweckfrei* sein können (Beckert 1997b; Münch 2008, 2011). Für die „Überwindung" des Transformationsproblems sind daher institutionell abgesicherte Strukturen in Form einer kollektiven Interessenvertretung vonnöten. Nun sind freilich auch die Tarifparteien in ihren strategi-

---

[57] Auch wenn wir die „Versuchung" der gewerkschaftlichen Interessenvertreter, in den „nachhaltigen" Investoren neue Bündnispartner zu suchen, eher kritisch beurteilen, darf freilich nicht ausgeblendet werden, dass Tarifparteien eine Antwort auf die Erosion der klassischen Sozialpartnerschaft finden müssen (Dietmar Hexel, Geschäftsführender DGB-Bundesvorstand); eine Erosion, die sich nicht nur auf der Makroebene begründet (Erosion des Flächentarifvertrags), sondern eben auch in einem gewandelten Selbstverständnis der Mitglieder nach gesellschaftlicher Teilhabe. In den „nachhaltigen" Unternehmensstrategien wird sodann eine Chance zur Interessenvertretung jenseits des „ideologischen Ballasts" gesehen.

schen Zielsetzungen nicht frei von unternehmens- bzw. branchenstrategischen Wettbe-
werbsüberlegungen zur Sicherung des Standortvorteils gegenüber internationalen Wettbewerbern.[58] Gleichwohl besteht das strategische Kernziel der von Bahnmüller und Hoppe
(2012) analysierten Qualifizierungsabkommen in der M & E-Industrie sowie im Öffentlichen Dienst in der Sicherung der Beschäftigungsfähigkeit der Arbeitnehmer und ggf.
der Erzielung eines höheren Entgelts, was die Entwicklung, Erhaltung und Steigerung der
beruflichen Kompetenzen voraussetzt (Bahnmüller und Hoppe 2012, S. 11). Damit sind
mit den eingeforderten Qualifizierungsansprüchen aber vor allem Fragen der Verteilungsgerechtigkeit adressiert, die am offensichtlichsten anhand der Maßnahmen zur Schaffung
von Chancengerechtigkeit für benachteiligte Beschäftigte zutage treten.

Wenn sich im Gegensatz dazu „nachhaltige" Investoren für Themen der betrieblichen
Weiterbildung interessieren, so tun sie dies unter einer „um-zu"-Bedingung, nämlich der
Performancerelevanz des „Faktors Personal". Gerade weil sie damit aber die Zielsetzung
der betrieblichen Weiterbildung auf eine ausschließlich instrumentelle Perspektive verengen, wird ihr Anspruch konterkariert, das kreative und motivationale Potential der Beschäftigten zu entfalten.

Wir finden diese Instrumentalisierung der Weiterbildungsmaßnahmen in unserem
Material auf drei Ebenen: der in den Instrumenten zur Beurteilung des Weiterbildungsbedarfs eingebaute Instrumentalismus (1), dem unmittelbaren Bezug der Maßnahmen zur
unternehmerischen Wertschöpfung (2) sowie der Segmentation der Maßnahmen nach Beschäftigtengruppen und Branchenzugehörigkeit des zu bewertenden Unternehmens (3).

Beginnen wir mit den *Mechanismen zur Erhebung des Qualifizierungsbedarfs* (1), der
aus Sicht der „nachhaltigen" Finanzinvestoren im Rahmen des jährlich stattfindenden
Zielvereinbarungsgesprächs erhoben werden soll (Tab. 5.5).

Folgt man der einschlägigen industriesoziologischen Diskussion, dann zeichnen sich
Zielvereinbarungsgespräche vor allem durch ihren strategisch-taktischen Charakter aus
(Voswinkel und Wagner 2011, S. 16 ff.; vgl. dazu auch Bahnmüller 2002). So dienen sie
nämlich nicht nur dazu, die erreichten Ziele der Beschäftigten, also deren *Leistung zu würdigen*, sondern ebenfalls die Erreichung der Ziele *zu kontrollieren* und zukünftige Unternehmensziele *zu koordinieren* (ebd.). Dem Zielvereinbarungsgespräch ist damit ein Doppelcharakter immanent, einerseits die Leistung der Beschäftigten honorieren (zu wollen)
und sie andererseits aber infolge der erodierten hierarchischen Kontrollstrukturen kontrollieren (zu müssen). Die Paradoxie von Zielvereinbarungssystemen findet sich nun in
ähnlicher Weise bei Qualifizierungsgesprächen, zumindest dann, wenn diese nicht von
den Zielvereinbarungen entkoppelt werden. Genau dann wird nämlich der seitens der
Gewerkschaften tariflich verankerte *Anspruch* der Beschäftigten auf ein Qualifizierungsgespräch mit dem seitens der Unternehmen interessierenden Qualifizierungs*bedarf* ver-
mischt.

---

[58] Wir haben im vergangenen Abschnitt den Wandel in der deutschen Mitbestimmungslandschaft
knapp skizziert.

Tab. 5.5 Indikatoren zur Erhebung des Qualifizierungsbedarfs

Indikatoren zur Erhebung des Qualifizierungsbedarfs	Ratingagentur
Anteil je Beschäftigtengruppe, der in eine vordefinierte und standardisierte <u>Leistungsbeurteilung</u> einbezogen wird:	SAM
Geschäftsführung/Managementebene: %	
Mittleres Management: %	
Unterste Führungsschicht/Abteilungsleiter: %	
Facharbeiter	
<u>Art und Weise</u> der individuellen Leistungsbeurteilung:	SAM
Management by Objectives: Systematische Anwendung von mit den Vorgesetzten vereinbarten, messbaren Zielvereinbarungen: % von allen Beschäftigten	
Multidimensionale Leistungsbewertung (z. B. 360 Grad Feedback): % von allen Beschäftigen	
Mitarbeiterranking innerhalb einer Beschäftigtengruppe: % von allen Beschäftigen	

Damit wird nämlich zum einen aus Sicht des Unternehmens nur jener Qualifizierungsanspruch der Beschäftigten unterstützungswürdig, der mit Blick auf die Unternehmensziele strategisch relevant ist (Kels und Vormbusch 2005, S. 38 ff.). Das verteilungspolitische Ziel der Gewerkschaften, Chancenungleichheiten zwischen den Beschäftigten mit Hilfe der Qualifizierungstarifverträge auszugleichen, wird damit ausgehebelt (Bahnmüller und Hoppe 2012). Während sich bislang, so die Autoren Kels und Vormbusch (2005), die Weiterbildungspraxis eher durch eine Anpassungsqualifizierung auszeichnete – das heißt, es wurde erst *nach* der Einführung neuer Technologien oder Produktionsverfahren mit der Vermittlung des dafür notwendigen Wissens bzw. Fähigkeiten begonnen – zeichnet sich die Weiterbildungspraxis mittlerweile durch eine prospektive Orientierung an zukünftigen strategischen Unternehmenszielen aus (ebd.: S. 40). Zum anderen wird aus Sicht der Beschäftigten der *Anspruch* auf ein Qualifizierungsgespräch dann ausgehebelt, wenn dieses gleichzeitig als Leistungs- und Qualifikationskontrolle fungiert. In der Folge werden die Beschäftigten ihre Qualifizierungswünsche zurückhaltender formulieren und versuchen, „die eigene Person und Leistung möglichst günstig darzustellen und [so] eine positive Bewertung zu *erwirken*" (Voswinkel und Wagner 2011, S. 17; Hervorhebung EMW.). Diese Problematik verstärkt sich, wenn die Ergebnisse des Zielvereinbarungsgesprächs zusätzlich entgeltrelevant werden.

Während daher in den Qualifizierungstarifverträgen der Gewerkschaften infolge dieses strategisch-instrumentellen Charakters der Zielvereinbarungsgespräche für eine strikte Trennung zwischen dem Qualifizierungsgespräch einerseits und dem Leistungs- bzw. Zielvereinbarungsgespräch andererseits plädiert wird (Bahnmüller und Fischbach 2005, S. 102), sehen „nachhaltige" Finanzinvestoren in der Verknüpfung beider Gesprächsformen offensichtlich kein Problem:[59] aus Sicht der Nachhaltigkeitsanalysten interessiert lediglich, ob und wenn ja, mit welchem Beschäftigtenanteil Zielvereinbarungsgespräche zur Beurteilung des Weiterbildungsbedarfs durchgeführt werden (vgl. Tab. 5.5). Freilich ließe sich hier nun einwenden, dass es für Kapitalmarktakteure in ihrer Position als externe Beobachter und Beurteiler von Unternehmensstrategien naheliegend ist, auf Strukturen zurückzugreifen, die erstens bereits etabliert sind und zweitens komplexitätsreduzierend wirken: Wie wir am Beispiel der „Konzentration auf das Kerngeschäft" als eine der zentralen Kapitalmarkterwartungen im Anschluss an die Studie von Faust und Bahnmüller (2010) gezeigt haben, zeichnen sich Kapitalmarktakteure durch ihre klare Präferenz für transparente und komplexitätsreduzierende Strukturen aus (ebd.: S. 76 ff.). Ganz unabhängig nun davon, ob Kapitalmarktakteure in ihrer Rolle als externe Beobachter also überhaupt die Möglichkeit zu einer anderen, weniger instrumentellen Beurteilungsform der betrieblichen Weiterbildung hätten, ist m. E. aber auffällig, dass dieser Instrumentalismus – anders als beispielsweise beim Bewertungsthema „Entlohnung" – in den Gesprächen nicht kritisch reflektiert wird. Wir müssen daher davon ausgehen, dass der in den Zielvereinbarungsgesprächen immanente Instrumentalismus aus Sicht der Befragten nicht als Problem wahrgenommen wird.

Neben den Formen zur Erhebung des Qualifizierungsbedarfs, zeigt sich die Instrumentalisierung der betrieblichen Weiterbildung nun zweitens anhand der von den Befragten unmittelbar hergestellten *Kausalität zur (Kurswert-)Performance des zu bewertenden Unternehmens* (2).[60] (Tab. 5.6)

So könne eine Steigerung der Unternehmenswertschöpfung gerade nicht mehr über Strategien der Kostensenkung erzielt werden, sondern mache umgekehrt Strategien des Unternehmens*wachstums* erforderlich: Ein befragter Fondsmanager gibt auf die Frage, wie Unternehmen noch weitere Kostensenkungen erzielen könnten, zu bedenken:

---

[59] Dass sich die Kapitalseite an einer Verknüpfung beider Gesprächsformen wenig stört, zeigt – nebenbei bemerkt – ebenfalls der Tarifvertragsentwurf der Arbeitgeberseite. Auch hier wird die Möglichkeit, das Qualifizierungsgespräch mit dem Leistungsbeurteilungsgespräch zu verknüpfen, explizit eingeräumt (Bahnmüller und Fischbach 2005, S. 111).

[60] Es soll hier nicht der Eindruck entstehen, dass sich nur Kapitalmarktakteure – und nicht auch das unternehmensinterne Human Resource Management – für die „Performancerelevanz des Personals" interessieren. Auch hier besteht die Gefahr, dass betriebliche Weiterbildungsmaßnahmen mit Blick auf die Realisierung der Unternehmensziele instrumentalisiert werden (Kels und Vormbusch 2005, S. 42). Dies liegt zum einen in dem gewandelten Selbstverständnis des Personalwesens begründet und zum anderen in der Tatsache, dass das Personalwesen – als einer Abteilung, die an der Unternehmenswertschöpfung nicht unmittelbar beteiligt ist – seit der marktorientierten Dezentralisierung unter einen Legitimationsdruck geraten ist, seinen Beitrag zur Gesamtwertschöpfung des Unternehmens zu begründen (Faust et al. 2010, S. 139 ff.). Wir werden diese Parallele in der folgenden Argumentation nun deshalb nicht weiter ausführen, da es uns ja um die Frage geht, ob es „nachhaltigen" Kapitalmarktakteuren – im Unterschied zu „konventionellen" Investoren – gelingen kann, gemäß ihres Selbstanspruches die organisationalen und personalen Voraussetzungen für innovatives Handeln zu schaffen.

Tab. 5.6 Indikatoren zur Personalentwicklung_Messinstrumente

Indikatoren zur Personalentwicklung_Messinstrumente	Ratingagentur
Übersicht über die Leistungsindikatoren, die die Umsetzung der Weiterbildungsmaßnahmen abbilden:	SAM
nicht-finanzielle Indikatoren (z. B. Weiterbildungsstunden)	
Kostenbasierte Indikatoren (z. B. Weiterbildungskosten pro Beschäftigter)	
Wertbasierte HR-Indikatoren (z. B. ROI pro Beschäftigter, EVA pro Beschäftigter)	

> Geht nicht mehr! Also, das ist ein wichtiges Thema, glaube ich, was die Märkte derzeit auch bewegt. Jeder geht davon aus, dass man *Margen* weiter steigern kann, Kosten senken kann – *Quatsch!* Wir sind an einem Punkt angekommen, wo man nichts mehr rausquetschen kann. Die Margen sind auf einem *absoluten* Hochpunkt historisch gesehen, wir haben Margen wie in den 50er Jahren. Wo einfach ein enormes Wachstum gewesen ist, wo einfach ganz andere Bedingungen waren, oder auch in den 60er Jahren. Und es geht schlicht und ergreifend im Moment nichts mehr wirklich von der Kostenseite oder der Effizienzseite herauszuquetschen. […] Was die Unternehmen *machen* müssen, ist, sich auf *Wachstum* zu fokussieren. Und ihre Kostenbasis halbwegs irgendwo konstant zu halten. (I1_PF1)

Unternehmenswachstum kann gelingen, so haben wir oben im Anschluss an Deutschmann (2005a, 2006) argumentiert, wenn „neue Kombinationen" im Sinne Schumpeters hervorgebracht werden, also neue Techniken, Produkte oder Organisationsmethoden erfolgreich an den Markt gebracht werden. Gewinn ist damit, folgt man Schumpeter, die „Prämie für die Kreativität des Unternehmers" (Deutschmann 2005a, S. 72). Wir haben festgehalten, dass sich diese Kreativität – nicht nur die des Unternehmers, sondern aller Beschäftigter – nur dann entfalten kann, wenn die sachlich, zeitlich und soziale Unsicherheit von Innovationsprozessen organisational in Rechnung gestellt wird. Gerade weil Märkte in keiner der drei Dimensionen ausreichend komplexitätsreduzierend wirken können, sind „Unternehmen, nicht Märkte, der Ort, an dem sich Kreativität entfaltet und Innovationen überhaupt erst entstehen können" (ebd.: S. 73). Zugrunde liegend ist diesem Befund die Annahme, dass Märkte eine Instrumentalisierung der betrieblichen Sozialbeziehungen zur Folge haben und dies sowohl aufseiten der individuellen Voraussetzungen kreativen Handelns als auch auf der Ebene der Koordination innovativen Handelns zu negativen Effekten führt.

Das heißt also: Auch wenn sich „nachhaltige" Finanzinvestoren für Personalentwicklungsmaßnahmen interessieren und die Notwendigkeit von motivierten Beschäftigten erkennen, da es

> jetzt irgendwie darum geht, innovativ sich da hervorzutun. Und dazu brauchen Sie irgendwo so eine, wie es so schön heißt, *Winning Culture* von so einem Unternehmen, und natürlich die entsprechenden Leute. (I1_PF1),

dann sind die organisationalen Voraussetzungen für Innovationsprozesse damit noch nicht geschaffen: es bleibt ein instrumentelles Verständnis von Personalentwicklungsmaßnahmen bestehen.

Das Interesse „nachhaltiger" Investoren an wachstumsförderlichen Unternehmensstrategien tritt in den Gesprächen nun ebenfalls im Rahmen einer kritischen Beurteilung des
Themas „Outsourcing" zu Tage. Also,

> Outsourcing ist jetzt durch. Jetzt muss man einfach sagen: Okay, wir haben uns darauf spe-
> zialisiert, große Added-Value-Produkte zu machen, also Forschung und Entwicklung ist
> noch hier, Design ist hier, und alle möglichen wichtigen Funktionen. Und genau an der Stelle
> braucht man superqualifizierte Leute, die entsprechend motiviert sind […] Sagen wir also
> mal so, ich glaube, Unternehmen werden jetzt weniger belohnt, wenn sie noch irgendwelche
> Outsourcing-Schritte machen. […] Das ist nicht mehr der wirkliche Trigger für die Margen.
> (I1_PF1)

Diese Kritik an Auslagerungsentscheidungen seitens der „nachhaltigen" Investoren kann
allerdings nur auf den ersten Blick überraschen. Zwar kommt in der Tat in dem Bewer-
tungsmuster konventioneller Investoren der „Faktor Personal" vornehmlich als Kostenfak-
tor zum Tragen und lässt umgekehrt bei der Ankündigung von Personalabbaumaßnahmen
den Unternehmenswert „reflexartig auf ein höheres Niveau schalten" (Faust et al. 2007,
S. 1).[61] Wenn also „nachhaltige" Investoren nicht in den Kanon nach Rentabilitätssteigerungen in Form von (Personal-)Kostensenkungen einstimmen, sondern umgekehrt für
ein Unternehmens*wachstum* plädieren, so scheint dies mit der Forderung der Unternehmensvertreter nach einer Wachstumspolitik übereinzustimmen. Gefordert wird hier eine
„neue Industriepolitik", die den „industriellen Kern der Wirtschaft, die Innovationskraft
und die Exporte stärkt" (Büschemann 2010; vgl. auch Bergheim 2008). Unternehmenswachstum erfordert aber Innovation und damit qualifizierte und motivierte Mitarbeiter.

Allerdings machen nun die seitens der Befragten geäußerten Begründungsordnungen
deutlich, dass sie mit ihrem Plädoyer für Strategien des Unternehmenswachstums bzw.
ihrer ablehnenden Haltung gegenüber Standortverlagerungen gerade kein industriepoliti-
sches Interesse verfolgen, sondern schlicht transaktionskostenökonomisch argumentieren.
Dies zeigt sich am deutlichsten in Abgrenzung zu den Wachstumsstrategien des „deutschen Modells". So legen zwar beide ihren Fokus auf das Unternehmenswachstum und
sind daher an Personalrekrutierung und -entwicklung anstatt an Personalkostenreduktion
interessiert, nur: während im „deutschen Modell" Wachstumsstrategien unter *Vernachlässigung* von Rentabilitätsüberlegungen auf dem Programm standen (Streeck und Höpner
2003, S. 25 ff.)[62], spielen diese aus Sicht der „nachhaltigen" Investoren weiterhin eine zent-

---

[61] Wir kommen noch darauf zu sprechen, dass auch in der konventionellen Unternehmensbewertung Personalabbauprogramme nicht zwangsläufig und vor allem nicht dauerhaft positiv honoriert
werden müssen (Faust et al. 2007; Mausbach 2008).

[62] Vergleiche dazu Abschn. 2.2: So belief sich die Umsatzrendite deutscher Aktiengesellschaften im
Jahr 2000 auf durchschnittlich 9,4 % und war damit im Vergleich zu britischen Aktiengesellschaften
gerade einmal halb so hoch (19,2 %) (Streeck und Höpner 2003, S 25).

rale Rolle[63]. An der Rentabilitätsstellschraube wird also nicht gedreht, wie ein Fondsmanager auf die Frage nach den Parallelen zwischen „nachhaltigen" Anlagestrategien einerseits
und den Kerneigenschaften des „deutschen Modells" andererseits, zur Antwort gibt:

> I1_PF1: Mit diesem „deutschen Modell" kann ich, muss ich gestehen, nicht so viel mit anfan-
> gen. Was genau definieren Sie da darunter?
> Walker: [kurze Erläuterung des „deutschen Modells" der Unternehmenskontrolle]
> I1_PF1: Nee, das glaube ich, das kann man nicht miteinander irgendwo in Verbindung brin-
> gen. Denn die Unternehmen per se wollen ja ihre Kostenbasis jetzt auch nach wie vor niedrig
> halten. Also, das wäre ja *Wahnsinn*, nach all' den Jahren des Sparens und Outsourcings, jetzt
> auf einmal zu sagen: Kosten ist uns egal, wir konzentrieren uns auf Wachstum. Sondern ganz
> im *Gegenteil:* man will die Kostenbasis mindestens konstant halten. Aber es gibt halt wenig
> Spielraum, noch was rauszuquetschen. Und auf der anderen Seite will man aber zusätzliches
> Wachstum irgendwo erzielen.

Das heißt, so lässt sich die Einschätzung des befragten Fondsmanagers zusammenfassen,
die strategischen Segel der Unternehmen sind zwar in Richtung Unternehmenswachstum
zu setzen, allerdings nicht ohne die Rentabilitätsfrage aus dem Blick zu verlieren. Auch
hier zeigt sich wieder – auch sprachlich –, dass „nachhaltige" Investoren nur schwerlich als
Kooperationspartner für gewerkschaftliche und betriebliche Interessenvertreter gewonnen werden können, um die zu erzielende Unternehmensrendite abzusenken: „Es gibt halt
wenig Spielraum, noch was *rauszuquetschen.*" ((I1_PF1); Hervorhebung EMW).

Die transaktionskostenökonomische Perspektive, die die Befragten beim Thema Unternehmenswachstum bzw. in ihrer kritischen Haltung zu Standortverlagerungen einnehmen,
lässt sich nun auf drei Argumentationslinien verdichten: erstens dem Mangel an „sinnvoll"
– das heißt mit Blick auf die entstehenden Transaktionskosten vertretbaren – auszulagern-
den Unternehmensteilen, zweitens dem mit einer Verlagerung verbundenen Reputations-
risiko und drittens dem sinkenden Lohnkostenanteil an den Gesamtkosten sowie das sich
angleichende Lohnniveau zwischen Deutschland und den osteuropäischen Staaten.

So können nämlich Unternehmensteile kaum mehr ausgelagert werden, ohne nicht zentrale Bereiche des Unternehmens wie beispielsweise die Forschungs- und Entwicklungsabteilung zu tangieren. Der bereits zitierte Nachhaltigkeitsfondsmanager gibt zu bedenken,

> wir haben die Situation, dass alles, was outgesourct werden konnte, outgesourct ist. […] Ja,
> und man kann keine Forschung und Entwicklung outsourcen, das geht nicht. Das ist der Core
> Value von bestimmten Unternehmen. Adidas hat seine ganze Produktion schon nach Asien
> verlagert, da ist nichts mehr auszulagern! Aber das Design, das müssen sie irgendwo hier
> machen, weil damit würden sie den gesamten Brand Value den Chinesen in die Hand geben,
> die bereitwillig sagen: vielen Dank. Und damit haben sie innerhalb von einem Jahr eine Kon-
> kurrenzmarke aufgezogen. (I1_PF1)

---

[63] Dass Rentabilitätsfragen auch aus Sicht „nachhaltiger" Investoren relevant sind bzw. relevant bleiben – so haben wir in Abschn. 5.3.1.2. festgehalten – kann allerdings nicht nur mit den Erwartungen
des Anlegerpublikums begründet werden, sondern vor allem auch mit der (professionellen) Selbsterwartung der Fondsmanager.

Die Strategie der Unternehmensauslagerung verursacht also Transaktionskosten, die, gemessen an den Produktivitätsvorteilen, zu gering sind, wenn nicht sogar zum eigenen Untergang führen, wie im obigen Zitat vom Befragten am Zukunftsszenario des Unternehmens adidas illustriert wird. Auf der Tagesordnung der Fondsmanager steht also ein Plädoyer für die Rückverlagerung bereits ausgelagerter Unternehmensteile.

Freilich gilt diese Strategieempfehlung vor allem für jene Unternehmen, deren Wettbewerbsstrategie in der Qualitäts- und nicht in der Massenproduktion zu verorten ist, da gerade hier Qualitätseinbußen negativ zu Buche schlagen können. Dies wird auch durch eine Studie des Fraunhofer-Instituts zum Ausmaß und den Motiven von Produktionsverlagerungen deutscher Unternehmen im Verarbeitenden Gewerbe belegt (Kinkel und Maloca 2008), die nicht nur eine rückläufige Auslagerungsquote feststellen, sondern auch Rückverlagerungen bereits ausgelagerter Unternehmensteile: So sank der Anteil jener Unternehmen in der Metall- und Elektroindustrie, die in den vergangenen zwei Jahren Unternehmensteile ausgelagert haben, von 25 % im Zeitraum 2001 bis 2003 auf 19% im Zeitraum 2003 bis 2006 (ebd.: S. 4). Als der von den befragten Unternehmen in der M & E-Industrie häufigste genannte Grund für Rückverlagerungen waren Einbußen bei der Flexibilität und Lieferfähigkeit (72 %), gefolgt von Qualitätsproblemen, die für 61 % der rückverlagernden Betriebe entscheidend sind. Ganz offensichtlich, so die Autoren, wurden die Aufwendungen für die Qualitätssicherung und -kontrolle sowie für die Sicherstellung der Prozessqualität am ausländischen Standort in der früheren Auslagerungsentscheidung als zu gering angesetzt (ebd.: S. 10 f.).

Ein befragter Fondsmanager (I4_PF1) illustriert das Problem mangelnder Qualität und der „Abstrafung" am Kapitalmarkt in Form von Kurswertverlusten am Vergleich zwischen dem US-amerikanischen Spielzeugwarenhersteller Mattel und dem Spielzeugwarenhersteller Steiff, der im schwäbischen Giengen/Brenz angesiedelt ist. Während Ersterer auf die Strategie der Massenproduktion setzt, ist das Unternehmen Steiff im Hochpreissegment angesiedelt. So könnten sich zwar Unternehmen durch Produktionsverlagerungen kurzfristig einen „Kostenblock vom Hals schaffen" (I4_PF1), langfristig sei aber mit ernsthaften Qualitätsproblemen zu rechnen.

> Beispiel: Produktionsverlagerung ins Ausland. Die letzten fünf Jahre sind ja alle wie verrückt nach China gerannt, das hatte seine Gründe: Kostenreduktion und ich nenn's mal so: Umwelt- und Sozialstandardarbitrage […]. Aus kurzfristiger Sicht ist es natürlich positiv fürs Unternehmen, also kurzfristiges Shareholder Value. Aus Sicht des langfristigen Shareholder Value muss man da ein Fragezeichen dahinter setzen: Warum? Jetzt haben wir ja die letzten Monate immer häufiger vor Augen geführt bekommen, welche Probleme es mit sich bringt, wenn nämlich eben diese Standards nicht eingehalten werden. Beispiel: Mattel. Also ich warte eigentlich auf die erste große Klagewelle in den USA gegen Mattel, […] wenn man 15 Mio. Spielzeuge zurückruft, ist das ja kein Ausrutscher mehr. Das ist ja schon systematisch. […] Und wir wissen ja alle, dass in Amerika die Schadensersatzzahlungen etwas höher sind als in Europa. Und diese Schadensersatzzahlungen wirken in dem Moment, wo sie ausgesprochen werden, direkt auf den Shareholder Value. (I4_PF1)

Kontrastierend hebt er im Folgenden die Rückverlagerungsstrategie von Steiff positiv hervor, die seiner Ansicht nach allerdings eben nur deshalb erfolgsversprechend ist, da das Unternehmen im Hochpreissegment angesiedelt ist:

> Es gibt Unternehmen, die da fortschrittlicher sind. Die lagern zwar aus, aber die haben einen großen Teil ihrer Wertschöpfungskette immer noch in der eigenen Hand, und berufen sich dann nicht auf Standards, […] die sie wahrscheinlich nicht einmal überprüfen können. Ein Beispiel aus dem Schwäbischen ist Steiff. Die Margarete Steiff hatte ja damals gesagt: für das Kind nur die besten Produkte. Deswegen kostet das Ding ja auch so viel. […] Letztens habe ich in der Presse sehr positiv vernommen, Steiff verlagert die Produktion zurück nach Europa. (I4_PF1)

Eng mit dem Problem von Qualitätseinbußen verbunden ist ein zweites Argument, das in die kritische Beurteilung von Unternehmensverlagerungen hereinspielt, nämlich die damit verbundenen Reputationsrisiken. So kommt auch der Fondsmanager einer großen Versicherungsgesellschaft (I2_PF1) auf das zum Zeitpunkt des Gesprächs aktuelle Problem des Produktrückrufs beim Unternehmen Mattel zu sprechen. Er sieht daher „nachhaltige" Bewertungsstrategien deshalb im Vorteil, da

> das Unternehmen Produkte entwickelt, die auf Einschläge, Impacts, auf Einschläge von der Seite besser positioniert sind, weil ich halt jetzt anfange, mein Spielzeug schon anhand von erwarteten Richtlinien, die kommen könnten […], dass ich dann eventuell so Probleme, wie es der eine oder andere amerikanische Spielzeugproduzent heute hat, rechtzeitig umgehen kann. Dass ich eben nicht die negative Presse mitmache. […] Aber das ist im Prinzip einfach, dass nachhaltig aufgestellte Unternehmen aus unserer Sicht die Risiken besser im Griff haben. (I2_PF1)

Und auch der oben bereits zitierte, bei einer Landesbank beschäftigte Fondsmanager (I4_PF1) kommt auf das Reputationsproblem zu sprechen:

> Man hat zumindest gewisse Standards, die Europa weit gelten. Und das ist gut so. Damit sichern die dann erst einmal ihr Image, Reputation, zweitens können sie damit auch begründen: hört mal her, wir produzieren in Deutschland, wir produzieren in Europa, deswegen wird es halt ein bisschen teurer. Aber du, lieber Kunde, liebe Eltern, ihr legt doch Wert auf gesundes Spielzeug, sicheres Spielzeug und das ist ein Euro mehr wert. Ganz spitz formuliert. Da werden die meisten sagen: ich will eigentlich nicht, dass mein Kind ins Koma fällt, wenn es diese komischen Flummies lutscht, sondern das ist es mir Wert. (I4_PF1)

Drittens verlieren Unternehmensverlagerungen aus Sicht der Befragten deshalb an Attraktivität, da der Lohnkostenanteil an den Gesamtkosten – als dem lange Zeit entscheidenden Faktor in der Verlagerungsdebatte – zunehmend geringer wird und die absolute Differenz zu den Lohnkosten in jenen Ländern, in die bisher ausgelagert wurde (v. a. Polen, Rumänien, China), ebenfalls rückläufig ist.[64] Mit der Standortverlagerung sind folglich nur un-

---

[64] Dieses Argument reiht sich ein in eine Auswertung der Deutschen Bundesbank von Jahresabschlüssen der in Deutschland ansässigen Unternehmen für den Zeitraum von 1997 bis 2007. So

nötige Risiken verbunden, ohne auf der Kostenseite Effizienzvorteile zu versprechen.[65] Ein Nachhaltigkeitsfondsmanager fasst zusammen:

> Wir leben seit 10, 15 Jahren in Europa und insbesondere in Deutschland in dem Glauben, dass wir natürlich Opfer der Globalisierung sind und des Outsourcings nach Osteuropa und nach Asien, und dass die Arbeitnehmer eigentlich nichts zu mucken haben […]. Und genau hier sind wir, glaube ich, wie es so schön neudeutsch heißt, an einem Inflection Point. Wir haben in China Lohnkosten, die pro Jahr 20 % steigen. Wir haben in Polen einen Bauarbeiter, der mittlerweile 3000 Euro pro Monat verdient. Wir haben Unternehmen aus Sachsen-Anhalt, die in Polen die Bauaufträge gewinnen, weil die billiger arbeiten können beziehungsweise noch bessere Qualität abliefern können. […] Und genau an dem Punkt sind wir jetzt, dass Unternehmen auf einmal wieder merken: oh, ich habe ja gut ausgebildete Leute in Europa und auch eigentlich gut motivierte Leute. (I1_PF1)

Wenn also die Begründungsordnungen der Befragten zu ihrer kritischen Haltung gegenüber Standortverlagerungen und ihrem Plädoyer für Strategien des Unternehmenswachstums Argumentationsmuster der Transaktionskostenökonomie aufweisen, so stellt sich die Frage nach dem Unterschied zu den Erwartungen „konventioneller" Investoren.

So wird diesen zwar gemeinhin eine Präferenz für Strategien der (Personal)kostenreduktion attestiert, allerdings haben wir bereits an anderer Stelle im Anschluss an die Studie von Faust und Bahnmüller (2010) deutlich gemacht[66], dass Personalabbaumaßnahmen nicht grundsätzlich in der Gunst des Kapitalmarktes stehen (ebd.: S. 86 ff.). So können in das Bewertungsmodell zwar leichter Kosteneinsparungen „eingepreist" werden als die mit der Unternehmensverlagerung bzw. der Personalentlassungsmaßnahme verbundenen Risiken[67]. Darüber hinaus kann auf diese Weise das gebundene Kapital reduziert werden, was ebenfalls in das Bewertungsmodell positiv einfließt (ebd.: S. 87). Dies heißt aber gerade nicht, dass die möglichen Risiken aus Sicht der Kapitalmarktakteure überhaupt nicht wahrgenommen würden. Vielmehr ist von Fall zu Fall zu entscheiden, ob Personalabbaumaßnahmen „als Zeichen für baldige Gesundung oder für dauerhaften Niedergang" (ebd.: S. 96) stehen. Dies belegen nun auch die empirischen Befunde von Mausbach (2008), die zeigt, dass Kurswertsteigerungen nach der Ankündigung bzw. Durchführung von Entlas-

---

ist der durchschnittliche *Lohnkostenanteil* von 19,7 % auf 16 % abgesunken (Deutsche Bundesbank 2009, S. 21) und die *Lohnstückkosten* sind in den osteuropäischen Staaten bzw. China – als den „klassischen" Verlagerungsstandorten – angestiegen (Stein et al. 2012). Beides hat zur Folge, dass mit der Verlagerung von Unternehmensteilen nur noch bedingt Produktivitätsvorteile infolge von Lohnkostenvorteilen zu erzielen sind.

[65] Dies heißt weder, dass Unternehmensverlagerungen überhaupt nicht mehr stattfinden, noch dass auf diese Weise keine Wettbewerbsvorteile mehr erzielt werden könnten; nur: diese begründen sich nicht mehr primär in den Lohnkosten. Wenn Verlagerungen stattfinden, so jüngst eine Fraunhofer-Studie, so finden diese vor allem mit dem Ziel der Markterschließung statt (Kinkel und Maloca 2008; vgl. auch Dohmen 2009; Magenheim 2008).

[66] Vergleiche Abschn. 3.3.

[67] Abgesehen davon, sind die Risiken aus Sicht der externen Beobachter auch schwieriger einzuschätzen als die entstehenden Kostenvorteile, die leicht rechenbar gemacht werden können, wie ein von den Autoren befragter Analyst zu bekennen gibt (Faust et al. 2010, S. 88).

sungen meist nur kurzfristiger Natur sind. So kündigte beispielsweise die Deutsche Bank im Jahre 2005 nach bereits zahlreichen vorangegangenen Entlassungen weitere Personalkosteneinsparungen an, was der Kapitalmarkt mit einem nur kurzfristigen Kurswertanstieg honorierte. Danach sank der Kurswert erneut auf das Niveau *vor* der Ankündigung der Personalkostenreduzierung zurück (ebd.: S. 202); die „Zukunftsfähigkeit" (Faust et al. 2010, S. 100) des Unternehmens infolge der wiederholten Personalabbaumaßnahmen war also auch aus Sicht der Investoren infrage gestellt.

Der Unterschied zwischen dem „konventionellen" und dem „nachhaltigen" Bewertungsmodell besteht m. E. nun also nicht darin, dass Personalkürzungen durch „konventionelle" Investoren stets positiv honoriert würden, während „nachhaltige" Investoren diesen kritisch entgegenstehen. Der springende Punkt scheint mir vielmehr darin zu liegen, dass der „Faktor Personal" am (konventionellen) Kapitalmarkt nur dann interessiert, wenn er aktuell oder in absehbarer Zukunft knapp werden und sich dann auch finanziell niederschlagen wird (Faust und Bahnmüller 2010). Das heißt, je nach Konjunkturzyklus, Wettbewerbsposition und Branchenzugehörigkeit des zu bewertenden Unternehmens ist dieser unterschiedlich bewertungsrelevant für die „Zukunftsfähigkeit" (ebd.: S. 100) des Unternehmens. Allerdings gerät er eben nur dann ins Bewusstsein der externen Betrachter, wenn Probleme wie Personalengpässe, Abwanderungsprobleme oder Qualitätsprobleme sichtbar werden, also „Spätindikatoren" (ebd.: S. 96) zu Tage treten. Die personalen und organisationalen *Voraussetzungen* für die Vermeidung derartiger Probleme interessiert am konventionellen Kapitalmarkt hingegen *kaum* (ebd.: S. 96). Im Unterschied dazu steht der Unternehmensbewertungsprozess „nachhaltiger" Investoren, da hier der „Faktor Personal" als *strategische Variable* für den *zukünftigen* Unternehmenserfolg interpretiert wird und demnach auch die organisationalen Voraussetzungen wie etwa Personalentwicklung, -rekrutierung, und -bindung bewertungsrelevant sind. Wie wir allerdings im Folgenden sehen werden, bleibt dieses Interesse an Personalentwicklungsfragen allerdings unter einem instrumentellen Vorzeichen: So interessieren Personalentwicklungsthemen eben gerade nicht branchen- bzw. beschäftigtenübergreifend (s. u.), sondern nur, wenn diese mit Blick auf die Kurswertentwicklung des zu bewertenden Unternehmens performancerelevant sind.

Inwiefern wird die betriebliche Weiterbildung nun nach *Beschäftigtengruppen sowie nach der Branchenzugehörigkeit des zu bewertenden Unternehmens segmentiert* (3) und so erneut die Maßnahmen betrieblicher Weiterbildung als ein Instrument zur Steigerung des Unternehmenswerts begriffen?

Die Segmentation betrieblicher Weiterbildungsmaßnahmen nach Beschäftigtengruppen ist nun kein prinzipiell neuer Befund.[68] So zeigen beispielsweise die Autoren Kels und

---

[68] Im Gegensatz zur zweiten Form der Segmentierung, die dem spezifischen Blick der Kapitalmarktakteure geschuldet ist. Nur der Kapitalmarkt – und nicht das Management – kann „objektive" und damit „effiziente" Anlageentscheidungen treffen, weshalb auch die Entscheidung, in welchen Branchen Weiterbildungsmaßnahmen erfolgversprechend sind, gemäß der neoklassischen Portfoliotheorie besser den Investoren zu überlassen ist.

Tab. 5.7 Indikatoren zur Personalentwicklung_nach Beschäftigtengruppe

Indikatoren zur Personalentwicklung_nach Beschäftigtengruppe	Ratingagentur
Anteil je Beschäftigtengruppe, der in eine vordefinierte und standardisierte Leistungsbeurteilung einbezogen wird:	SAM
Geschäftsführung/Managementebene: %	
Mittleres Management: %	
Unterste Führungsschicht/Abteilungsleiter: %	
Facharbeiter: %	

Vormbusch (2005) auf, dass sich in der gegenwärtigen Qualifizierungs- und Weiterbildungspolitik die Tendenz finde, nach „unterschiedlichen Beschäftigtengruppen und ihrem ‚strategischen Wert'" (ebd.: S. 42) zu differenzieren. Ziel der betrieblichen Personalpolitik sei es nicht mehr so sehr, die Beschäftigungsfähigkeit und die Aufstiegschancen *aller* Beschäftigten zu gewährleisten, sondern die Strategien langfristiger Personalbindungsmaßnahmen auf die „Leistungs-, Wissens- und Potentialträger" (ebd.: S. 42) zu fokussieren. Geringqualifizierte Beschäftigte wie An- und Ungelernte, in Teilzeit oder befristet Beschäftigte haben infolge dieser Segmentation von Kern- und Randbelegschaft das Nachsehen. Zu einem ähnlichen Befund – allerdings nicht nur bezogen auf die betriebliche Weiterbildungspolitik, sondern auf die betriebliche Anerkennungspolitik im Ganzen – gelangen Voswinkel und Wagner (2011) im Anschluss an ihre oben bereits zitierte Studie zu den Anerkennungspraktiken in Unternehmen verschiedener Größe und Branchenzugehörigkeit.[69] So stellen die Autoren fest, dass beim Thema „Anerkennung" nur jene Beschäftigtengruppen in den Blick geraten, die gemäß einer erfolgsorientierten Leistungspolitik als unmittelbar performancerelevant gelten. Dies hat nun nicht nur zur Folge, dass ein Teil der Beschäftigten kaum Möglichkeiten hat, sich überhaupt als Leistungsträger zu positionieren, sondern auch, dass jene Beschäftigten, denen Anerkennung zuteil wird, diese nur *unter Bedingung* erfahren: der Bedingung, dass Anerkennung motivationsförderlich „wirkt" und die Identifikation und Bindung der Beschäftigten an das Unternehmen stärkt. Kurz: Anerkennung wird instrumentalisiert und verfehlt genau deshalb ihre „Wirkung".

Nun kann „nachhaltigen" Investoren zwar im Unterschied zu konventionellen Investoren nicht mehr zum Vorwurf gemacht werden, sie interessieren sich in ihrer Unternehmensbewertung lediglich für die „Männer an der Spitze" (Faust et al. 2007, S. 4), da sie im Nachhaltigkeitsrating nicht nur ein Leistungsbeurteilungsgespräch für die Unternehmensspitze einfordern, sondern eben auch für das mittlere/untere Management sowie für Facharbeiter (Tab. 5.7).

Auch in den Begründungsordnungen, die die Befragten in den Gesprächen für die Performancerelevanz des Personals ins Feld führen, wird nicht nur auf die Personen an der Unternehmensspitze fokussiert. Gleichwohl bleibt der Blick auf die Beschäftigten selektiv, und zwar auf jene Personen, die im Diskurs der (Unternehmens-)Berater als Wissens- und Leistungsträger gelten. Folgt man dem Beraterdiskurs, dann ist hier zum einen der demo-

---

[69] Vergleiche Abschn. 3.3.

graphische Wandel zu bedenken, der qualifiziertes Personal knapp werden lassen könnte. Ein befragter Fondsmanager gibt zu verstehen, dass

es da irgendwie immer weniger [gibt], weil die ganzen Babyboomer, [die] waren immer daran gewöhnt, dass es genügend Konkurrenten gibt. Aber man braucht sich ja bloß mal die Abi-Jahrgänge von heute anzuschauen, wie viele Leute da überhaupt noch entsprechend einen Abschluss machen. Das heißt, wir haben mehr und mehr einfach einen demographischen Wandel. [...] Und ich glaube, hier sind wir wirklich an einem Punkt für die nächsten Jahre, wo es darum geht, dass Unternehmen sich Gedanken machen müssen, wie sie Leute überhaupt bewegen, bei ihnen gerade anzufangen. (I1_PF1)

Zum anderen ist es das, auch in den Medien breit diskutierte Problem des Fachkräftemangels (Bergius und Gaserow 2007; Bunzenthal 2009), das den Befragten Anlass zur Sorge ist und überraschend ideologiefrei in seinen Ursachen analysiert wird. Während in der öffentlichen Ursachendebatte vor allem auf den Engpass an Hochschulabsolventen fokussiert wird, argumentiert ein befragter sell-side Analyst (C2_A1) in seiner Themenstudie zur Performancerelevanz des Humankapitals in Übereinstimmung zur IAB-Fachkräftemangelstudie (Biersack et al. 2007), dass sich dieser vor allem in einer rückläufigen Bereitschaft der Unternehmen für betriebliche Weiterbildungsmaßnahmen begründe sowie in einem „Jugendwahn" (Material C2/1) der Unternehmen, der es verhindere, auch ältere Beschäftigte einzustellen (Biersack et al. 2007). So wird in beiden Studien darauf hingewiesen, dass die Hälfte aller arbeitsuchenden Ingenieure und Ingenieurinnen älter als 50 Jahre ist (ebd.). In der Tat sind diese „bei einer konjunkturellen Schwäche im allgemeinen schwerer zu entlassen" (Material C2/1) und gelten im Vergleich zu jüngeren Beschäftigten als weniger leistungsfähig und mobil, allerdings sind deren langjährigen beruflichen Erfahrungen und betriebsspezifischen Kenntnisse infolge des Fachkräftemangels nun (peformance-)relevant geworden. In der Folge wird von der betrieblichen Personalpolitik erwartet, dass die berufliche Kompetenz älterer Beschäftigter erhalten und weiterentwickelt wird.

Neben der Segmentation der Weiterbildungsmaßnahmen nach Beschäftigtengruppen findet sich nun ebenfalls eine Segmentation der Weiterbildungsmaßnahmen nach der Branchenzugehörigkeit des zu investierenden Unternehmens. Darauf sind wir obenstehend im Rahmen der branchenspezifischen Gewichtung der Nachhaltigkeitsindikatoren indirekt bereits zu sprechen gekommen. So haben wir festgehalten, dass die Indikatoren zur Beurteilung der betrieblichen Personalpolitik und -entwicklung keinesfalls über alle Branchen hinweg gleichermaßen interessieren, sondern in Abhängigkeit von ihrem branchenspezifischen Risikoprofil. Entscheidend ist hier nun das Verständnis von „Risiko": Dieses wird nämlich gerade nicht – wie es das Selbstverständnis „nachhaltiger" Investoren nahelegen würde – mit Blick auf die gesamtgesellschaftlichen Risiken (der „Stakeholder") definiert, sondern hinsichtlich der Risiken möglicher Performanceeinbußen. Analog zur „konventionellen" Unternehmensbewertung werden dazu in sogenannten Performancestudien Kausalzusammenhänge zwischen einzelnen Werttreibern und der Kurswertentwicklung ermittelt (Edmans 2011; Orlitzky et al. 2003).[70] Exemplarisch verdeutlichen wir

---

[70] Vergleiche Abschn. 5.3.1.2.

Dimension Branche	Economic	Environmental	Social
Pharmaceuticals	40,4%	10,4%	49,2%

Abb. 5.5 Branchenspezifische Gewichtung der „sozialen" Nachhaltigkeitsindikatoren der Ratingagentur SAM

dieses Risikoverständnis am Beispiel der branchenspezifischen Gewichtung der sozialen Nachhaltigkeitsindikatoren in der Pharmaindustrie: So würde man mit Blick auf die gesamtgesellschaftlichen Risiken der Branche erwarten, dass in der Nachhaltigkeitsbewertung vor allem Kriterien ökologischer – und eben nicht sozialer – Nachhaltigkeit besonderes Gewicht erhalten bzw. diese zumindest gleich stark gewichtet werden. Das Gegenteil ist allerdings der Fall, wenn Fragen sozialer Nachhaltigkeit mit knapp 50 % fast fünf Mal so stark gewichtet werden wie Fragen ökologischer Nachhaltigkeit (vgl. Abb. 5.5). Ganz offensichtlich gilt die Pharmaindustrie als eine wissensintensive Branche, deren Hauptrisiko aus Sicht der Nachhaltigkeitsinvestoren darin besteht, dass qualifiziertes und motiviertes Personal ungehindert abwandert.

Zusammenfassend können wir für die Überprüfung unserer *These* Folgendes festhalten:

„Nachhaltige" Finanzinvestoren interessieren sich zwar im Unterschied zu den Erwartungen „konventioneller" Finanzmarktakteure ganz dezidiert für die Themenfelder Personalentwicklung, Motivation sowie Identifikation der Beschäftigten. Allerdings interessieren sie sich für jene Instrumente einer langfristigen Personalpolitik immer nur aus einer instrumentellen Perspektive heraus und konterkarieren damit ebenfalls die organisationalen Voraussetzungen für betriebliche Innovationsprozesse.

Diesen Instrumentalismus haben wir in unserem Fallmaterial auf drei Ebenen vorgefunden: in den Instrumenten zur Beurteilung des Qualifizierungsbedarfs, dem unmittelbaren Bezug der Weiterbildungsmaßnahmen zur Unternehmenswertschöpfung sowie drittens der Segmentation der Weiterbildungsmaßnahmen nach Beschäftigtengruppen und Branchenzugehörigkeit des zu bewertenden Unternehmens. Wir mussten hierbei feststellen, dass die befragten Nachhaltigkeitsfondsmanager sich im Rahmen der betrieblichen Personalpolitik weniger für die *organisationalen* Voraussetzungen interessieren, sondern eher transaktionskostenökonomisch fragen, welche Unternehmensrisiken infolge fehlender Innovationstätigkeiten entstehen könnten. Gerade weil sich Wettbewerbsvorteile zunehmend seltener über Strategien der Kostensenkung erzielen lassen, werden Strategien des Unternehmenswachstums und damit betriebliche Innovationsprozesse opportun. Genau aus dieser instrumentellen Perspektive interessieren sich „nachhaltige" Investoren für Fragen der Motivation und Identifikation der Beschäftigten.

Zusammenfassung der Ergebnisse und Fazit 6

Nach Durchsicht unserer empirischen Befunde zu den Begründungsordnungen „nachhaltiger" Finanzinvestoren müssen wir nun zu einer eher skeptischen Einschätzung der „Moralisierungsthese" gelangen und plädieren daher dafür, diese als eine in der Wirtschaftspresse sowie der Finanzberatungsindustrie kommunizierte Fiktion zu begreifen.

So sind wir im Anschluss an die ursprünglich in der Konsumforschung geführte Debatte gestartet und haben gefragt, ob nicht auch auf Kapitalmärkten mit einer „Moralisierung der Märkte" (Stehr 2007) zu rechnen ist. Kennzeichnend ist für diese, dass Konsumenten mit ihrer Kauf-/Nicht-Kauf-Entscheidung nicht nur ihren individuellen Nutzen steigern wollen, sondern ebenfalls zu einer Steigerung des Gemeinwohls beitragen wollen (ebd.: 233ff.; vgl. auch Bluhm 2008; Hiß 2007). Analog dazu lautet dann das Argument für Kapitalmärkte, dass Aktionäre mit ihrem Investment Unternehmen dazu anregen wollen, „verantwortungsbewusstere Corporate Citizens" (Hiß 2011: 651) zu werden, indem sie nur in jene Unternehmen investieren, die eine langfristige und die Interessen *aller* „Stakeholder" berücksichtigende Unternehmenspolitik verfolgen. Unterstellt wird damit die Annahme, dass Aktionäre in ihrer Rolle als externe Marktakteure durch eine positive bzw. negative Sanktionierung (Investitions- bzw. Exit-Entscheidung) von Unternehmenspolitiken eine solidarische Gemeinschaft in Unternehmen (z. B. betriebliche Interessenvertretungsorgane, Sozialpläne im Falle von Kündigungen) „installieren" können.

Diesen Befund haben wir deshalb als problematisch erachtet, da hier mit einem Verständnis von „Ökonomie" und „Moral" operiert wird, das inhaltlich unklar definiert ist und so die Gefahr besteht, einen *empirischen* Wandel im Konsumenten- bzw. Aktionärsverhalten festzustellen, der aber tatsächlich lediglich einer unscharfen Verwendungsweise der Begrifflichkeiten geschuldet ist. So erklärt Stehr den Wandel zu einer postmateriellen Konsumentenhaltung mit dem Anstieg des weltweiten Wohlstands sowie dem Übergang von der Industrie- zur Wissensgesellschaft (Stehr 2007, S. 168 ff., S. 180 ff., S. 236 ff.) und definiert „Wissen" als die „Fähigkeit zum sozialen Handeln" (ebd.: S. 248). Gerade weil nun aber Stehr schon allein in dem Verweis auf das *soziale* Handeln der Konsumenten deren Interesse (sic!) am „moralischen" Handeln begründet sieht, da sie nicht mehr in „völliger

E.-M. Walker, *Die Moralisierung der Finanzmärkte als Fiktion,* Wirtschaft und Gesellschaft,   151
DOI 10.1007/978-3-658-05502-8_6, © Springer Fachmedien Wiesbaden 2015

Isolation vom Rest der Gesellschaft" (ebd.: S. 170) dem Rationalitätsprinzip folgen, sondern die Interessen der anderen Marktteilnehmer im Blick behalten, werden die beiden
Kategorien „Ökonomie" und „Moral" tautologisiert.

Zu Recht wendet Hedtke (1999) daher gegen diese „Moralisierungsthese" ein, dass es
bei der hier zugrunde liegenden Annahme eines „aktiven Wirtschaftsbürgers" völlig unklar bleibt, *warum* sich Konsumenten einerseits als Wirtschaftssubjekte individuell rational verhalten und sich andererseits aber auf ihre Pflichten als Staatsbürger besinnen sollten
und die Beschränkung ihrer individuellen Freiheiten zum Wohle der Gemeinschaft dann
freiwillig akzeptieren. Genau dies gelte es ja aber empirisch zu klären, um die Bedingungen
herauszuarbeiten, unter denen der Wirtschaftsbürger „moralisch" handelt (ebd.: S. 12 f.).

Dass nun aber „die" Wirtschaftssoziologie wenig zur Analyse der Sinndimension von
Marktakteuren beitragen kann, überrascht aus finanzsoziologischer Perspektive kaum.
Hier wird „der" Wirtschaftssoziologie zum Vorwurf gemacht, dass diese ein Institutionenverständnis zugrunde legt, das die sozialen Repräsentationen der Märkte lediglich als ein
kausales, wenn nicht sogar zwangsläufiges Resultat der Marktstrukturen begreift (Kalthoff
2004; 2010; Knorr Cetina und Bruegger 2005; Langenohl 2007). Wir haben auf diesen
Einwand in zweifacher Hinsicht reagiert.

Erstens haben wir geprüft, ob dieser Vorwurf überhaupt grundsätzlich an die Wirtschaftssoziologie adressiert werden kann und somit der Anspruch seitens der Finanzsoziologie gerechtfertigt wäre, einen genuin eigenständigen (und damit postmodernen)
Handlungsbegriff für die Analyse von Finanzmärkten einzufordern. Wir sind zu dem Ergebnis gelangt, dass die Einwände an ein wirtschaftssoziologisches Verständnis sozialer
Repräsentationen zwar insoweit angemessen sind, solange sie sich auf Argumentationen
in der Tradition des Funktionalismus bzw. des Strukturalismus beziehen, da hier in der
Tat die Kategorie des Wissens als ein Substrat der Struktur verstanden wird. Nur ist es
nun kein Zufall, dass sich die Finanzsoziologie in ihrer Rezeption der wirtschaftssoziologischen Forschung im Kern auf Granovetters Verständnis „sozialer Einbettung" bezieht,
dessen Nähe zur „Rational Choice"-Theorie wir in dieser Arbeit herausgearbeitet haben.
Wir haben daher vorgeschlagen, das bereits bestehende sozial-konstruktivistische Profil
der Wirtschaftssoziologie zu stärken und so mit einem Verständnis „sozialer Einbettung"
zu operieren, das die Sinndimension der Märkte nicht verdeckt, ohne damit aber gleichzeitig eine Selbstreferentialität der Finanzmärkte in Kauf nehmen zu müssen. Wir haben hier
die *These* zugrunde gelegt, dass ein postmodernes Repräsentationsverständnis deshalb
problematisch ist, da dieses infolge seiner Selbstreferentialität die für eine wirtschaftssoziologische Analyse so zentrale Frage der Machtbeziehungen *zwischen* Kapitalmarkt- und
Unternehmensvertretern nur schwerlich in den Blick nehmen kann. Dies wäre aber entscheidend, um die Rückwirkungen der Finanzmärkte auf die realwirtschaftlichen Produktionsbedingungen zu prüfen.

Zum zweiten sind wir der Frage nachgegangen, wie das Verhältnis zwischen „Ökonomie" und „Moral" gefasst werden kann, ohne dieses zu tautologisieren, funktionalistisch
zu verkürzen oder sogar zu psychologisieren, indem ein „homo reciprocans" unterstellt
wird, der „natürlicherweise" zu altruistischem Handeln neigt. Wir haben hier unser Plä-

doyer für einen empirisch-verstehenden Zugriff auf das Verständnis „sozialer Einbettung" weitergeführt und im Anschluss an die soziologischen „Klassiker" argumentiert, dass für eine empirische Analyse „moralischen" respektive „nachhaltigen" Handelns vor allem die folgenden drei Merkmale relevant sind: Erstens ist „moralisches" Handeln eine Form sozialen Handelns und damit nie eine bloße Reaktion auf einen Umweltreiz, sondern sinnhaftes Handeln; damit ist zweitens die Frage, was als „moralisches" Handeln zu verstehen ist, nicht universal zu beantworten, sondern in Abhängigkeit der jeweils historisch- und sozial-spezifischen Bedingungen. Drittens ist „moralisches" Handeln ein eigenständiges Handlungsmotiv, das sich nicht in andere Handlungsmotive – vor allem das der Nutzenmaximierung – „überführen" lässt. Dies heißt dann aber gesellschaftstheoretisch, dass die Frage nach den (gesellschaftlich konstruierten) Handlungsrestriktionen, die die Neoklassik grundsätzlich im moralischen Handeln sieht, eben *auch* die Nutzenmaximierung sein kann. Dies ist dann der Fall, wenn infolge der aktuell feststellbaren Ökonomisierung der Gesellschaft die Nutzenmaximierung als gesellschaftstheoretischer Primat gilt und damit kalkulierendes und eigennütziges Handeln auch in außerökonomischen Bereichen (z. B. Universitäten, Gesundheitseinrichtungen, aber auch Partnerschaften) zunehmend als gesellschaftlich legitim gilt. Jene Akteure, die dieser Nutzenmaximierung gemäß ihrer subjektiven Motivlagen aber nicht folgen wollen oder können, werden diese dann als Handlungsrestriktion wahrnehmen, da sie nutzenmaximierend handeln *müssen*, wenn sie nicht das Nachsehen haben wollen.

Mit diesem theoretischen Instrumentarium im Hintergrund haben wir uns dann der Frage gewidmet, ob sich derzeit – wie v.a. in der Wirtschaftspresse, aber auch der Finanzberatungsindustrie behauptet wird – tatsächlich eine „Moralisierung" der (Kapital-)Märkte feststellen lässt. Dazu haben wir Expertengespräche mit Analysten, Fondsmanagern und Beschäftigten aus dem Vertriebsbereich „nachhaltiger" Aktienanlagen geführt sowie eine Dokumentenanalyse von Fondsprospekten und Nachhaltigkeitsratings durchgeführt. Gegenstand dieser Gespräche waren die Begründungsordnungen „nachhaltiger" Finanzinvestoren zur Etablierung und Zielsetzung „nachhaltiger" Bewertungskriterien in der Aktienanalyse.

In der empirischen Analyse war nun zunächst von Interesse, ob die Befragten tatsächlich an einer Umsetzung „nachhaltiger" Anlagekriterien wie beispielsweise langfristiger Personalentwicklungsinstrumente oder betrieblicher Sozialpläne in ihrer Bewertungspraxis interessiert sind oder ob es sich hierbei eher um ein neues Investmentleitbild handelt. Wir kamen zu dem Ergebnis, dass ein Großteil der „nachhaltig" investierenden Finanzinvestoren tatsächlich in ihrer Aktienanalyse „nachhaltige" Bewertungskriterien anwenden, diese Umsetzung allerdings unter einem instrumentellen Vorzeichen erfolgt. Mit einer instrumentellen Begründungsordnung haben wir jene Begründungsordnungen bezeichnet, bei denen soziale Beziehungen auf *Tausch*beziehungen reduziert werden und damit solidarisches Handeln nicht als eigenständiges Handlungsmotiv existieren kann.

Das heißt dann aber für den Prozess „nachhaltigen" Investierens, dass hier zwar formal den Interessen *aller* „Stakeholder" gleichermaßen Rechnung getragen werden soll, die faktische Machtasymmetrie zwischen Kapital und Arbeit aber ausgeblendet wird. Fragen der

Verteilungsgerechtigkeit, die „nachhaltige" Finanzinvestoren gemäß ihres Selbstanspruchs mit ihrer Aktienanlage aber adressieren wollen, kommen dann nur unter der Perspektive von Transaktionskosten zum Tragen: Die Interessen aller Tauschpartner werden berücksichtigt, aber nur mit dem Ziel, die Ordnung auf Märkten sicherzustellen. Von einer tatsächlichen Kritik am Koordinationsmechanismus „(Kapital-)Markt" kann folglich auch bei „nachhaltigen" Finanzinvestoren nicht die Rede sein, da dieser als die effizienteste Verteilungsform gilt und damit auch moralisch gerechtfertigt ist. So gibt am pointiertesten ein Fondsmanager aus Investmentbank I1 zu bekennen: „Ich meine, letzten Endes entscheidet immer der Kapitalmarkt darüber, was ein gutes Unternehmen ist." (I1_PF1).

Wir haben nun dieses Verharren in einer instrumentellen Verwertungslogik des Kapitalmarktes am Beispiel betrieblicher Innovationsprozesse exemplarisch diskutiert, da „konventionellen" Finanzinvestoren gemeinhin zum Vorwurf gemacht wird, dass sie die betrieblichen Voraussetzungen für diese untergraben (Dörre 2009; Schumann 1998). Der Debatte um die potentiell innovationsfeindlichen Effekte einer am „Shareholder Value"-orientierten Unternehmenspolitik haben wir zunächst vorausgeschickt, dass es unseres Erachtens analytisch sinnvoll wäre, diese um die *subjektiven* Wahrnehmungen von Vermarktlichungsprozessen aus Sicht der Beschäftigten zu erweitern. Wir haben hier auf ein Konzept zurückgegriffen, das in der industriesoziologischen Debatte bereits seit längerem etabliert ist und die *gelebte* Beziehungspraxis im Betrieb zum Fokus hat: das Konzept der „betrieblichen Sozialordnung" (Kotthoff und Reindl 1990).

So hat der Wandel auf der organisationalen Strukturebene von Hierarchien zu (betrieblich inszenierten) Marktbeziehungen mit Blick auf die betriebliche Sozialordnung m. E. im Kern zwei Effekte: eine Individualisierung sowie eine Instrumentalisierung der betrieblichen Sozialordnung. Gerade die Instrumentalisierung der Sozialordnung kann aber aufseiten der Beschäftigten zu demotivierenden Effekten führen. Denn: Erfolgt die betriebliche Anerkennung nur noch unter „Bedingung", nämlich in der Erwartung zukünftiger Erfolge, nicht aber mehr als Würdigung vergangener Leistungen, dann werden die betrieblichen Anerkennungsbeziehungen auf ihren zweckrationalen Charakter reduziert.

Es ist nun aber gerade diese Instrumentalisierung der betrieblichen Sozialordnung, die wir in den Begründungsordnungen der „nachhaltigen" Finanzinvestoren in der Zielsetzung „nachhaltiger" Bewertungskriterien ausmachen mussten. So zeichnet sich nämlich das Interesse der Finanzinvestoren an langfristigen Maßnahmen betrieblicher Personalpolitik wie beispielsweise Weiterbildungsmaßnahmen oder Maßnahmen zur Identifikation und Motivation der Beschäftigten dadurch aus, dass diese nicht grundsätzlich von Interesse sind, sondern nur in Abhängigkeit der „Performancerelevanz" der jeweiligen Beschäftigtengruppen sowie der jeweiligen Branche. Während eine Segmentation der Weiterbildungsmaßnahmen nach Beschäftigtengruppen in der Literatur bereits gut dokumentiert ist (Kels und Vormbusch 2005), ist eine Segmentation von Weiterbildungsmaßnahmen nach der Branchenzugehörigkeit des Unternehmens der spezifischen Perspektive des Kapitalmarkts geschuldet. So interessiert aus der Perspektive der „nachhaltigen" Finanzinvestoren nämlich die Existenz von langfristigen Personalentwicklungsmaßnahmen vor allem dann, wenn es sich um eine wissensintensive Branche wie beispielsweise der Pharmaindustrie handelt, wo der „Faktor Wissen" ein zentraler Wettbewerbsfaktor ist.

Offen bleibt abschließend nun die Frage, warum auch „nachhaltige" Finanzinvestoren – wenn auch in unterschiedlicher Tiefe – in der instrumentellen Logik des Kapitalmarktes verharren. Zwar konnten wir mit unserem Material diesbezüglich nur mögliche Hypothesen aufwerfen, allerdings besteht darin Gewissheit, dass zumindest für das Feld „nachhaltigen" Investierens die Ursache nicht allein in den Renditeerwartungen der Privatanleger ausgemacht werden kann. So haben wir gezeigt, dass zwar Renditeerwartungen auch für „nachhaltige" Aktionäre nicht irrelevant sind, aber in der Prioritätenliste weit nach hinten gerückt sind. Das heißt also, die Erklärung für die Rendite-Erwartungen der Finanzinvestoren erschöpft sich nicht allein darin, dass sie die Erwartungen ihrer Kunden lediglich fortschreiben. Die Ursache scheint damit also weniger in den Fremderwartungen des Marktes zu liegen, denen erzwungenermaßen nachgekommen werden muss, sondern vielmehr in den Selbsterwartungen der Finanzinvestoren selbst. Für ein soziologisches Verständnis des Systems „Finanzmarkt" wäre es daher m. E. sinnvoll, in zukünftigen Forschungsarbeiten den professionellen Sozialisationsinstanzen von Finanzinvestoren empirisch nachzugehen, um deren (kurzfristigen) Renditeerwartungen nicht immer nur strukturell mit dem Verweis auf den „Marktdruck" oder psychologisch mit deren „Gier" begründen zu müssen.

Anhang 1: Übersicht über die Anteilseigner der DAX30-Unternehmen (Stand: März 2013). (Quelle: Börse Frankfurt und onvista, abgerufen am 27. März 2013; eigene Zusammenstellung)

Unternehmen	Größter Anteilseigner		
	Anteil in %	Name des Mehrheitsaktionärs	Investorentyp
Adidas	5,04	BlackRock, Inc., New York, USA	Institutioneller Investor
Allianz	5,03	BlackRock, Inc., New York, USA	Institutioneller Investor
BASF	5,35	BlackRock, Inc., New York, USA	Institutioneller Investor
Bayer	6,48	Capital Research and Management Company, Inc., Los Angeles, USA	Institutioneller Investor
Beiersdorf	50,47	Maxingvest AG	Unternehmen
BMW	46,60	Familie Quandt & Klatten	Familie/Gründer
Commerzbank	25,00	SOFFIN/Bundesrepublik Deutschland	Staat
Continental	49,90	Schaeffler KG	Unternehmen
Daimler	7,59	Kuwait Investment Authority	Institutioneller Investor
Deutsche Bank	5,14	BlackRock, Inc., New York, USA	Institutioneller Investor
Deutsche Börse	<5		
Deutsche Lufthansa	5,02	BlackRock, Inc., New York, USA	Institutioneller Investor
Deutsche Post AG	25,05	KfW Kreditanstalt für Wiederaufbau	Staat

E.-M. Walker, *Die Moralisierung der Finanzmärkte als Fiktion,* Wirtschaft und Gesellschaft, DOI 10.1007/978-3-658-05502-8_7, © Springer Fachmedien Wiesbaden 2015

Anhang 1 (Fortsetzung)

Unternehmen	Größter Anteilseigner		
	Anteil in %	Name des Mehrheitsaktionärs	Investorentyp
Deutsche Telekom	17,02	KfW Kreditanstalt für Wiederaufbau	Staat
E.ON	5,42	BlackRock, Inc., New York, USA	Institutioneller Investor
Fresenius Medical Care	31,17	Fresenius SE & Co. KGaA	Unternehmen
Fresenius SE	27,07	Else Kröner-Fresenius-Stiftung	Familie/Gründer
Heidelberg Cement	25,11	Ludwig Merckle	Familie/Gründer
Henkel AG	53,65	Familie Henkel	Familie/Gründer
Infineon	9,95	Dodge & Cox, San Francisco, USA	Institutioneller Investor
K & S	9,88	BlackRock, Inc., New York, USA	Institutioneller Investor
Lanxess	10,07	BlackRock, Inc., New York, USA	Institutioneller Investor
Linde	5,00	BlackRock, Inc., New York, USA	Institutioneller Investor
Merck	9,97	MFS (Sun Life), Boston, USA	Institutioneller Investor
Münchener Rück	11,20	Berkshire Hathaway, Inc., Omaha, USA	Institutioneller Investor
RWE	15,01	RW Energie Beteiligungsgesellschaft mbH & Co. KG	Unternehmen
SAP	22,65	Plattner & Tschira & Hopp	Familie/Gründer
Siemens	5,64	Familie Siemens	Familie/Gründer
ThyssenKrupp	25,33	Alfried Krupp von Bohlen und Halbach-Stiftung	Familie/Gründer
Volkswagen	53,10	Porsche GmbH	Unternehmen

Anhang 2: Übersicht über die zentralen Investmentmerkmale der Nachhaltigkeitsfonds, die von den befragten Fondsmanagern gemangt wurden. (Quelle: Forum Nachhaltige Geldanlagen e. V. (2008, S. 14 ff., 21 ff.))

Fondsname	Auflagedatum	Anzahl d. investierten Titel	Region	Size[a]	Anlagestil	Investorentyp	Fondsvolumen[b]
Investmentfonds I1	03.06.2002	80	Global	Large	Blend	Retail	61.060.410
Investmentfonds I2	02.01.2003	68	Global	Large	Growth	Retail	28.510.981
Investmentfonds I3	15.06.2001	202	Europa/Dt	Large	Value	Retail	307.398.698
Investmentfonds I4	16.10.2006	84	Global/Dt	Large	Blend	Retail	37.138.208
Investmentfonds I6_1	29.06.2001	83	Global	Mid	Growth	Retail	1.178.096.308
Investmentfonds I6_2	15.07.2005	61	Europäisch	Large	Blend	Retail	
Investmentfonds I7_1	26.02.1993	57	Europäisch	Large	Blend	Retail	1.047.571.953
Investmentfonds I7_2	01.06.1999	64	Global	Large	Growth	Retail	
Investmentfonds I8	17.11.1997	119	Europäisch	Large	Growth	Retail	675.859.251
Fondsvolumen_nachhaltiger Aktienfonds_befragt							3.335.635.809
Fondsvolumen_nachhaltiger Aktienfonds_gesamt							12.638.000.000
Fondsvolumens_befragt/ Fondsvolumen_gesamt							26 %

[a] Die Size- und Style-Kategorisierung wurde dem morningstar Rating entnommen, um ein einheitliches Ratingverfahren zugrunde zu legen.
[b] Bei der Aufstellung des Fondsvermögens wurden alle Teilfonds berücksichtigt, die der befragte Fondsmanager managt. Es liegt der Kurswert des Fondsvermögens zum Stichtag 31.12.2007 zugrunde.

Anhang 3: Nach Themen gebündelte Übersicht über die „sozialen" Nachhaltigkeitskriterien aus der Dokumentenanalyse (asset 4, innovest, SAM) sowie den Expertengesprächen mit Vertretern aus den Ratingagenturen (R1_A1) und (R2_A1)

Mitbestimmungsthemen	Indikatoren im Fragebogen zur Beurteilung „nachhaltiger" Unternehmensstrategien			
	Strategien auf der Formalebene	Ratingagentur[a]	Strategien auf der Aktivitätsebene	Ratingagentur
Gesundheit & Arbeitssicherheit	Bestimmungen zu Gesundheit und Sicherheit (basierend auf den ILO-Arbeitsnormen)	ASSET 4 SAM R1_A1 R2_A1	Anzahl der Arbeitsunfälle/Unfallrate	ASSET 4 INNOVEST SAM R1_A1 R2_A1
			Anzahl der Krankheitstage	ASSET 4 INNOVEST R1_A1
			Verletzungs- und Krankheitsrate im Vergleich zum Branchendurchschnitt	I7_A1
Anti-Diskriminierung	Bestimmungen zu Anti-Diskriminierung/Diversity (ILO Konvention Nr. 111):	ASSET 4 SAM R1_A1 R2_A1	Anteil der weiblichen Arbeitnehmer: % Anteil der weiblichen Arbeitnehmer in Managementpositionen: % Aufgliederung der Arbeitnehmer nach Minoritäten, Kultur oder ähnlichem	ASSET 4 SAM R2_A1 I7_A1
Gleiche Entlohnung	Bestimmungen zu gleicher Entlohnung für Männer/Frauen (ILO Konvention Nr. 100)	SAM R2_A1	Geschäftsführung: durchschnittliches Gehalt: Frauen/Männer Mittleres Management: durchschnittliches Gehalt: Frauen/Männer Tarifmitarbeiter: durchschnittliches Gehalt: Frauen/Männer	SAM
Entlohnung			Gesamtlohnsumme	ASSET 4
			Verteilung der Gesamtlohnsumme nach Beschäftigtengruppen	ASSET 4
			Lohnunterschied zwischen den Beschäftigtengruppen	ASSET 4
			Gehälter und betriebliche Sozialleistungen liegen über den durchschnittlichen Standards im jeweiligen Land	I7_A1

Anhang 3 (Fortsetzung)

Mitbestimmungsthemen	Indikatoren im Fragebogen zur Beurteilung „nachhaltiger" Unternehmensstrategien			
	Strategien auf der Formalebene	Ratingagentur[a]	Strategien auf der Aktivitätsebene	Ratingagentur
Koalitionsfreiheit	Policy zu Koalitionsfreiheit (ILO Konvention Nr. 87, 98)	SAM R1_A1 R2_A1 I7_A1	Anteil der Beschäftigten (in %), die von einer unabhängigen Gewerkschaft oder Tarifverträgen erfasst werden (Flächentarifvertrag)	SAM
	Sicherstellung von Koalitionsfreiheit Tarifautonomie Betriebliche Interessensvertreter	ASSET 4 INNOVEST SAM R1_A1 R2_A1	Vorhandensein einer unternehmensweiten Koalitionsfreiheit Mitglieder einer unabhängigen Gewerkschaft Betriebsräte	I7_A1
			Vorhandensein von größeren Arbeitskämpfen in den letzten drei Jahren (z. B. Streiks)	ASSET 4 SAM I7_A1
			Absprachen und Verhandlungen mit Gewerkschaften über organisationale Veränderungen (z. B. Restrukturierung, Outsourcing)	SAM
Entlassungen	Bestimmungen zu Entlassungen	SAM	Anzahl der Arbeitnehmer, die im letzten Bilanzjahr entlassen wurden	ASSET 4 SAM R1_A1 R2_A1
			Kostenreduktion ist die Hauptursache für die Auslagerung von Produktionsstätten in Entwicklungsländer	I7_A1
			Tätigkeit in Entwicklungsländern_Produktionsanteil und Umsatzanteil	INNOVEST
			Schaffung von Arbeitsplätzen	ASSET 4

Anhang 3 (Fortsetzung)

Mitbestimmungsthemen	Indikatoren im Fragebogen zur Beurteilung „nachhaltiger" Unternehmensstrategien			
	Strategien auf der Formalebene	Ratingagentur[a]	Strategien auf der Aktivitätsebene	Ratingagentur
Entlassungen			Höhe der Mitarbeiterfluktuation	I7_A1
			Durchschnittliche Verweildauer der Beschäftigten im Unternehmen	INNOVEST
			Absprachen und Verhandlungen mit den Arbeitnehmern hinsichtlich organisationellen Veränderungen (z. B. Restrukturierung, Outsourcing)	SAM
			Einsatz von Sozialplänen/Programmen zur Arbeitsvermittlung beim Arbeitsplatzabbau (z. B. Abfindungszahlungen, Programme zur Arbeitsvermittlung, Weiterbildungs- und Schulungsmaßnahmen)	INNOVEST R2_A1 I7_A1
			Wechsel von zentralen Führungskräften	ASSET 4
Arbeitszeit	Policy zur maximalen Arbeitszeit	R1_A1	Durchschnittliche wöchentliche Arbeitszeit	R2_A1
Befristete Verträge			Anteil der Beschäftigten mit einem befristeten Vertrag	R1_A1

Anhang 3 (Fortsetzung)

Human Ressource Management		Ratingagentur
	Indikatoren im Fragebogen zur Beurteilung „nachhaltiger" Unternehmensstrategien	
	Strategien auf der Aktivitätsebene	ASSET 4 INNOVEST
Forschung & Entwicklung	Anzahl der Patente	ASSET 4 I7_A1
	Ausgaben für Forschung und Entwicklung	INNOVEST
	Investitionsverhalten	
Personalentwicklung_Meßinstrumente	Übersicht über die *Leistungsindikatoren*, die die Umsetzung der Qualifikationslandkarte und Entwicklungsstrategie abbildet: nicht-finanzielle Indikatoren (z. B. Weiterbildungsstunden, unternehmensspezifische Qualifikationstypologien) Kostenbasierte Indikatoren (z. B. Weiterbildungskosten pro Beschäftigter) Wertbasierte HR-Indikatoren (z. B. ROI pro Beschäftigter, EVA pro Beschäftiger)	SAM
	Vorhandensein von kontinuierlichen Weiterbildungs- und Schulungsmaßnahmen für Mitarbeiter	ASSET 4 I7_A1
	jährliche Ausgaben für Weiterbildung pro Mitarbeiter	INNOVEST
	jährliche Weiterbildungsstunden pro Mitarbeiter	
Personalentwicklung_Methoden	Programme und Prozesse zum Management des *„organisationalen Lernens" und des „Wissensmanagements"*: Formales Wissen/Lernnetzwerke im Rahmen regulärer Meetings Intranetbasierte Wissensspeicher/Datenbestände Intranetbasierte und interaktive Wissensplattformen, die in den alltäglichen Arbeitsprozess integriert sind Peergroupvergleich der KPI's zwischen Abteilungen Systematische Prozessbeschreibungen von Best-Practice Prozessen Betriebliche Hochschule oder eine andere vergleichbare externe Bildungseinrichtung Systematischer Einbezug von Bottom-up-Lernprozessen	SAM

Anhang 3 (Fortsetzung)

Human Ressource Management	Indikatoren im Fragebogen zur Beurteilung „nachhaltiger" Unternehmensstrategien	
	Strategien auf der Aktivitätsebene	Ratingagentur
Personalentwicklung_Methoden	Programme zur Mitarbeiteraktivierung (empowerment) (z. B. Arbeitsteams mit einem hohen Grad an Autonomie, Qualitätszirkel, betriebliches Vorschlagswesen zur Qualitätsverbesserung)	I7_A1
	Möglichkeit des unternehmensinternen Aufstiegs	ASSET 4
	Ausbildungswege des Managements	ASSET 4
Personalentwicklung_Leistungsbeurteilung und deren Transparenz	Anteil je Beschäftigtengruppe, der in eine vordefinierte und standardisierte *Leistungsbeurteilung* einbezogen wird: Geschäftsführung/Managementebene: % Mittleres Management: % Unterste Führungsschicht/Abteilungsleiter: % Facharbeiter: %	SAM
	Art und Weise der individuellen Leistungsbeurteilung: Management by Objectives: Systematische Anwendung von mit den Vorgesetzten vereinbarten, messbaren Zielvereinbarungen: % von allen Beschäftigten Multidimensionale Leistungsbewertung (z. B. 360 Grad Feedback): % von allen Beschäftigten Mitarbeiterranking innerhalb einer Beschäftigtengruppe: % von allen Beschäftigten	SAM
	Häufigkeit der Bekanntgabe der Zwischenunternehmensergebnissen, die der variablen Vergütung zugrunde liegen: Quartalsweise halbjährlich jährlich Zwischenunternehmensergebnisse werden intern nicht kommuniziert	SAM

Anhang 3 (Fortsetzung)

Human Ressource Management	Indikatoren im Fragebogen zur Beurteilung „nachhaltiger" Unternehmensstrategien	Ratingagentur
	Strategien auf der Aktivitätsebene	
Personalentwicklung_Leistungsbeurteilung und deren Transparenz	*Regelmäßige Bekanntgabe* der individuellen Leistungsbeurteilung (die für die variable Entlohnung relevant ist) an die Teammitglieder durch den Linienvorgesetzten: Ja, wird regelmäßig kommuniziert Nein, wird nicht kommuniziert	SAM
	Kommunikation der individuellen Leistungsbeurteilung (die für die variable Entlohnung relevant ist) an die *nächst höhere Managementebene*: Ja, wird regelmäßig kommuniziert Nein, wird nicht kommuniziert	SAM
Personalentwicklung_Leistungsabhängige Bezahlung	Anteil der variablen Vergütung, der auf dem *gesamten* Unternehmenserfolg basiert und der auf der *individuellen* Leistung basiert (je Beschäftigtengruppe): Geschäftsführung/Managementebene: % Mittleres Management: % Unterste Führungsschicht/Abteilungsleiter: % Facharbeiter: %	ASSET 4 SAM
	Anteil der leistungsabhängigen Bezahlung an der Gesamtlohnsumme (ausgenommen Pensionszahlungen & Gehaltszusätze) je Beschäftigtengruppe im letzten Bilanzjahr: Geschäftsführung/Managementebene: % Mittleres Management: % Unterste Führungsschicht/Abteilungsleiter: % Facharbeiter: %	SAM

Anhang 3 (Fortsetzung)

Human Ressource Management	Indikatoren im Fragebogen zur Beurteilung „nachhaltiger" Unternehmensstrategien	Ratingagentur
	Strategien auf der Aktivitätsebene	Ratingagentur
Personalentwicklung_Leistungsabhängige Bezahlung	*Art und Anteil der variablen Vergütung, die im letzten Bilanzjahr insgesamt gezahlt wurde* (ausgenommen Pensionszahlungen & Gehaltszusätze).: Jährliche Zusatzprämie: % Aktien/Aktienoptionen, die kurzfristig erhältlich sind: % Aktien/Aktienoptionen mit einer Mindesthaltedauer von mehr als 2 Jahren: % Andere Auszahlungstypen, die kurzfristig erhältlich sind: % Andere Auszahlungstypen mit einer Mindestanlagedauer von mehr als 2 Jahren: % Keine leistungsabhängige Bezahlung	SAM
Personalentwicklung_Leistungskennzahlen	*Unternehmenskennzahlen, die der variablen Vergütung zugrunde liegen:* Interne finanzielle Erfolgskennzahlen (z. B. Cashflow, EBIT, Erträge) Externe finanzielle Erfolgskennzahlen (z. B. Kurswert, Tobins Q) Umweltkennzahlen (z. B. Emissionsreduktion) Soziale Kennzahlen (z. B. Gesundheits- & Sicherheitskennzahl)	SAM
Personalentwicklung_Motivationsgrad	Übersicht über den Zufriedenheitsgrad der Beschäftigten im Zeitraum (2002–2005) aus Mitarbeiterbefragungen	ASSET 4 INNOVEST
	Mitarbeiterzufriedenheit, z. B. engagierte, motivierte, zufriedene Mitarbeiter Anteil der Beschäftigten, die von Mitarbeiterbefragungen erfasst werden Keine Mitarbeiterbefragungen	SAM
	Messung der Mitarbeiterzufriedenheit (z. B. unabhängige Befragungen und regelmäßige Mitarbeitergespräche)	I7_A1
Betriebliche Sozialleistungen	Betriebsrente	SAM
	Gesundheits- und/oder Unfallschutzversicherung	SAM INNOVEST
	Medizinische Versorgung für Familienmitglieder der Beschäftigten	SAM R2_A1

Anhang 3 (Fortsetzung)

Human Ressource Management	Indikatoren im Fragebogen zur Beurteilung „nachhaltiger" Unternehmensstrategien	
	Strategien auf der Aktivitätsebene	Ratingagentur
Betriebliche Sozialleistungen	Berufsunfähigkeitsversicherungen	SAM
	Elternzeit	SAM
	Kinderbetreuung	SAM
		INNOVEST
	Flexible Arbeitszeiten/Arbeitsorte/Work-Life-Balance	ASSET 4
		INNOVEST
		SAM
		R2_A1
	Wiedereingliederungsprogramme	SAM
	Gehälter und betriebliche Sozialleistungen liegen über den durchschnittlichen Standards im jeweiligen Land	I7_A1

[a] Das Vorgehen bei der Anonymisierung der Daten kann dem Abschn. 5.1 entnommen werden.

Anhang 4: Vermögensaufstellung des Investmentfonds I4 (Stichtag: 31.12.2007)

Wertpapierbezeichnung	Bestand	Kurswert (€)	%-Anteil am Teil-fondsvermögen
Suncor Energy Inc. Registered Shares o.N.	3.000	221.670,15	0,60
Adecco S.A. Namens-Aktien SF 1	6.100	224.906,88	0,61
Danisco, AS Navne-Aktier DK 20	5.900	286.395,44	0,77
Novo-Nordisk AS Navne-Aktier B DK 1 AEGON N.V.	24.000	1.078.106,25	2,90
Aandelen a.toon.(demat.)EO–,12	13.800	167.532,00	0,45
Allianz SE vink.Namens-Aktien o.N.	3.100	456.072,00	1,23
ARCANDOR AG Inhaber-Aktien o.N	20.000	324.000,00	0,87
AXA S.A. Actions Port. EO 2,29	15.400	419.342,00	1,13
Axel Springer AG vink.Namens-Aktien o.N.	1.200	116.400,00	0,31
Banco Bilbao Vizcaya Argent. Acciones Nom. EO 0,49	14.900	249.128,00	0,67
Bca Monte dei Paschi di Siena Azioni nom. EO 0,67	70.100	256.390,75	0,69
BNP Paribas S.A. Actions Port. EO 2	6.000	448.260,00	1,21
CENTROTEC Sustainable AG Inhaber-Aktien o.N.	15.000	201.000,00	0,54
Deutsche Bank AG Namens-Aktien o.N.	8.500	757.520,00	2,04
Deutsche Lufthansa AG vink. Namens-Aktien o.N.	29.500	533.655,00	1,44
Deutsche Telekom AG Namens-Aktien o.N.	25.900	389.536,00	1,05
DEXIA S.A. Parts Sociales Nom. o.N.	20.000	344.000,00	0,93
Drägerwerk AG & Co. KGaA Inhaber-Vorzugsakt.o.St.o.N.	2.200	112.288,00	0,30
Erste Bk d. oest.Sparkassen AG Inhaber-Aktien o.N.	6.000	290.700,00	0,78
EVN AG Inhaber-Aktien o.N.	1.600	143.040,00	0,39
France Télécom Actions Port. EO 4	12.600	310.212,00	0,84
Gamesa Corp. Tecnologica S.A. Acciones Port. EO –,17	20.400	641.376,00	1,73
Grontmij N.V. Cert.v.Aandelen EO –,25	10.000	240.000,00	0,65

Anhang 4 (Fortsetzung)

Wertpapierbezeichnung	Bestand	Kurswert (€)	%-Anteil am Teil-fondsvermögen
Groupe Danone S.A. Actions Port. (C.R) EO –,25	8.100	501.633,00	1,35
Heidelberger Druckmaschinen AG Inhaber-Aktien o.N.	7.000	153.650,00	0,41
Henkel KGaA Vorzugsaktien o.St. o.N.	13.900	532.509,00	1,43
HOCHTIEF AG Inhaber-Aktien o.N.	8.500	771.120,00	2,08
ING Groep N.V. Cert.v.Aandelen EO 0,24	10.600	283.656,00	0,76
Kon. Philips Electronics N.V. Aandelen aan toonder EO 0,20	25.000	737.500,00	1,99
Lafarge S.A. Actions au Porteur EO 4	6.300	781.452,00	2,10
Mayr-Melnhof Karton AG Inhaber-Aktien o.N.	7.400	561.290,00	1,51
Merck KGaA Inhaber-Aktien o.N.	5.200	461.656,00	1,24
Münchener Rückvers.-Ges. AG vink.Namens-Aktien o.N.	5.500	727.265,00	1,96
Nokia Corp. Registered Shares EO 0,06	20.000	532.200,00	1,43
Nordex AG Inhaber-Aktien o.N.	38.800	1.233.840,00	3,32
Oréal S.A., L' Actions Port. EO 0,2	6.000	589.260,00	1,59
Peugeot S.A Actions Port. (C.R.) EO 1	9.200	478.860,00	1,29
Plambeck Neue Energien AG Namens-Aktien o.N.	50.000	155.500,00	0,42
Q-Cells AG Inhaber-Aktien o.N.	7.500	732.750,00	1,97
Reinecke + Pohl Sun Energy AG Inhaber-Aktien o.N.	37.500	485.625,00	1,31
Renault S.A. Actions Port. EO 3,81	8.500	833.000,00	2,24
Schmack Biogas AG Namens-Aktien o.N.	20.000	580.000,00	1,56
Schneider Electric S.A. Actions Port. EO 8	3.000	276.180,00	0,74
Solaria Energia Y Medio Ambi. Acciones Port. EO –,01	25.000	515.000,00	1,39
SolarWorld AG Inhaber-Aktien o.N.	20.700	854.082,00	2,30
Solon AG für Solartechnik Inhaber-Aktien o.N.	13.000	903.500,00	2,43
Telefonica S.A. Acciones Port. EO 1	37.400	831.776,00	2,24

Anhang 4 (Fortsetzung)

Wertpapierbezeichnung	Bestand	Kurswert (€)	%-Anteil am Teil-fondsvermögen
Terna Energy SA Namens-Aktien o.N.	4.500	37.620,00	0,10
Theolia Actions Nominatives EO 1	10.000	197.800,00	0,53
TUI AG Namens-Aktien o.N.	7.300	138.189,00	0,37
UniCredito Italiano S.p. A. Azioni nom. EO 0,50	27.500	155.237,50	0,42
Unilever N.V. Cert.v.Aandelen EO –,16	15.100	383.389,00	1,03
UPM Kymmene Corp. Bearer Shares o.N.	14.000	190.960,00	0,51
Volkswagen AG Stammaktien o.N.	2.000	312.300,00	0,84
Vossloh AG Inhaber-Aktien o.N.	9.400	753.128,00	2,03
BG Group PLC Registered Shares LS –,10	82.000	1.288.492,54	3,47
National Grid PLC Reg. Shares New LS –,11395	32.500	371.184,76	1,00
Pearson PLC Registered Shares LS –,25	24.500	246.651,57	0,66
Severn Trent PLC Registered Shares LS –,9789	14.600	309.659,95	0,83
Standard Chartered PLC Registered Shares DL –,50	10.000	251.005,04	0,68
Vodafone Group PLC Registered Shares DL –,11428571	238.300	613.058,11	1,65
Komatsu Ltd. Registered Shares o.N.	7.900	144.706,24	0,39
Norsk Hydro ASA Navne-Aksjer NK 1,098	14.300	140.127,14	0,38
Renewable Energy Corp. ASA Navne-Aksjer NK 1	19.300	675.956,26	1,82
StatoilHydro ASA Navne-Aksjer NK 2,50	12.329	259.701,85	0,70
Yara International ASA Navne-Aksjer NK 1,70	27.400	863.511,31	2,33
Atlas Copco AB Namn-Aktier A (fria) SK0,417	11.100	112.762,17	0,30
Electrolux, AB Namn-Aktier B o.N.	18.900	216.000,50	0,58
H & M Hennes & Mauritz AB Namn-Aktier B SK 0,25	13.000	536.509,19	1,44
Volvo, AB Namn-Aktier B (fria) o.N.	39.500	455.609,53	1,23

Anhang 4 (Fortsetzung)

Wertpapierbezeichnung	Bestand	Kurswert (€)	%-Anteil am Teil-fondsvermögen
Calgon Carbon Corp. Registered Shares DL –,01	20.000	210.921,66	0,57
Cummins Inc. Registered Shares DL 2,50	9.500	826.323,02	2,22
Hewlett-Packard Co. Registered Shares DL –,01	8.400	294.966,46	0,79
Intel Corp. Registered Shares DL –,001	14.800	270.172,96	0,73
Ormat Technologies Inc. Registered Shares DL –,001	15.000	571.937,89	1,54
Praxair Inc. Registered Shares DL –,01	5.600	344.937,20	0,93
Xerox Corp. Registered Shares DL 1	19.500	214.803,30	0,58
Schweizerische Rückvers.-Ges. Namens-Aktien SF 0,10	5.100	247.489,74	0,67
BIOPETROL Industries AG Inha-ber-Aktien SF 1	18.425	69.278,00	0,19
Roth + Rau AG Inhaber-Aktien o.N.	4.400	1.025.200,00	2,76
First Solar Inc. Registered Shares DL –,001	5.000	937.240,60	2,52
Interface Inc. Reg. Shares Class A DL –,10	2.500	28.423,39	0,08
SunPower Corp. Registered Shs A DL –,01	8.500	781.502,17	2,10
WorldWater & Solar Techn.Corp. Registered Shares DL –,001	25.000	32.318,64	0,09
Solon AG für Solartechnik (Inhaber-Bezugsrechte)	13.000	0,01	–
Summe Wertpapiervermögen		*37.233.909,17*	*100,26*

Anhang 5: Branchenspezifische Gewichtung der „sozialen" Nachhaltigkeitsindikatoren der Rating-agentur SAM

Dimension	Economic (%)	Environmental (%)	Social (%)
Branche			
Aerospace & Defense	33,6	22,4	44,0
Airlines	33,6	30,4	36,0
Alternative Energy	34,7	28,7	36,6
Aluminum	25,1	27,5	47,4
Auto Parts & Tires	26,2	34,4	39,4
Automobiles	26,2	34,4	39,4

Anhang 5 (Fortsetzung)

Dimension	Economic (%)	Environmental (%)	Social (%)
Branche			
Banks	38,7	23,0	38,3
Beverages	40,5	23,5	36,0
Biotechnology	40,4	10,4	49,2
Building Materials & Fixtures	29,0	29,8	41,2
Chemicals	32,5	33,2	34,3
Clothing, Accessories & Footwear	29,0	14,4	56,6
Communication Technology	31,9	30,4	37,7
Computer Hardware & Electronic Office Equipment	35,3	29,2	35,5
Computer Services & Internet	47,8	17,3	34,9
Containers & Packaging	25,6	36,6	37,8
Diversified Industrials	29,0	32,1	38,9
Durable Household Products	40,4	20,1	39,5
Electric Components & Equipment	22,8	37,8	39,4
Electricity	35,3	32,6	32,1
Electronic Equipment	29,0	32,1	38,9
Financial Services	33,0	23,0	44,0
Fixed Line Communications	41,6	17,8	40,6
Food & Drug Retailers	40,4	25,8	33,8
Food Producers	38,2	25,8	36,0
Forestry & Paper	21,6	33,2	45,2
Furnishing	34,7	31,5	33,8
Gambling	40,4	14,4	45,2
Gas Distribution	39,3	29,2	31,5
General Retailers	39,3	24,7	36,0
Healthcare Providers	38,1	13,3	48,6
Heavy Construction	23,3	35,5	41,2
Home Construction	17,6	36,1	46,3
Hotels, Restaurants, Bars & Recreational Services	31,3	14,4	54,3
Industrial Engineering	29,6	30,9	39,5
Industrial Transportation	23,3	37,2	39,5
Insurance	27,9	27,5	44,6
Leisure Goods	37,0	28,1	34,9
Media	37,6	17,8	44,6
Medical Products	40,4	10,4	49,2
Mining	23,3	28,7	48,0
Mobile Telecommunications	40,4	19,0	40,6

Anhang 5 (Fortsetzung)

Dimension	Economic (%)	Environmental (%)	Social (%)
Branche			
Nondurable Household Products	45,0	23,5	31,5
Oil & Gas Producers	38,7	29,2	32,1
Oil Equipment & Services	23,3	23,0	53,7
Personal Products	45,0	23,5	31,5
Pharmaceuticals	40,4	10,4	49,2
Pipelines	31,9	23,0	45,1
Real Estate	26,2	40,1	33,7
Semiconductors	34,7	31,5	33,8
Software	48,4	19,0	32,6
Specialized Consumer Services	46,1	17,3	36,6
Steel	23,3	31,5	45,2
Support Services	29,0	25,8	45,2
Tobacco	30,2	25,8	44,0
Travel & Tourism	23,3	32,7	44,0
Waste & Disposal Services	29,0	37,2	33,8
Water	46,1	19,0	34,9

Literatur

Abolafia, Mitchel Y. 1998. Markets as cultures: An ethnographic approach. In: *The laws of the markets,* Hrsg. Michel Callon, 69–85. Oxford: Wiley-Blackwell.

Aglietta, Michel, und Régis Breton. 2001. Financial systems, corporate control and capital accumulation. *Economy and Society* 30 (4): 433–466.

Aspers, Patrik. 2007. Theory, reality, and performativity in markets. *American Journal of Economics and Sociology* 66 (2): 379–398.

Aspers, Patrik. 2008. Analyzing order: Social structure and value in the economic sphere. *International Review of Sociology* 18 (2): 301–316.

Bahnmüller, Reinhard. 2001. *Stabilität und Wandel der Entlohnungsformen. Entgeltsysteme und Entgeltpolitik in der Metallindustrie, in der Textil- und Bekleidungsindustrie und im Bankgewerbe.* München: Hampp.

Bahnmüller, Reinhard. 2002. Wandel in der Leistungsentlohnung: Ausmaß, Ziele, Formen. In: *Dienst – Leistung(s) – Arbeit. Kundenorientierung und Leistung in tertiären Organisationen,* Hrsg. Dieter Sauer, 35–59. München: ISF München.

Bahnmüller, Reinhard. 2010. Dezentralisierung der Tarifpolitik – Re-Stabilisierung des Tarifsystems? In: *Zukunft der Tarifautonomie. 60 Jahre Tarifvertragsgesetz: Bilanz und Ausblick,* Hrsg. Reinhard Bispinck und Thorsten Schulten, 81–113. Hamburg: VSA.

Bahnmüller, Reinhard, und Stefanie Fischbach. 2005. Der Qualifizierungstarifvertrag für die Metall- und Elektroindustrie in Baden-Württemberg: Ausgangsbedingungen, Umsetzung und Wirkungen. Schlussbericht des Projektes „Implementierung, Anwendung und Wirkungen des Qualifizierungstarifvertrags für die Metall- und Elektroindustrie Baden-Württembergs". Tübingen.

Bahnmüller, Reinhard, und Markus Hoppe. 2012. Von den Mühen der Ebene: Wirkungen tariflicher Weiterbildungsregelungen im öffentlichen Dienst und in der Metall- und Elektroindustrie Baden-Württembergs im Vergleich. *Industrielle Beziehungen* 19 (1): 7–30.

Bahnmüller, Reinhard, Martin Kuhlmann, Werner Schmidt, und Hans Joachim Sperling. 2010. Erosion, Erneuerung, Umnutzung: Arbeitgeberverbände und ihr Umgang mit dem Flächentarifvertrag am Beispiel der ERA-Einführung in der Metall- und Elektroindustrie. *Industrielle Beziehungen* 17 (3): 241–260.

Ballwieser, Wolfgang. 2007. *Unternehmensbewertung. Prozess, Methoden und Probleme.* Stuttgart: Schäffer-Poeschel.

Becker, Wolfgang, Robert Ebner, und Patrick Ulrich: Wertorientierte Unternehmensführung im Mittelstand. In: *Wirtschaftswissenschaftliches Studium (WiSt)* 39 (3): 114–120.

E.-M. Walker, *Die Moralisierung der Finanzmärkte als Fiktion,* Wirtschaft und Gesellschaft, 175
DOI 10.1007/978-3-658-05502-8, © Springer Fachmedien Wiesbaden 2015

Beckert, Jens. 1996. Was ist soziologisch an der Wirtschaftssoziologie? Ungewissheit und die Einbettung wirtschaftlichen Handelns. *Zeitschrift für Soziologie* 25 (2): 125–146.

Beckert, Jens. 1997a. *Grenzen des Marktes: die sozialen Grundlagen wirtschaftlicher Effizienz.* Frankfurt a. M.: Campus.

Beckert, Jens. 1997b. Vertrag und soziale Gerechtigkeit. Emile Durkheims Theorie der Integration moderner Gesellschaften. *Kölner Zeitschrift für Soziologie und Sozialpsychologie* 49 (4): 629–649.

Beckert, Jens, Rainer Diaz-Bone, und Heiner Ganßmann. 2007. Einleitung: Neue Perspektiven für die Marktsoziologie. In: *Märkte als soziale Strukturen,* Hrsg. Jens Beckert, Rainer Diaz-Bone, und Heiner Ganßmann, 19–39. Frankfurt a. M.: Campus.

Beile, Judith, Sebastian Jahnz, und Peter Wilke 2006. *Nachhaltigkeitsberichte im Vergleich – Auswertung und Analyse von Zielsetzungen, Aufbau, Inhalten und Indikatoren in 25 Nachhaltigkeitsberichten.* Forschungsbericht im Auftrag der Hans Böckler Stiftung. Düsseldorf: Hans Böckler Stiftung.

Belliger, Andréa, und David J. Krieger, Hrsg. 2006. *ANThology. Ein einführendes Handbuch zur Akteur-Netzwerk-Theorie.* Bielefeld: Transcript.

Berger, Johannes. 1999. Warum arbeiten die Arbeiter? In: *Die Wirtschaft der modernen Gesellschaft. Strukturprobleme und Zukunftsperspektiven,* Hrsg. Johannes Berger, 51–75. Frankfurt a. M.: Campus Fachbuch.

Berger, Johannes. 2002. Normativer Konsens und das Agenturproblem der Unternehmung. In: *Neuer Institutionalismus. Zur soziologischen Erklärung von Organisation, Moral und Vertrauen,* Hrsg. Andrea Maurer und Michael Schmid, 193–217. Frankfurt a. M.: Campus.

Berger, Peter L., und Thomas Luckmann. 2000/[1]1966. *Die gesellschaftliche Konstruktion der Wirklichkeit.* Frankfurt a. M.: Fischer.

Bergheim, Stefan. 2008. Was wirklich zählt. Bildung und offene Grenzen können Wachstum treiben. *Frankfurter Rundschau,* 14. August, 16.

Bergius, Michael, und Vera Gaserow. 2007. Ausländer sollen helfen. *Frankfurter Rundschau,* 26. Juli.

Berle, Adolf Augustus, und Gardiner Coit Means. 1933. *The modern corporation and private property.* New York: Macmillan.

Beunza, Daniel, und Raghu Garud. 2007. Calculators, lemmings or frame-makers? The intermediary role of securities analysts. In: *Market devices,* Hrsg. Fabian Muniesa, Yuval Millo, und Michel Callon, 13–39. Malden: Wiley-Blackwell. (The Sociological Review 55 (2007) Suppl. 2).

Beyer, Jürgen. 1998. *Managerherrschaft in Deutschland? „Corporate Governance" unter Verflechtungsbedingungen.* Wiesbaden: VS Verlag für Sozialwissenschaften.

Beyer, Jürgen. 2009. Globalisierung und Entgrenzung – Die Auflösung der „Deutschland AG". In: *Inklusion und Exklusion: Analysen zur Sozialstruktur und sozialen Ungleichheit,* Hrsg. Rudolf Stichweh und Paul Windolf, 303–321. Wiesbaden: VS Verlag für Sozialwissenschaften.

Beyer, Jürgen. 2010. Varietät verspielt? Zur Nivellierung der nationalen Differenzen des Kapitalismus durch globale Finanzmärkte. In: *Wirtschaftssoziologie, Sonderheft 49/2009 der Kölner Zeitschrift für Soziologie und Sozialpsychologie,* Hrsg. Jens Beckert und Christoph Deutschmann, 305–325. Wiesbaden: VS Verlag für Sozialwissenschaften.

Biersack, Wolfgang, Anja Kettner, und Franziska Schreyer. 2007. Arbeitsmarkt für Ingenieure. Derzeit noch kein allgemeiner Mangel. *IAB-Forum* 2:10–13.

Bluhm, Katharina. 2008. Corporate Social Responsibility – Zur Moralisierung von Unternehmen aus soziologischer Perspektive. In: *Die Gesellschaft der Unternehmen – Die Unternehmen der Gesellschaft,* Hrsg. Andrea Maurer und Uwe Schimank, 144–162. Wiesbaden: VS Verlag für Sozialwissenschaften.

Boltanski, Luc, und Ève Chiapello. 2001. Die Rolle der Kritik in der Dynamik des Kapitalismus und der normative Wandel. *Berliner Journal für Soziologie* 11 (4): 459–477.

Bongaerts, Gregor. 2007. Soziale Praxis und Verhalten – Überlegungen zum „Practice Turn in Social Theory". *Zeitschrift für Soziologie* 36 (4): 246–260.

Bongaerts, Gregor. 2008. Verhalten, Handeln, Handlung und soziale Praxis. In: *Phänomenologie und Soziologie. Positionen, Problemfelder, Analysen,* Hrsg. Jürgen Raab, Michaela Pfadenhauer, Peter

Stegmaier, Jochen Dreher, und Bernt Schnettler, 223–232. Wiesbaden: VS Verlag für Sozialwissenschaften.

Böttger, Christian. 2006. *Strukturen und Strategien von Finanzinvestoren*. Arbeitspapier 120. Düsseldorf: Hans-Böckler-Stiftung.

Bunzenthal, Roland. 2009. Abschied von Deutschland. Immer mehr Fachkräfte kehren dem Land den Rücken/Schlechtes Betriebsklima ist ein Grund. *Frankfurter Rundschaui*, 30. Juli.

Büschemann, Karl-Heinz. 2010. Den Kern stärken. Deutschland braucht eine Industriepolitik, die Innovation zulässt. *Süddeutsche Zeitung*, 25.–26. September, 25.

Büschgen, Hans E. 2006. *Das kleine Bank-Lexikon*. Düsseldorf: Verlag Wirtschaft und Finanzen.

Büschgen, Hans E., und Christoph J. Börner. 2003. *Bankbetriebslehre*. Stuttgart: Lucius & Lucius.

BVI. 2009. *Investment 2009. Daten, Fakten, Entwicklungen*. Frankfurt a. M.

BVI. 2013. *BVI Investmentstatistik. Gesamtüberblick*. Stichtag: 09. Jan. 2013: Frankfurt a. M.

Callon, Michel. 1998a. Introduction: The embeddedness of economic markets in economics. In: *The laws of the markets*, Hrsg. Michel Callon, 1–57. Oxford: Wiley-Blackwell.

Callon, Michel. 1998b. An essay on framing and overflowing. In: *The laws of the markets*, Hrsg. Michel Callon, 244–269. Oxford: Wiley-Blackwell.

Callon, Michel. 2005. Why virtualism paves the way to political impotence. Callon replies to Miller. *Economic Sociology: The European Electronic Newsletter* 6 (2): 3–20.

Callon, Michel. 2006/¹1991. Techno-ökonomische Netzwerke und Irreversibilität. In: *ANThology. Ein einführendes Handbuch zur Akteur-Netzwerk-Theorie*, Hrsg. Andréa Belliger und David J. Krieger, 309–342. Bielefeld: Transcript.

Callon, Michel. 2007. What does it mean to say that economics is performative. In: *Do economists make markets? On the performativity of economics*, Hrsg. Donald MacKenzie, Fabian Muniesa, und Lucia Siu, 311–357. Princeton: Princeton University Press.

Callon, Michel, und Fabian Muniesa. 2005. Economic markets as calculative collective devices. *Organization Studies* 26 (8): 1229–1250.

Chahed, Yasmine, Malte Kaub, und Hans-Erich Müller. 2004. *Konzernsteuerung börsennotierter Aktiengesellschaften in Deutschland*. Eine Studie im Auftrag der Hans-Böckler-Stiftung Düsseldorf. (Edition der Hans-Böckler-Stiftung 109). Düsseldorf: Hans-Böckler-Stiftung.

Cheah, Eng-Tuck, Jamali Dima, Johnson Johnnie E.V., und Ming-Chien Sung. 2011. Drivers of corporate social responsibility attitudes: The demography of socially responsible investors. *British Journal of Management* 22 (2): 305–323.

Chiapello, Ève. 2009. Die Konstruktion der Wirtschaft durch das Rechnungswesen. In: *Diskurs und Ökonomie. Diskursanalytische Perspektiven auf Märkte und Organisationen*, Hrsg. Rainer Diaz-Bone und Gertraude Krell, 125–149. Wiesbaden: VS Verlag für Sozialwissenschaften.

Curbach, Janina V. 2007. Corporate Social Responsibility. Unternehmen als Adressaten und Aktivisten einer transnationalen Bewegung. *Berliner Debatte Initial* 18 (4): 65–74.

Deutsche Bundesbank. 1997. Zur Unternehmensrentabilität im internationalen Vergleich. Monatsbericht, Oktober 1997, S. 33–44.

Deutsche Bundesbank. 2009. Hochgerechnete Angaben aus Jahresabschlüssen deutscher Unternehmen von 1997 bis 2007, November 2009, Statistische Sonderveröffentlichung 5. Frankfurt a. M.

Deutsches Aktieninstitut (DAI). 2010. *DAI-Factbook 2010. Statistiken, Analysen und Graphiken zu Aktionären, Aktiengesellschaften und Börsen*. Frankfurt a. M.

Deutsches Aktieninstitut (DAI). 2011. *DAI-Factbook 2011. Statistiken, Analysen und Graphiken zu Aktionären, Aktiengesellschaften und Börsen*. Frankfurt a. M.

Deutscher Sparkassenverlag. 2007. *Basisinformationen über die Vermögensanlage in Investmentfonds: Grundlagen, wirtschaftliche Zusammenhänge, Möglichkeiten und Risiken*. Stuttgart: Bankverlag.

Deutschmann, Christoph. 1997. Die Mythenspirale. Eine wissenssoziologische Interpretation industrieller Rationalisierung. *Soziale Welt* 48 (1): 55–70.

Deutschmann, Christoph. 2002. *Postindustrielle Industriesoziologie*. Weinheim: Juventa.

Deutschmann, Christoph. 2005a. Finanzmarkt-Kapitalismus und Wachstumskrise. In: *Finanzmarkt-kapitalismus. Analysen zum Wandel von Produktionsregimen. Sonderheft 45/2005 der Kölner Zeit-schrift für Soziologie und Sozialpsychologie,* Hrsg. Paul Windolf, 58–84. Wiesbaden: VS Verlag für Sozialwissenschaften.

Deutschmann, Christoph. 2005b. Wie entwickeln Firmen kollektive Kompetenzen? Kommentar zum Beitrag von Margit Osterloh und Bruno S. Frey. In: *Managementforschung 15,* Hrsg. B. Schauen-berg, G. Schreyögg, und J. Sydow, 365–368. Wiesbaden: Gabler.

Deutschmann, Christoph. 2006. Keynes und die Rentiers. Warum die Überflussgesellschaft bis heute auf sich warten lässt. *Berliner Debatte Initial* 4:22–36.

Deutschmann, Christoph. 2007. Unsicherheit und soziale Einbettung: Konzeptionelle Probleme der Wirtschaftssoziologie. In: *Märkte als soziale Strukturen,* Hrsg. Jens Beckert, Rainer Diaz-Bone, und Heiner Ganßmann, 79–93. Frankfurt a. M.: Campus.

Deutschmann, Christoph. 2008a. „Kapitalismus" und „Geist des Kapitalismus" – Anmerkungen zum theoretischen Ansatz Boltanski/Chiapellos. In: *Ein neuer Geist des Kapitalismus? Paradoxien und Ambivalenzen der Netzwerkökonomie,* Hrsg. Philipp Hessinger und Gabriele Wagner, 127–143. Wiesbaden: VS Verlag für Sozialwissenschaften.

Deutschmann, Christoph. 2008b. Der kollektive „Buddenbrooks-Effekt": Die Finanzmärkte und die Mittelschichten. MPIfG Working Paper 08/5. Max-Planck-Institut für Gesellschaftsforschung, Köln.

Deutschmann, Christoph. 2008c. *Kapitalistische Dynamik. Eine gesellschaftstheoretische Perspektive.* Wiesbaden: VS Verlag für Sozialwissenschaften.

Deutschmann, Christoph, Michael Faust, Peter Jauch, und Petra Notz. 1995. Veränderungen der Rolle des Managements im Prozeß reflexiver Rationalisierung. *Zeitschrift für Soziologie* 24 (6): 436–450.

Diaz-Bone, Rainer. 2007. Habitusformierung und Theorieeffekte: Zur sozialen Konstruktion von Märkten. In: *Märkte als soziale Strukturen,* Hrsg. Jens Beckert, Rainer Diaz-Bone, und Heiner Ganßmann, 253–266. Frankfurt a. M.: Campus.

DiMaggio, Paul J., und Walter W. Powell. 1983. The iron cage revisited: Institutional isomorphism and collective rationality in organizational fields. *American Sociological Review* 48 (2): 147–160.

Dohmen, Caspar. 2009. Heimatverbunden. Firmen verlagern so wenig Produktion ins Ausland wie seit 15 Jahren nicht mehr. *Süddeutsche Zeitung,* 16. November.

Dörre, Klaus. 2009. Die neue Landnahme. Dynamiken und Grenzen des Finanzmarktkapitalismus. In: *Soziologie – Kapitalismus – Kritik. Eine Debatte,* Hrsg. Klaus Dörre, Stephan Lessenich, und Hartmut Rosa, 21–86. Frankfurt a. M.: Suhrkamp.

Dörre, Klaus, und Ulrich Brinkmann. 2005. Finanzmarkt-Kapitalismus: Triebkraft eines neuen Pro-duktionsmodells? In: *Finanzmarktkapitalismus. Analysen zum Wandel von Produktionsregimen. Sonderheft 45/2005 der Kölner Zeitschrift für Soziologie und Sozialpsychologie,* Hrsg. Paul Windolf, 85–116. Wiesbaden: VS Verlag für Sozialwissenschaften.

Drukarczyk, Jochen, und Andreas Schüler. 2003. Kapitalkosten deutscher Aktiengesellschaften – eine empirische Untersuchung. *Finanz Betrieb* 6:337–347.

Drukarczyk, Jochen, und Andreas Schüler. 2009. *Unternehmensbewertung,* 81–135. München (Kapi-tel 5: Grundlagen der Unternehmensbewertung): Verlag Franz Vahlen.

Dubet, Francois. 2008. *Ungerechtigkeiten. Zum subjektiven Ungerechtigkeitsempfinden am Arbeits-platz.* Hamburg: Hamburger Edition.

Durkheim, Émile. 2008/1893. *Über soziale Arbeitsteilung: Studie über die Organisation höherer Gesell-schaften.* Frankfurt a. M.: Suhrkamp.

DVFA. 2007. DVFA principles for effective financial communication. Version 2.1. Dreieich.

Eberle, Thomas Samuel. 2000. Lebensweltanalyse und Rational Choice. In: *Lebensweltanalyse und Handlungstheorie. Beiträge zur Verstehenden Soziologie,* Hrsg. Thomas Samuel Eberle, 127–221. Konstanz: UVK. (Kapitel 4).

Edmans, Alex. 2011. Does the stock market fully value intangibles? Employee satisfaction and equity prices. *Journal of Financial Economics* 101 (3): 621–640.

Endreß, Martin. 2002. Rezension zu: Hartmut Esser, Soziologie. Spezielle Grundlagen, Bd. 6: Sinn und Kultur. *Sozialer Sinn* 3 (1): 178–183.

Endreß, Martin. 2006. Zwischen den Stühlen – Zu Hartmut Essers Versuch einer Rekonzeptualisierung von „Sinn" und „Kultur" im Gespräch mit „Rational Choice" und Max Weber. In: *Integrative Sozialtheorie? Esser – Luhmann – Weber,* Hrsg. Rainer Greshoff und Uwe Schimank, 157–186. Wiesbaden: VS Verlag für Sozialwissenschaften.

Endreß, Martin. 2008. Reflexive Wissenssoziologie als Sozialtheorie und Gesellschaftsanalyse. Zur phänomenologisch fundierten Analytik von Vergesellschaftungsprozessen. In: *Phänomenologie und Soziologie. Positionen, Problemfelder, Analysen,* Hrsg. Jürgen Raab, Michaela Pfadenhauer, Peter Stegmaier, Jochen Dreher, und Bernt Schnettler, Wiesbaden: VS Verlag für Sozialwissenschaften.

Engels, Anita. 2010. Die soziale Konstitution von Märkten. In: *Wirtschaftssoziologie, Sonderheft 49/2009 der Kölner Zeitschrift für Soziologie und Sozialpsychologie,* Hrsg. Jens Beckert und Christoph Deutschmann, 67–86. Wiesbaden: VS Verlag für Sozialwissenschaften.

Esser, Hartmut. 1991. *Alltagshandeln und Verstehen. Zum Verhältnis von erklärender und verstehender Soziologie am Beispiel von Alfred Schütz und „Rational Choice".* Tübingen: Mohr.

Esser, Hartmut. 1993. *Soziologie. Allgemeine Grundlagen.* Frankfurt a. M.: Campus.

Esser, Hartmut. 1996. Die Definition der Situation. *Kölner Zeitschrift für Soziologie und Sozialpsychologie* 48 (1): 1–34.

Esser, Hartmut. 2000. Und immer noch einmal: Alfred Schütz, „Die Definition der Situation" und die (angeblichen) Grenzen von Rational Choice. Eine Entgegnung auf den Beitrag von Christian Etzrodt. *Kölner Zeitschrift für Soziologie und Sozialpsychologie* 52 (4): 783–789.

Esser, Hartmut. 2001. *Soziologie: Spezielle Grundlagen Bd. 6: Sinn und Kultur.* Frankfurt a. M.: Campus.

Esser, Hartmut. 2004/1990. „Habits", „Frames" und „Rational Choice". Die Reichweite von Theorien der rationalen Wahl (am Beispiel der Erklärung des Befragtenverhaltens). In: *Soziologische Anstöße,* Hrsg. Hartmut Esser, 47–77. Frankfurt a. M.: Campus.

European Social Investment Forum (Eurosif). 2008 *European SRI study 2008.* Paris

European Social Investment Forum (Eurosif). 2009. *Eurosif Transparenz-Leitlinien für Publikumsfonds.* Paris.

European Social Investment Forum (Eurosif). 2012. *European SRI study 2012.* Paris.

Faust, Michael. 1997. Kommentar zu: Sauer, Dieter & Döhl, Volker: „Die Auflösung des Unternehmens? Entwicklungstendenzen der Unternehmensreorganisation in den 90er Jahren". In: *Jahrbuch sozialwissenschaftliche Technikberichterstattung 1996. Schwerpunkt: Reorganisation,* Hrsg. Institut für sozialwissenschaftliche Forschung (ISF), 77–90. Berlin: Edition Sigma.

Faust, Michael. 2002. Karrieremuster von Führungskräften der Wirtschaft im Wandel – Der Fall Deutschland in vergleichender Perspektive. *SOFI-Mitteilungen* 30:69–90.

Faust, Michael. 2012. The shareholder value concept of the corporation and co-determination in Germany: Unresolved contradictions or reconciliation of institutional logics. In: *Capitalist diversity and diversity within capitalism,* Hrsg. Christel Lane und Geoffrey T. Wood, 150–188. London: Routledge.

Faust, Michael, und Reinhard Bahnmüller. 2007. Die Zeit der Aktienanalysten. In: *Die Markt-Zeit der Finanzwirtschaft. Soziale, kulturelle und ökonomische Dimension,* Hrsg. Andreas Langenohl und Kerstin Schmidt-Beck, 37–74. Marburg: Metropolis.

Faust, Martin, und Stefan Scholz. 2008. *Nachhaltige Geldanlagen – Produkte, Strategien und Beratungskonzepte.* Frankfurt a. M.: Frankfurt School.

Faust, Michael, Peter Jauch, Karin Brünnecke, und Christoph Deutschmann. 1994. *Dezentralisierung von Unternehmen. Bürokratie- und Hierarchieabbau und die Rolle betrieblicher Arbeitspolitik.* München: Hampp.

Faust, Michael, Christiane Fisecker, und Reinhard Bahnmüller. 2007. Was interessiert Analysten? Versuch über erklärungsbedürftiges Desinteresse an Personalpolitik. *Berliner Debatte Initial* 18 (4): 16–26.

Faust, Michael, Reinhard Bahnmüller, und Christiane Fisecker. 2010. *Das kapitalmarktorientierte Unternehmen. Externe Erwartungen, Unternehmenspolitik, Personalwesen und Mitbestimmung. Forschungsbericht zum Projekt „Shareholder Value und Personalwesen".* Tübingen: Hans-Böckler-Stiftung.

Faust, Michael, Reinhard Bahnmüller, und Christiane Fisecker. 2011. *Das kapitalmarktorientierte Unternehmen. Externe Erwartungen, Unternehmenspolitik, Personalwesen und Mitbestimmung.* Berlin: Edition Sigma.

Feuchte, Beate. 2009. Positionspapier der Hans-Böckler-Stiftung (HBS) zu Corporate Social Responsibility: Düsseldorf.

Flick, Uwe. 2000. Qualitative Forschung. Theorie, Methoden, Anwendung in Psychologie und Sozialwissenschaften. Hamburg: Rowohlt Taschenbuch Verlag.

Forum Nachhaltige Geldanlagen e. V. 2008. *Statusbericht Nachhaltiger Anlagemarkt 2008. Deutschland, Österreich und die Schweiz.* Berlin: Forum Nachhaltige Geldanlagen e. V.

Fourcade, Marion, und Kieran Healy. 2007. Moral views of market society. *Annual Review of Sociology* 33 (1): 285–311.

Frank, Ralf. 2006. DVFA one-on-one: Das eigentliche Thema heißt Non-Financials. Anlageentscheidungen bedürfen quantitativer Informationen. *Going Public* 5:48–49.

Frerichs, Sabine, und Richard Münch. 2009. Was die Welt(gesellschaft) im Innersten zusammenhält. Kult des Individuums und Moralisierung des Marktes. *Jahrbuch für Christliche Sozialwissenschaft* 50:37–62.

Froud, Julie, Sukhdev Johal, Adam Leaver, und Karel Williams. 2006. *Financialization and strategy. Narrative and numbers.* London: Routledge.

Funder, Maria. 1999. *Paradoxien der Reorganisation. Eine empirische Studie strategischer Dezentralisierung von Konzernunternehmungen und ihrer Auswirkungen auf Mitbestimmung und Industrielle Beziehungen.* München: Hampp.

Garcia-Parpet, Marie-France. 2007/[1]1986. The social construction of a perfect market. The strawberry auction at Fontaines-en-Sologne. In: *Do economists make markets? On the performativity of economics,* Hrsg. Donald MacKenzie, Fabian Muniesa, und Lucia Siu, 20–53. Princeton: Princeton University Press.

Garz, Hendrik. 2006. Theorie des Portfoliomanagements. In: *Portfolio-Management. Theorie und Anwendung,* Hrsg. Hendrik Garz, Stefan Günther, und Cyrus Moribadi, 19–137. Frankfurt a. M.: Frankfurt School.

Global Reporting Initiative (GRI). 2006. Sustainability reporting guidelines. Version 3.0.

Granovetter, Mark. 1992. Economic institutions as social constructions: A framework for analysis. *Acta Sociologica* 35 (1): 3–11.

Granovetter, Mark. 2000. Ökonomisches Handeln und soziale Struktur: Das Problem der Einbettung. In: *Zeitgenössische amerikanische Soziologie,* Hrsg. Hans-Peter Müller und Steffen Sigmund, 175–207. Opladen: Leske + Budrich.

Granovetter, Mark. 2001/[1]1985. Economic action and social structure: The problem of embeddedness. In: *The sociology of economic life,* Hrsg. Mark Granovetter und Richard Swedberg, 51–76. Oxford: Westview.

Granovetter, Mark. 2005. The impact of social structure on economic outcomes. *Journal of Economic Perspectives* 19 (1): 33–50.

Guillén, Mauro F., Randall Collins, Paula England, und Marshall Meyer. 2002. The revival of economic sociology. In: Mauro F. Guillén, Randall Collins, Paula England, und Marshall Meyer, 1–32. *The new economic sociology: Developments in an emerging field.* New York: Sage.

Günther, Stefan. 2006. Asset allocation. In: *Portfolio-Management. Theorie und Anwendung,* Hrsg. Hendrik Garz, Stefan Günther, und Cyrus Moribadi, 139–248. Frankfurt a. M.: Frankfurt School.

Habbel, Markus, Jan Krause, und Michael Ollmann. 2010. Die Relevanz von Branchenanalysen für die Unternehmensbewertung. In: *Branchenorientierte Unternehmensbewertung,* Hrsg. Jochen Drukarczyk und Dietmar Ernst, 9–91. München: Vahlen.

Hall, Peter A., und David Soskice. 2001. An introduction to varieties of capitalism. In: *Varieties of capitalism. The institutional foundations of comparative advantage,* Hrsg. Peter A. Hall und David Soskice, 1–68. Oxford: Oxford University Press.

Hasse, Raimund, und Georg Krücken. 2005/¹1999. *Neo-Institutionalismus. Mit einem Vorwort von John Meyer.* Bielefeld: Transcript.

Hasse, Raimund, und Georg Krücken. 2010. Neo-Institutionalistische Wirtschaftssoziologie. In: *Wirtschaftssoziologie, Sonderheft 49/2009 der Kölner Zeitschrift für Soziologie und Sozialpsychologie,* Hrsg. Jens Beckert und Christoph Deutschmann, 194–207. Wiesbaden: VS Verlag für Sozialwissenschaften.

Hassel, Anke, und Jürgen Beyer. 2001. The effects of convergence: Internationalisation and the changing distribution of net value added in large German firms. MPIfG Working Paper 01/7.

Hedtke, Reinhold. 2001. *Konsum und Ökonomik. Grundlagen, Kritik und Perspektiven.* Konstanz: UVK.

Hedtke, Reinhold. 1999. Nachhaltigkeit und Konsum. Sozialwissenschaftliche Konzepte und ihre Relevanz für die Lehrerausbildung. In: *Herausforderung Nachhaltigkeit. Perspektivenwechsel in der Ausbildung von Wirtschaftslehrer-/innen,* Hrsg. Andreas Fischer, 145–178. Frankfurt am Main: Verlag der Gesellschaft zur Förderung arbeitsorientierter Forschung und Bildung (G.A.F.B.-Verlag).

Hedtke, Reinhold. 2014. *Wirtschaftssoziologie.* Konstanz: Eine Einführung.

Hericks, Katja. 2011. *Entkoppelt und institutionalisiert: Gleichstellungspolitik in einem deutschen Konzern.* Wiesbaden: VS Verlag für Sozialwissenschaften.

Hesse, Axel. 2007. Nachhaltig mehr Wert. Der Informationsbedarf von Investoren und Analysten nach branchenspezifischen „Sustainable Development Key Performance Indicators" (SD-KPIs) in Lageberichten deutscher Unternehmen. Eine Studie im Auftrag von Deloitte.

Hesse, Axel. 2010. SD-KPI Standard 2010–2014. Sustainable Development Key Performance Indicators (SD-KPIs): Mindestberichtsanforderungen für bedeutende Nachhaltigkeitsberichtsinformationen in Lageberichten von 68 Branchen.

Hessinger, Philipp, und Gabriele Wagner. 2008. Max Webers Protestantismus-These und der „neue Geist des Kapitalismus" – Eine deutsch-französische Gegenperspektive. In: *Ein neuer Geist des Kapitalismus? Paradoxien und Ambivalenzen der Netzwerkökonomie,* Hrsg. Philipp Hessinger und Gabriele Wagner, 9–38. Wiesbaden: VS Verlag für Sozialwissenschaften.

Hippe, Thorsten. 2011. Gute Arbeit im Kapitalismus? Das Arbeitsverhältnis als Beispiel für die Vorteile didaktischer Interdisziplinarität. *Gesellschaft, Wirtschaft, Politik (GWP)* 60 (1): 73–84.

Hirsch-Kreinsen, Hartmut. 2005. Das System der industriellen Beziehungen (Kapitel 6). In: *Wirtschafts- und Industriesoziologie. Grundlagen, Fragestellungen, Themenbereiche,* Hrsg. Hartmut Hirsch-Kreinsen, 129–154. Weinheim: Beltz Juventa.

Hirsch-Kreinsen, Hartmut. 2010. Innovation und Finanzmarkt. *WSI-Mitteilungen* 63 (3): 119–125.

Hirschman, Albert. 1974. *Abwanderung und Widerspruch.* Tübingen: Mohr.

Hiß, Stefanie. 2007. Corporate Social Responsibility. Über die Durchsetzung von Stakeholder-Interessen im Shareholder-Kapitalismus. *Berliner Debatte Initial* 18 (4): 6–15.

Hiß, Stefanie. 2011. Globale Finanzmärkte und nachhaltiges Investieren. In: *Handbuch Umweltsoziologie,* Hrsg. Matthias Groß, 651–670. Wiesbaden: VS Verlag für Sozialwissenschaften.

Hiß, Stefanie. 2012. Konfligierende Rationalitäten – wie Nachhaltigkeit die Rationalitätsordnung des Finanzmarktes irritiert. In: *Wirtschaftliche Rationalität. Soziologische Perspektiven,* Hrsg. Anita Engels und Lisa Knoll, 85–107. Wiesbaden: VS Verlag für Sozialwissenschaften.

Holm, Petter. 2007. Which way is up on Callon? In: *Do economists make markets? On the performativity of economics,* Hrsg. Donald MacKenzie, Fabian Muniesa, und Lucia Siu, 225–243. Princeton: Princeton University Press.

Honegger, Claudia, Sighard Neckel, und Chantal Magnin. 2010. *Strukturierte Verantwortungslosig-keit. Berichte aus der Bankenwelt*. Berlin: Suhrkamp.

Honneth, Axel. 1994. *Kampf um Anerkennung. Zur moralischen Grammatik sozialer Konflikte*. Frankfurt a. M.: Suhrkamp.

Höpner, Martin. 2003. *Wer beherrscht die Unternehmen? Shareholder Value, Managerherrschaft und Mitbestimmung in Deutschland*. Frankfurt a. M.: Campus.

Höpner, Martin. 2004. Was bewegt die Führungskräfte? Von der Agency-Theorie zur Soziologie des Managements. *Soziale Welt* 55 (3): 263–282.

Höpner, Martin, und Gregory Jackson. 2003. Entsteht ein Markt für Unternehmenskontrolle? Der Fall Mannesmann. In: *Alle Macht dem Markt? Fallstudien zum Ende der Deutschland AG*, Hrsg. Wolfgang Streeck und Martin Höpner, 147–168. Frankfurt a. M.: Campus.

Hopper, Trevor, und Andrew Powell. 1985. Making sense of research into the organizational and social aspects of management accounting: A review of its underlying assumptions. *Journal of Management Studies* 22 (5): 429–465.

Hopper, Trevor, David Otley, und Bob Scapens. 2001. British management accounting research: Whence and Whiter: opinions and recollections. *British Accounting Review* 33 (3): 263–291.

Hopwood, Andrew. 1990. Accounting and organisation change. *Accounting, Auditing & Accountability Journal* 3 (1): 7–17.

Horn, Gustav, Heike Joebges, Lothar Kamp, Alexandra Krieger, Sebastian Sick, und Silke Tober. 2009. Gesamtwirtschaftliche Stabilität durch bessere Regulierung – Vorschläge für eine Neuordnung der Finanzmärkte. Institut für Makroökonomie und Konjunkturforschung. Report Nr. 36, März 2009.

IDW Standard. 2008. *Grundsätze zur Durchführung von Unternehmensbewertungen* (IDW S 1 i. d. F. 2008). Düsseldorf.

Institutional Shareholder Services (ISS). 2010. Governance risk indicators. A new measure of governance-related risk.

Joas, Hans. 1996. *Die Kreativität des Handelns*. Frankfurt a. M.: Suhrkamp.

Jürgens, Ulrich. 2008. Corporate Governance: Eine kritische Rekonstruktion der Grundlagen, Anwendungen und Entwicklungen aus soziologischer Sicht. In: *Die Gesellschaft der Unternehmen – Die Unternehmen der Gesellschaft*, Hrsg. Andrea Maurer und Uwe Schimank, 105–123. Wiesbaden: VS Verlag für Sozialwissenschaften.

Jürgens, Ulrich, und Inge Lippert. 2012. *Corporate Governance und Arbeitnehmerbeteiligung in den Spielarten des Kapitalismus. Pfade der Unternehmensentwicklung in der Automobilzulieferindustrie in Deutschland, Schweden und den USA*. Forschung aus der Hans-Böckler-Stiftung, Bd. 143. Berlin: Hans-Böckler-Stiftung.

Kädtler, Jürgen. 2009. *Finanzialisierung und Finanzmarktrationalität. Zur Bedeutung konventioneller Handlungsorientierungen im gegenwärtigen Kapitalismus*. SOFI Arbeitspapier, 2009, Heft 5, Göttingen.

Kädtler, Jürgen. 2010. Finanzmärkte und Finanzialisierung. In: *Handbuch Arbeitssoziologie*, Hrsg. Fritz Böhle, G. Günter Voß, und Günther Wachtler, 619–639. Wiesbaden: VS Verlag für Sozialwissenschaften.

Kaiser, Thomas. 2009. Fair Value Accounting für den Kapitalmarkt. In: *Berichterstattung für den Kapitalmarkt, Festschrift für Karlheinz Küting zum 65 Geburtstag*, Hrsg. Claus-Peter Weber, Peter Lorson, Norbert Pfitzer, Harald Kessler, und Johannes Wirth, 73–101. Stuttgart: Schäffer-Poeschel.

Kalthoff, Herbert 2004. Finanzwirtschaftliche Praxis und Wirtschaftstheorie. Skizze einer Soziologie ökonomischen Wissens. *Zeitschrift für Soziologie* 33 (2): 154–175.

Kalthoff, Herbert. 2005. Practices of calculation: Economic representations and risk management. *Theory, Culture & Society* 22 (2): 69–97.

Kalthoff, Herbert. 2010. Die Finanzsoziologie: Social Studies of Finance. Zur neuen Soziologie ökonomischen Wissens. In: *Wirtschaftssoziologie, Sonderheft 49/2009 der Kölner Zeitschrift für Soziologie und Sozialpsychologie*, Hrsg. Jens Beckert und Christoph Deutschmann, 266–287. Wiesbaden: VS Verlag für Sozialwissenschaften.

Kalthoff, Herbert, und Uwe Vormbusch. 2012. Einleitung: Perspektiven der Wirtschafts- und Finanzsoziologie. In: *Soziologie der Finanzmärkte*, Hrsg. Herbert Kalthoff und Uwe Vormbusch,
9–28. Bielefeld: Transcript.

Kamp, Lothar, und Alexandra Krieger. 2005. *Die Aktivitäten von Finanzinvestoren in Deutschland.
Hintergründe und Orientierungen.* Arbeitspapier 103. Düsseldorf: Hans-Böckler-Stiftung.

Kelle, Udo. 1997. *Empirisch begründete Theoriebildung. Zur Logik und Methodologie interpretativer
Sozialforschung.* Weinheim: Deutscher Studienverlag.

Kelle, Udo, und Susan Kluge. 2010. *Von Einzelfall zum Typus: Fallvergleich und Fallkontrastierung in
der qualitativen Sozialforschung.* Wiesbaden: VS Verlag für Sozialwissenschaften.

Kels, Peter, und Uwe Vormbusch. 2005. Human Resource Management als Feld der Subjektivierung
von Arbeit. In: *Ökonomie der Subjektivität – Subjektivität der Ökonomie*, Hrsg. Arbeitsgruppe
SubArO, 35–57. Berlin: Edition Sigma.

Kempf, Alexander, und Peer Osthoff. 2006. *The effect of socially responsible investing on financial
performance.* Köln: Universität Köln.

Kern, Horst, und Michael Schumann. 1984. *Das Ende der Arbeitsteilung?: Rationalisierung in der
industriellen Produktion: Bestandsaufnahme, Trendbestimmung.* München: C. H. Beck.

Kinkel, Steffen, und Spomenka Maloca. 2008. Produktionsverlagerungen rückläufig. Ausmaß und
Motive von Produktionsverlagerungen und Rückverlagerungen im deutschen Verarbeitenden
Gewerbe, Mitteilungen aus der ISI-Erhebung zur Modernisierung der Produktion. Fraunhofer-
Institut für System- und Innovationsforschung ISI. Karlsruhe.

Knoblauch, Hubert. 2005. *Wissenssoziologie.* Konstanz: UTB GmbH.

Knorr Cetina, Karin. 1989. Spielarten des Konstruktivismus. Einige Notizen und Anmerkungen.
Soziale Welt 40 (1–2): 86–96.

Knorr Cetina, Karin. 2007. Economic sociology and the sociology of finance. four distinctions, two
developments, one field? *Economic Sociology: The European Electronic Newsletter* 8 (3): 4–10.

Knorr Cetina, Karin. 2010. What is a financial market?. In: *Wirtschaftssoziologie, Sonderheft 49/2009
der Kölner Zeitschrift für Soziologie und Sozialpsychologie*, Hrsg. Jens Beckert und Christoph
Deutschmann, 326–343. Wiesbaden: VS Verlag Fur Sozialwissenschaften.

Knorr Cetina, Karin, und Urs Bruegger. 2000. The market as an object of attachment: Exploring
postsocial relations in financial markets. *Canadian Journal of Sociology* 25 (2): 141–168.

Knorr Cetina, Karin, und Urs Bruegger. 2002. Global microstructures: The virtual societies of financial markets. *American Journal of Sociology* 107 (4): 905–950.

Knorr Cetina, Karin, und Urs Bruegger. 2005. Globale Mikrostrukturen der Weltgesellschaft. Die
virtuellen Gesellschaften von Finanzmärkten. In: *Finanzmarktkapitalismus. Analysen zum Wandel von Produktionsregimen. Sonderheft 45/2005 der Kölner Zeitschrift für Soziologie und Sozialpsychologie*, Hrsg. Paul Windolf, 145–171. Wiesbaden: VS Verlag Fur Sozialwissenschaften.

Knorr Cetina, Karin, und Alex Preda. 2001. The epistemization of economic transactions. *Current
Sociology* 49 (4): 27–44.

Knorr Cetina, Karin, und Alex Preda. 2005. Introduction. In: *The sociology of financial markets.* Karin Knorr Cetina und Alex Preda, 1–14. Oxford: Oxford University Press.

Kocyba, Hermann. 2000. Der Preis der Anerkennung. Von der tayloristischen Missachtung zur strategischen Instrumentalisierung der Subjektivität der Arbeitenden. In: *Anerkennung und Arbeit*,
Hrsg. Ursula Holtgrewe, Stephan Voswinkel, und Gabriele Wagner, 127–140. Konstanz: UVK.

Koppetsch, Cornelia. 2006. Zwischen Disziplin und Expressivität. Zum Wandel beruflicher Identi-
täten im neuen Kapitalismus. Das Beispiel der Werbeberufe. *Berliner Journal für Soziologie* 16 (2):
155–172.

Kotthoff, Hermann. 2000. Anerkennung und sozialer Austausch. Die soziale Konstruktion von Betriebsbürgerschaft. In: *Anerkennung und Arbeit,* Hrsg. Ursula Holtgrewe, Stephan Voswinkel, und Gabriele Wagner, 27–36. Konstanz: UVK.

Kotthoff, Hermann. 2010. „Betriebliche Sozialordnung" als Basis ökonomischer Leistungsfähigkeit. In: *Wirtschaftssoziologie, Sonderheft 49/2009 der Kölner Zeitschrift für Soziologie und Sozialpsychologie,* Hrsg. Jens Beckert und Christoph Deutschmann, 428–446. Wiesbaden: VS Verlag Fur Sozialwissenschaften.

Kotthoff, Hermann, und Josef Reindl. 1990. *Die soziale Welt kleiner Betriebe – Wirtschaften, Arbeiten und Leben im mittelständischen Industriebetrieb.* Göttingen: Schwartz.

Kotthoff, Hermann, und Josef Reindl. 1991. Sozialordnung und Interessenvertretung in Klein- und Mittelbetrieben. In: *Betriebliche Sozialverfassung unter Veränderungsdruck,* Hrsg. Eckart Hildebrand, 114–129. Berlin: Edition Sigma.

Krotter, Simon. 2004. Kapitalkosten und Kapitalstrukturen ausgewählter deutscher Unternehmen – eine empirische Untersuchung. *Wirtschaft und Statistik* 5:581–588. (Statistisches Bundesamt).

Kühl, Stefan. 2000. Grenzen der Vermarktlichung. Die Mythen um unternehmerisch handelnde Mitarbeiter. *WSI Mitteilungen* 53 (12): 818–828.

Kühl, Stefan. 2001. Die Heimtücke der eigenen Organisationsgeschichte. Paradoxien auf dem Weg zum dezentralisierten Unternehmen. *Soziale Welt* 52:383–401.

Küting, Karlheinz, und Thomas Kaiser. 2010. Fair Value-Accounting – Zu komplex für den Kapitalmarkt? *Corporate Finance biz* 1 (6): 375–386.

Küting, Karlheinz, Marco Keßler, und Andreas Gattung. 2005. Die Gewinn- und Verlustrechnung nach HGB und den IFRS – Auswirkung der Überarbeitung des IAS 1 auf die GuV und insbesondere auf die Erfolgsspaltungskonzeption der IFRS-Bilanzierung. *Zeitschrift für kapitalmarktorientierte Rechnungslegung (KoR)* 5 (1): 15–22.

Lane, Christel, und Geoffrey T. Wood. 2012. *Capitalist diversity and diversity within capitalism.* London: Routledge.

Lant, Theresa, und Joel Baum. 1995. Cognitive sources of socially constructed competitive groups. Examples from the Manhattan hotel industry. In: *The institutional construction of organizations: international and longitudinal studies,* Hrsg. Richard W. Scott und Christensen Soren, 15–38. Thousand Oaks: Sage.

Langenohl, Andreas. 2007. *Finanzmarkt und Temporalität. Imaginäre Zeit und die kulturelle Repräsentation der Gesellschaft.* Stuttgart: Lucius & Lucius.

Langenohl, Andreas. 2009. Finanzmarktöffentlichkeiten. Die funktionale Beziehung zwischen Finanzmarkt und öffentlichem Diskurs. In: *Diskurs und Ökonomie. Diskursanalytische Perspektiven auf Märkte und Organisationen,* Hrsg. Rainer Diaz-Bone und Gertraude Krell, 245–266. Wiesbaden: VS Verlag für Sozialwissenschaften.

Lazonick, William. 2003. The theory of the market economy and the social foundations of innovative enterprise. *Economic and Industrial Democracy* 24 (1): 9–44.

Lorenz, Michael. 2009. *Unternehmensbewertungsverfahren. Theoretische Verbesserungen, empirische Evidenz und Strategieimplikationen.* Wiesbaden: Gabler.

MacKenzie, Donald. 2005. How a superportfolio emerges: Long-term capital management and the sociology of arbitrage. In: *The sociology of financial markets,* Hrsg. Karin D. Knorr Cetina und Alex Preda, 62–83. Oxford: Oxford University Press.

MacKenzie, Donald. 2007. Is economics performative? Option theory and the construction of derivatives markets. In: *Do economists make Markets? On the performativity of economics,* Hrsg. Donald MacKenzie, Fabian Muniesa, und Lucia Siu, 54–86. Princeton: Princeton University Press.

MacKenzie, Donald. 2009. *Material markets: How economic agents are constructed.* Oxford: Oxford University Press.

MacKenzie, Donald, und Yuval Millo. 2003. Constructing a market, performing theory: The historical sociology of a financial derivatives exchange. *American Journal of Sociology* 109 (1): 107–145.

Magenheim, Thomas. 2008. Weniger Firmen auf dem Sprung. 2004 bis 2006 verlegten 15 % der Industriebetriebe Produktionsteile. *Frankfurter Rundschau*, 25. Januar, 3.

Mars, Frank. 1998. Wir sind alle Seher. Unveröffentlichte Dissertationsschrift. Universität Bielefeld.

Maurer, Andrea. 2008. Das moderne Unternehmen: Theoretische Herausforderungen und Perspektiven für die Soziologie. In: *Die Gesellschaft der Unternehmen – Die Unternehmen der Gesellschaft*, Hrsg. Andrea Maurer und Uwe Schimank, 17–39. Wiesbaden: VS Verlag für Sozialwissenschaften.

Maurer, Andrea. 2011. Individuelle Rationalität und soziale Rationalitäten. In: *Die Rationalitäten des Sozialen*, Andrea Maurer und Uwe Schimank, 17–42. Wiesbaden: VS Verlag für Sozialwissenschaften.

Mausbach, Carmen. 2008. Das Shareholder-Value-Konzept: Grundlagen und Umsetzung in der Praxis. *Zeitschrift für Corporate Governance* 5:201–207.

Mennicken, Andrea. 2007. Connecting worlds: The translation of international auditing standards into post-Soviet audit practice. *Accounting, Organizations and Society* 33 (3–4): 384–414.

Mennicken, Andrea. 2010. From inspection to auditing: Audit and markets as linked ecologies. *Accounting, Organizations and Society* 35 (3): 334–359.

Mennicken, Andrea, und Alexandra Heßling. 2007. Welt(en) regulierter Zahlenproduktion zwischen Globalität und Lokalität: Reflexionen zu globalen Standards in Rechnungslegung und Wirtschaftsprüfung. In: *Zahlenwerk. Kalkulation, Organisation und Gesellschaft*, Hrsg. Andrea Mennicken und Hendrik Vollmer, 207–227. Wiesbaden: VS Verlag für Sozialwissenschaften.

Mennicken, Andrea, und Hendrik Vollmer. 2007. Einleitung: Fundstellen von Zahlenforschung. In: *Zahlenwerk. Kalkulation, Organisation und Gesellschaft*, Hrsg. Andrea Mennicken und Hendrik Vollmer, 9–17. Wiesbaden: VS Verlag für Sozialwissenschaften.

Menz, Wolfgang. 2005. Das Subjekt der Leistung und die Legitimität des Marktregimes. In: *Ökonomie der Subjektivität – Subjektivität der Ökonomie*, Hrsg. Arbeitsgruppe SubArO, 95–116. Berlin: Edition Sigma.

Menz, Wolfgang. 2009. *Die Legitimität des Marktregimes. Leistungs- und Gerechtigkeitsorientierungen in neuen Formen betrieblicher Leistungspolitik*. Wiesbaden: VS Verlag für Sozialwissenschaften.

Menz, Wolfgang, und Tilla Siegel. 2002. Repolitisierung der Leistungsfrage? In: *Dienst – Leistung(s) – Arbeit. Kundenorientierung und Leistung in tertiären Organisationen*, Hrsg. Dieter Sauer, 79–96. München: ISF München.

IGMetall 2009. Wirtschaft aktuell – Aktuelle wirtschaftspolitische Analysen der IG Metall. Fair value-Bewertung. Ergebnisfalle für Unternehmen. 01/2009.

Meyer, John W., und Brian Rowan. 1977. Institutionalized organizations: Formal structure as myth and ceremony. *American Journal of Sociology* 83 (2): 340–363.

Miller, Daniel. 2002. Turning Callon the right way up. *Economy and Society* 31 (2): 218–233.

Miller, Peter. 2001. Governing by numbers: Why calculative practices matter. *Social Research* 68 (22): 379–396.

Minssen, Heiner. 2000. Gruppenarbeit – Die schwierige Selbstregulation. In: *Entwicklungstrends der Unternehmensreorganisation. Internationalisierung, Dezentralisierung, Flexibilisierung*, Hrsg. Maria Funder, Hanns Peter Euler, und Gerhard Reber, 133–162. Linz: Trauner.

Moldaschl, Manfred. 1998. Internalisierung des Marktes. Neue Unternehmensstrategie und qualifizierte Angestellte. In: *Jahrbuch sozialwissenschaftliche Technikberichterstattung 1997. Schwerpunkt: Moderne Dienstleistungswelten*, Hrsg. Institut für Sozialwissenschaftliche Forschung (ISF), München; Internationales Institut für empirische Sozialökonomie (INIFES), Stadtbergen; Institut für Sozialforschung (IfS), Frankfurt/Main; Soziologisches Forschungsinstitut. (SOFI), Göttingen, 197–250. Berlin: Edition Sigma.

Moldaschl, Manfred, und Dieter Sauer. 2000. Internalisierung des Marktes – Zur neuen Dialektik von Kooperation und Herrschaft. In: *Begrenzte Entgrenzungen. Wandlungen von Organisation und Arbeit*, Hrsg. Heiner Minssen, 205–224. Berlin: Edition Sigma.

Mooslechner, Peter, und Martin Schürz. 2010. Bonus! Glanz und Elend der Bankmanager. In: *Strukturierte Verantwortungslosigkeit. Berichte aus der Bankenwelt,* Hrsg. Claudia Honegger, Sighard Neckel, und Chantal Magnin, 79–92. Berlin: Suhrkamp.

MSCI Barra. 2010. MSCI global investable market indices methodology. Index construction objectives, guiding principles and methodology for the MSCI global investable market indices, February 2010.

Mühle, Ursula. 2010. Unternehmen in der globalen Sozialpolitik – Zur Theorie und Empirie der Corporate Social Responsibility. *Zeitschrift für Sozialreform* 56 (2): S. 233–261.

Müller, Hans-Peter. 1992. Durkheims Vision einer „gerechten" Gesellschaft. *Zeitschrift für Rechtssoziologie* 13 (1): 16–43.

Münch, Richard. 1999. Talcott Parsons (1902–1979). In: *Klassiker der Soziologie,* Hrsg. Dirk Kaesler, 24–50. München: C. H. Beck.

Münch, Richard. 2008. Jenseits der Sozialpartnerschaft. Die Konstruktion der sozialen Verantwortung von Unternehmen in der Weltgesellschaft. In: *Die Gesellschaft der Unternehmen – Die Unternehmen der Gesellschaft,* Hrsg. Andrea Maurer und Uwe Schimank, 163–187. Wiesbaden: VS Verlag für Sozialwissenschaften.

Münch, Richard. 2011. *Das Regime des Freihandels. Entwicklung und Ungleichheit in der Weltgesellschaft.* Frankfurt a. M.: Campus.

Münch, Richard, und Tina Günther. 2005. Der Markt in der Organisation. Von der Hegemonie der Fachspezialisten zur Hegemonie des Finanzmanagements. In: *Finanzmarktkapitalismus. Analysen zum Wandel von Produktionsregimen. Sonderheft 45/2005 der Kölner Zeitschrift für Soziologie und Sozialpsychologie,* Hrsg. Paul Windolf, 394–417. Wiesbaden: VS Verlag für Sozialwissenschaften.

Neckel, Sighard. 1999. Blanker Neid, blinde Wut? Sozialstruktur und kollektive Gefühle. *Leviathan* 27 (2): 145–165.

Neckel, Sighard. 2008. *Flucht nach vorn. Die Erfolgskultur der Marktgesellschaft.* Frankfurt a. M.: Campus.

Neckel, Sighard. 2010. Refeudalisierung der Ökonomie: Zum Strukturwandel kapitalistischer Wirtschaft. Max-Planck-Institut für Gesellschaftsforschung. MPIfG Working Paper 10/6, Köln.

Neckel, Sighard. 2011. Der Gefühlskapitalismus der Banken: Vom Ende der Gier als „ruhiger Leidenschaft". *Leviathan* 39 (1): 39–53.

Neshitov, Tim. 2013. Ein unbekanntes Werk – greifen Sie zu! *Süddeutsche Zeitung,* 17. Juni, 9.

Orlitzky, Marc, Frank L. Schmidt, und Sara L. Rynes. 2003. Corporate social and financial performance: A meta-analysis. *Organization Studies* 24 (3): 403–441.

Osterloh, Margit, und Bruno S. Frey. 2005. Corporate Governance: Eine Prinzipal-Agenten-Beziehung, Team-Produktion oder ein soziales Dilemma? In: *Managementforschung 15,* Hrsg. Bernd Schauenberg, Georg Schreyögg, und Jörg Sydow, 333–364. Wiesbaden: Gabler.

O'Sullivan, Mary. 2000. *Contests for corporate control. Corporate governance and economic performance in the United States and Germany.* Oxford: Oxford University Press.

Pahl, Hanno. 2010. Normative Implikationen und kognitive Defizite der allgemeinen Gleichgewichtstheorie. Eine wissenssoziologische Perspektive. In: *Gesellschaftstheorie der Geldwirtschaft. Soziologische Beiträge,* Hrsg. Hanno Pahl und Lars Meyer, 333–378. Marburg: Metropolis.

Postert, Andreas. 2007. *Der Anlagestil deutscher Aktienfonds. Eine portfoliobasierte Analyse mittels style-identifizierender Fundamentalfaktoren.* Wiesbaden: Deutscher Universitätsverlag.

Powell, Walter W. 1996. Weder Markt noch Hierarchie: Netzwerkartige Organisationsformen. In: *Organisation und Netzwerk: Institutionelle Steuerung in Wirtschaft und Politik,* Hrsg. Patrick Kenis und Volker Schneider, 213–271. Frankfurt a. M.: Campus.

Prangenberg, Arno, Matthias Müller, und Manuela Aldenhoff. 2005. *Der Shareholder-Value-Ansatz.* Düsseldorf: Hans-Böckler-Stiftung.

Preda, Alex. 2007. The sociological approach to financial markets. *Journal of Economic Surveys* 21 (3): 506–533.

Rappaport, Alfred. 1999/¹1986. *Shareholder Value. Ein Handbuch für Manager und Investoren.* Stuttgart: Schäffer-Poeschel.

Regierungskommission Deutscher Corporate Governance Kodex. 2012. Deutscher Corporate Governance Kodex.

Richter, Rudolf. 2008. On the New Institutional Economics of Markets, Beitrag zur Vortragsreihe „Märkte als Organisationsprinzip moderner Gesellschaften", 12. November. Bielefeld.

SAM. 2009. *Alpha durch Nachhaltigkeit.* Zürich.

SAM. 2010. *The sustainability yearbook 2010.* Zürich.

Santos, Ana C., und Joao Rodrigues. 2009. Economics as social engineering? Questioning the performativity thesis. *Cambridge Journal of Economics* 33 (5): 985–1000.

Sauer, Dieter. 2010. Vermarktlichung und Vernetzung der Unternehmens- und Betriebsorganisation. In: *Handbuch Arbeitssoziologie,* Hrsg. Fritz Böhle, G. Günter Voß, und Günther Wachtler, 545–568. Wiesbaden: VS Verlag für Sozialwissenschaften.

Sauer, Dieter, und Volker Döhl. 1997. Die Auflösung des Unternehmens? – Entwicklungstendenzen der Unternehmensreorganisation in den 90er Jahren. In: *Jahrbuch sozialwissenschaftliche Technikberichterstattung 1996. Schwerpunkt: Reorganisation,* Hrsg. Institut für sozialwissenschaftliche Forschung (ISF), 19–76. Berlin: Edition Sigma.

Schäfer, Henry. 2005. Corporate Social Responsibility Rating – Technologie und Marktverbreitung. *Finanzbetrieb, Fachinformationen für Finanzmanagement, Unternehmensbewertung und Kapitalmärkte* 7 (4): 251–259.

Schäfer, Henry. 2010. Corporate social responsibility rating. In: *A handbook of corporate governance and social responsibility,* Hrsg. Güler Aras und David Crowther, 449–465. Farnham: Gower.

Schimank, Uwe. 2002. *Handeln und Strukturen. Einführung in die akteurtheoretische Soziologie.* Weinheim: Juventa.

Schimank, Uwe. 2008. Gesellschaftliche Ökonomsierung und unternehmerisches Agieren. In: *Die Gesellschaft der Unternehmen – Die Unternehmen der Gesellschaft,* Hrsg. Andrea Maurer und Uwe Schimank, 220–236. Wiesbaden: VS Verlag für Sozialwissenschaften.

Schmid, Michael. 1989. Arbeitsteilung und Solidarität. Eine Untersuchung zu Emile Durkheims Theorie der sozialen Arbeitsteilung. *Kölner Zeitschrift für Soziologie und Sozialpsychologie* 41 (3): 619–643.

Schmidt, Reinhard, und Joachim Schwalbach. 2007. Zur Höhe und Dynamik der Vorstandsvergütung in Deutschland. In: *Der ehrbare Kaufmann: modernes Leitbild für Unternehmer?,* Hrsg. Joachim Schwalbach, 111–122. Wiesbaden: Gabler.

Schmidt, Reinhard, und Gerald Spindler. 2008. *Finanzinvestoren aus ökonomischer und juristischer Perspektive. Eine Betrachtung der Risiken, der Notwendigkeiten und Möglichkeiten einer Regulierung von Private Equity und aktivistischen Hedgefonds aus ökonomischer und gesellschafts-, kapitalmarkt- und arbeitsrechtlicher Sicht.* Baden-Baden: Hans-Böckler-Stiftung.

Schmidt, Werner. 2005. Industrielle Beziehungen, Interesse und Anerkennung. Plädoyer für eine duale Perspektive. *Industrielle Beziehungen* 12 (1): 51–73.

Scholand, Markus. 2004. *Triple Bottom Line Investing und Behavioral Finance. Investorenverhalten als Determinante der Entwicklung nachhaltiger Anlageprodukte. Bd. 16 der Reihe Ethik-Gesellschaft-Wirtschaft.* Frankfurt a. M.: IKO - Verlag für Interkulturelle Kommunikation.

Schranz, Mario. 2007. *Wirtschaft zwischen Profit und Moral. Die gesellschaftliche Verantwortung von Unternehmen im Rahmen der öffentlichen Kommunikation.* Wiesbaden: VS Verlag für Sozialwissenschaften.

Schützeichel, Rainer. 2007. Soziale Repräsentationen. In: *Handbuch Wissenssoziologie und Wissensforschung,* Hrsg. Rainer Schützeichel, 450–455. Konstanz: UVK.

Schröder, Martin. 2011a. Vom Experiment zur Praxis: Wie moralische Argumente wirtschaftliche Selbstinteressen beeinflussen. *Kölner Zeitschrift für Soziologie und Sozialpsychologie* 63 (1): 61–81.

Schröder, Martin. 2011b. *Die Macht moralischer Argumente. Produktionsverlagerungen zwischen wirtschaftlichen Interessen und gesellschaftlicher Verantwortung*. Wiesbaden: VS Verlag für Sozialwissenschaften.

Schumann, Michael. 1998. Frißt die Shareholder-Value-Ökonomie die Modernisierung der Arbeit? In: *Gesellschaft, Arbeit, Kritik. Orientierungen wider dem Zeitgeist,* Hrsg. Hartmut Hirsch-Kreinsen und Harald Wolf, 19–30. Berlin: Edition Sigma.

Schwetzler, Bernhard. 2010. Multiples und Beta-Faktoren für deutsche Branchen. *Corporate Finance biz* 1 (6): 345–346.

Shleifer, Andrei, und Robert W. Vishny. 1997. A survey of corporate governance. *The Journal of Finance* 52 (2): 737–783.

Simon, Herbert A. 1955. A behavioral model of rational choice. *The Quarterly Journal of Economics* 69 (1): 99–118.

Smelser, Neil J., und Richard Swedberg. 2005. Introducing economic sociology. In: *The handbook of economic sociology,* Hrsg. Neil J. Smelser und Richard Swedberg, 3–25. Princeton: Princeton University Press.

Spremann, Klaus. 2002. *Finanzanalyse und Unternehmensbewertung*. München: Oldenbourg.

Spremann, Klaus, und Dietmar Ernst. 2011. *Unternehmensbewertung. Grundlagen und Praxis*. München: Oldenbourg.

Srubar, Ilja. 1992. Grenzen des „Rational Choice"-Ansatzes. *Zeitschrift für Soziologie* 21 (3): 157–165.

Stäheli, Urs. 2000. *Poststrukturalistische Soziologien*. Bielefeld: Transcript.

Stehr, Nico. 2007. *Die Moralisierung der Märkte. Eine Gesellschaftstheorie*. Frankfurt a. M.: Suhrkamp.

Stein, Ulrike, Sabine Stephan, und Rudolf Zwiener. 2012. Zu schwache deutsche Arbeitskostenentwicklung belastet Europäische Währungsunion und soziale Sicherung Arbeits- und Lohnstückkosten in 2011 und im 1. Halbjahr 2012, IMK-Report, November 2012. Düsseldorf.

Steiner, Philippe. 2001. The sociology of economic knowledge. *European Journal of Social Theory* 4 (4): 443–458.

Stettes, Oliver. 2007. Unternehmensmitbestimmung in Deutschland. Vorteil oder Ballast im Standortwettbewerb. Working Paper Series No. 64, 07/2007. Institute for Law and Finance.

Stiftung Warentest. 2010. Investmentfonds. Grundlagen für Anleger.

Streeck, Wolfgang. 2006. Nach dem Korporatismus: Neue Eliten, neue Konflikte. In: *Deutschlands Eliten im Wandel,* Hrsg. Herfried Münkler, Grit Straßenberger, und Matthias Bohlender, 149–175. Frankfurt a. M.: Campus.

Streeck, Wolfgang. 2007. Wirtschaft und Moral: Facetten eines unvermeidlichen Themas. In: *Moralische Voraussetzungen und Grenzen wirtschaftlichen Handelns. Ein Kolloquium am Max-Planck-Institut für Gesellschaftsforschung,* Hrsg. Wolfgang Streeck und Jens Beckert, 8–18. Köln.

Streeck, Wolfgang. 2008. Zur Zukunft der Unternehmensmitbestimmung in Deutschland. In: *Perspektiven der Mitbestimmung in Deutschland: Wissenschaftliche Round-Table-Jahrestagung 24. Oktober 2007 in Berlin,* Hrsg. Institut der deutschen Wirtschaft, 166–178. Köln: DIV.

Streeck, Wolfgang. 2009. *Re-forming capitalism. institutional change in the German political economy*. Oxford: Oxford University Press.

Streeck, Wolfgang. 2010. Does ‚behavioural economics' offer an alternative to the neoclassical paradigm? *Socio-Economic Review* 8 (2): 387–397.

Streeck, Wolfgang, und Martin Höpner. 2003. Einleitung: Alle Macht dem Markt? In: *Alle Macht dem Markt? Fallstudien zum Ende der Deutschland AG,* Hrsg. Wolfgang Streeck und Martin Höpner, 11–59. Frankfurt a. M.: Campus Verlag.

Streeck, Wolfgang, und Kathleen Thelen. 2005. Introduction: Institutional change in advanced political economies. In: *Beyond continuity. Institutional change in advanced political economies,* Hrsg. Wolfgang Streeck und Kathleen Thelen, 1–39. Oxford: Oxford University Press.

Swedberg, Richard. 2003. *Principles of economic sociology.* Princeton: Princeton University Press.

Thelen, Kathleen. 2003. How institutions evolve: Insights from comparative historical analysis. In: *Comparative historical analysis in the social sciences,* Hrsg. James Mahoney und Dietrich Rüschemeyer, 208–240. Cambridge: Cambridge University Press.

Türk, Klaus. 2000. Soziologischer Institutionalismus und polit-ökonomische Ansätze. Organisation als Institution der kapitalistischen Gesellschaftsformation. In: *Theorien der Organisation,* Hrsg. Günther Ortmann, Jörg Sydow, und Klaus Türk, 124–176. Wiesbaden: Westdeutsche Verlag GmbH.

Ullenboom, Detlef. 2010. *Freiwillige betriebliche Sozialleistungen. Betriebs- und Dienstvereinbarungen. Analyse und Handlungsempfehlungen.* Frankfurt a. M.: Bund-Verlag.

Ulshöfer, Gotlind, und Gesine Bonnet. 2009. *Corporate Social Responsibility auf dem Finanzmarkt. Nachhaltiges Investment – politische Strategien – ethische Grundlagen.* Wiesbaden: VS Verlag für Sozialwissenschaften.

Union Investment. 2009. Ergebnisse der Studie zum nachhaltigen Vermögensmanagement institutioneller Anleger. Eine Studie der Schleus Marktforschung GmbH, Hannover im Auftrag von Union Investment.

Viebig, Jan, Thorsten Poddig, und Roman Tancar. 2010. Bewertung von Aktien in der Praxis: Modelle führender Investmentbanken. *Corporate Finance biz* 1 (2): 106–117.

Vitols, Sigurt. 2004. Negotiated shareholder value: The German variant of an Anglo-American practice. *Competition & Change* 8 (4): 357–374.

Vitols, Sigurt. 2007. Das „neue" deutsche Corporate Governance System: Ein zukunftsfähiges Modell? In: *Perspektiven der Corporate Governance. Bestimmungsfaktoren unternehmerischer Entscheidungsprozesse und Mitwirkung der Arbeitnehmer. Schriften zur Governance-Forschung.* Bd. 8, Hrsg. Ulrich Jürgens, Dieter Sadowski, Gunnar Folke Schuppert, und Manfred Weiss, 76–93. Baden-Baden: Nomos.

Vitols, Sigurt. 2008. *Beteiligung der Arbeitnehmervertreter in Aufsichtsratsausschüssen. Auswirkungen auf Unternehmensperformance und Vorstandsvergütung.* Studie im Auftrag der Hans-Böckler-Stiftung. Düsseldorf: Hans-Böckler-Stiftung.

Vollmer, Hendrik. 2003. Bookkeeping, accounting, calculative practice: The sociological suspense of calculation. *Critical Perspectives on Accounting* 14 (3): 353–381.

Vollmer, Hendrik. 2004. Folgen und Funktionen organisierten Rechnens. *Zeitschrift für Soziologie* 33 (6): 450–470.

Vollmer, Hendrik, Andrea Mennicken, und Alex Preda. 2009. Tracking the numbers: Across accounting and finance, organizations and markets. *Accounting, Organizations and Society* 34 (5): 619–637.

von Arx, Urs, und Andreas Ziegler. 2008. The effect of CSR on stock performance: New evidence for the USA and Europe. CCRS Working Paper Series. Working Paper No. 04/08.

Vormbusch, Uwe. 2004. Accounting. Die Macht der Zahlen im gegenwärtigen Kapitalismus. *Berliner Journal für Soziologie* 14 (1): 33–50.

Vormbusch, Uwe. 2006. Accounting, Informatisierung und der Calculating Man. In: *Informatisierung der Arbeit – Gesellschaft im Umbruch,* Hrsg. Andrea Baukrowitz, Thomas Berker, Andreas Boes, Sabine Pfeiffer, Rudi Schmiede, und Mascha Will, 145–152. Berlin: Edition Sigma.

Vormbusch, Uwe. 2007. Die Kalkulation der Gesellschaft. In: *Zahlenwerk. Kalkulation, Organisation und Gesellschaft,* Hrsg. Andrea Mennicken und Hendrik Vollmer, 43–63. Wiesbaden: VS Verlag für Sozialwissenschaften.

Voß, G. Günter, und Hans J. Pongratz. 1998. Der Arbeitskraftunternehmer. Eine neue Grundform der Ware Arbeitskraft? *Kölner Zeitschrift für Soziologie und Sozialpsychologie* 50 (1): 131–158.

Voswinkel, Stephan. 2000. Anerkennung der Arbeit im Wandel. Zwischen Würdigung und Bewunderung. In: *Anerkennung und Arbeit,* Hrsg. Ursula Holtgrewe, Stephan Voswinkel, und Gabriele Wagner, 39–61. Konstanz: UVK.

Voswinkel, Stephan. 2005. Reziprozität und Anerkennung in Arbeitsbeziehungen. In: *Vom Geben und Nehmen. Zur Soziologie der Reziprozität*, Hrsg. Frank Adloff und Steffen Mau, 237–256. Frankfurt a. M.: Campus.

Voswinkel, Stephan, und Hermann Kocyba. 2008. Die Kritik des Leistungsprinzips im Wandel. In: *Rückkehr der Leistungsfrage*, Hrsg. Kai Dröge, Kira Marrs, und Wolfgang Menz, 21–39. Berlin: Edition Sigma.

Voswinkel, Stephan, und Gabriele Wagner. 2011. Die Vermessung der Anerkennung. Die Bearbeitung unsicherer Anerkennung in Organisationen. In: *Strukturwandel der Anerkennung. Paradoxien sozialer Integration in der Gegenwart*, Hrsg. Axel Honneth, Ophelia Lindemann, und Stephan Voswinkel. Frankfurt a. M.: Campus.

Voth, Hans-Joachim. 2007. *Transparenz und Fairness auf einem einheitlichen europäischen Kapitalmarkt*. Forschungsbericht im Auftrag der Hans-Böckler-Stiftung. Düsseldorf: Hans-Böckler-Stiftung.

Wagner, Gabriele. 2008. „Ausschließlich zahlenorientiert, ausschließlich an Erträgen orientiert". Vermarktlichung als Organisationsprinzip und Anerkennungsproblem. *Österreichische Zeitschrift für Soziologie* 33 (3): 20–42.

Weber, Max. (1980/[1]1922). Kapitel II: Soziologische Grundkategorien des Wirtschaftens. In: *Wirtschaft und Gesellschaft. Grundriß der verstehenden Soziologie*, Hrsg. Max Weber, 31–45. Tübingen: Mohr.

Weise, Peter. 2004. Kultur und die Vereinheitlichung der Sozialwissenschaften. In: *Perspektiven einer kulturellen Ökonomik*, Hrsg. Gerold Blümle, Nils Goldschmidt, Rainer Klump, Bernd Schauenberg, und Harro von Senger, 427–440. Münster: LIT.

White, Harrison. 1981. Where do markets come from? *American Journal of Sociology* 87 (3): 517–547.

Williamson, Oliver E. 1975. *Markets and hierarchies: Analysis and antitrust implications. A study in the economics of internal organization*. New York: Free Press.

Williamson, Oliver E. (1996/[1]1991). Vergleichende ökonomische Organisationstheorie. Die Analyse diskreter Strukturalternativen. In: *Organisation und Netzwerk: Institutionelle Steuerung in Wirtschaft und Politik*, Hrsg. Patrick Kenis und Volker Schneider, 167–212. Frankfurt a. M.: Campus.

Windolf, Paul. 2005. Was ist Finanzmarkt-Kapitalismus In: *Finanzmarktkapitalismus. Analysen zum Wandel von Produktionsregimen. Sonderheft 45/2005 der Kölner Zeitschrift für Soziologie und Sozialpsychologie*, Hrsg. Paul Windolf, 20–57. Wiesbaden: VS Verlag für Sozialwissenschaften

Windolf, Paul. 2008. Eigentümer ohne Risiko. Die Dienstklasse des Finanzmarkt-Kapitalismus. *Zeitschrift für Soziologie* 37 (6): 516–535.

Windolf, Paul, und Jürgen Beyer. 1995. Kooperativer Kapitalismus. Unternehmensverflechtungen im internationalen Vergleich. *Kölner Zeitschrift für Soziologie und Sozialpsychologie* 47 (1): 1–36.

Witzel, Andreas. 1982. *Verfahren der qualitativen Sozialforschung. Überblick und Alternativen*. Frankfurt a. M.: Campus.

Witzel, Andreas. 1989. Das problemzentrierte Interview. In: *Qualitative Forschung in der Psychologie. Grundfragen, Verfahrensweisen, Anwendungsfelder*, Hrsg. Gerd Jüttemann, 227–254. Heidelberg: Asanger Roland.

Wurm, Gregor, Karl Wolff, und Bernd Ettmann. 2003. *Kompaktwissen. Bankbetriebslehre*. Troisdorf: Bildungsverlag.

Ziegler, Andreas, Michael Schröder, und Klaus Rennings. 2007. The effect of environmental and social performance on the stock performance of european corporations. *Environmental and Resource Economics* 37 (4): 661–680.

Zingel, Harry. 2009. International Financial Reporting Standards. IFRS und IAS 2009: Grundbegriffe der internationalen Rechnungslegung. http://www.zingel.de. abgerufen am 25.03.2013.

The manufacturer's authorised representative in the EU is Springer
Nature Customer Service Centre GmbH, Europaplatz 3, 69115 Heidelberg,
Germany. If you have any concerns regarding our products, please
contact ProductSafety@springernature.com

Printed and bound by CPI Group (UK) Ltd, Croydon, CR0 4YY
27/04/2026
02097647-0002